Effektiv E-Mail nutzen

Grundlagen, Praxis, individuelle Lösungen

Michael Lutz,
Alexander Schwertner

O'REILLY™
ESSENTIALS

Cambridge • Köln • Paris • Sebastopol • Tokyo

Kommentare und Fragen können Sie gerne an uns richten:
O'Reilly Verlag
Balthasarstr. 81
50670 Köln
Tel.: 0221/9731600
Fax: 0221/97316015
E-Mail: kommentar@oreilly.de

1. Auflage 1999

Die Deutsche Bibliothek - CIP - Einheitsaufnahme

Lutz, Michael, Schwertner, Alexander
Effektiv E-Mail nutzen : Grundlagen, Praxis, individuelle Lösungen /
Michael Lutz; Alexander Schwertner – 1. Aufl. – Köln : O'Reilly, 1999
(O'Reilly Essentials)
ISBN 3-89721-151-3

Lektorat: Ariane Hesse & Boris Karnikowski, Köln
Korrektorat: Friederike Daenecke, Zülpich
Satz: Jörg Gitzelmann, Reemers EDV-Satz, Krefeld
Gutachten: Ulrich Babiak & Emre Bastuz, Köln, Dr. Klaus-Bolko Mertz, Münster
Umschlaggestaltung: Hanna Dyer, Boston
Produktion: TYP*isch* Müller, München
Belichtung, Druck und buchbinderische Verarbeitung: Freiburger Graphische Betriebe, Freiburg

ISBN 3-89721-151-3

Dieses Buch ist auf 100% chlorfrei gebleichtem Papier gedruckt

Inhaltsverzeichnis

Ein Buch über E-Mail? Na endlich! 5

1 E-Mail-Grundlagen 9

1.1 Verfassen von E-Mails 11
1.2 Empfangen und Lesen von E-Mails 15
1.3 Beantworten von E-Mails 18
1.4 Weiterleiten von E-Mails 20
1.5 E-Mail verwalten 21

2 Tips für die E-Mail-Gestaltung 27

2.1 Zitieren 28
2.2 Die Betreff-Zeile 29
2.3 Worauf man beim Schreiben achten sollte 30
2.4 Auf was man beim Formatieren achten sollte 35
2.5 Was die E-Mail bunter macht 41
2.6 E-Mail-Adressen suchen 46

3 Heilige Ordnung oder heillose Unordnung – Organisation von E-Mail 51

3.1 Ordner 52
3.2 Sortieren 54
3.3 Suchen 55
3.4 Mail-Filter 56
3.5 Strategien für die Mail-Organisation 58
3.6 Adressen 59
3.7 Mail von unterwegs lesen 61
3.8 Spam und Junk-Mail 67

4 E-Mail-Clients im Vergleich 71

4.1 Eudora Light 71
4.2 Netscape Messenger 78
4.3 Microsoft Outlook Express 82
4.4 Pine 88
4.5 E-Mail-Programme im Überblick 111

5 Das Räderwerk der E-Mail 113
5.1 Die E-Mail-Adresse – Ihr Name im Internet 113
5.2 Kopfinformationen 116
5.3 MIME 118
5.4 In 80 Sekunden um die Welt – E-Mail-Zustellung 119
5.5 Dämonische Nachrichten 122
5.6 Protokolle zum E-Mail-Management 124

6 Attachments – Dateien per E-Mail verschicken 129
6.1 Dateien verschicken – ganz einfach? 130
6.2 Wie Attachments funktionieren 130
6.3 Dateien empfangen 138
6.4 Ansteckungsgefahr durch E-Mail-Kontakt? 139

7 E-Mail-Sicherheit 143
7.1 Wie sicher ist E-Mail? 143
7.2 Warum man seine Mail verschlüsseln sollte 144
7.3 Pretty Good Privacy (PGP) 145
7.4 S/MIME – Sicherheit bei Outlook Express und Netscape Messenger 166

8 Freemail – kostenlose E-Mail-Adressen 171
8.1 Was ist Freemail? 171
8.2 Warum Freemail kostenlos ist 172
8.3 Vor- und Nachteile von Freemail 173
8.4 Anmeldung bei einem Freemail-Anbieter 175
8.5 Einige Freemail-Dienste im Vergleich 176

9 Mailing-Listen 183
9.1 Diskussionsforen via E-Mail 183
9.2 Wie man mit Mailing-Listen arbeitet 186
9.3 Ein sanfter Einstieg ins Leben mit Listen 194
9.4 Einige URLs mit Verzeichnissen von Mailing-Listen 198

Glossar 201

Stichwortverzeichnis 213

Ein Buch über E-Mail? Na endlich!

»E-Mail – darüber kann man ein ganzes Buch schreiben?« Das war in den vergangenen Monaten die häufigste Reaktion von Freunden und Kollegen, als wir ihnen von unserer Arbeit erzählten. Vielleicht stellen auch Sie sich diese Frage. Worum es bei E-Mail grundsätzlich geht, ist den meisten Menschen, die sich mit dem Internet beschäftigen, natürlich klar. E-Mail ist für viele inzwischen sogar ein unverzichtbares Kommunikationsmittel. Falls Sie bisher noch nicht mit E-Mail in Berührung gekommen sind, aber in Zukunft auch die Vorteile von E-Mail nutzen möchten, finden Sie in diesem Buch einen leichten Einstieg, der Sie schnell auf den Wissensstand der meisten anderen E-Mail-Nutzer bringt.

Der einfache Einstieg in dieses Medium verleitet viele Menschen dazu, ihren Kenntnisstand nicht über die grundlegenden E-Mail-Funktionen hinaus zu vertiefen. E-Mails zu verschicken und zu empfangen stellt vielleicht auch für Sie auf den ersten Blick kein Problem dar. Doch wenn schon nach kurzer Zeit Ihr E-Mail-Briefkasten überquillt und Sie den Überblick verlieren, wenn Sie die erste Mail als unzustellbar zurückgeschickt bekommen, wenn Sie bitterböse Antworten auf Ihre Mails bekommen, weil Sie sich im Ton vergriffen haben, wenn Sie auch Ä's und Ü's als solche verschicken möchten oder wenn anstatt einer lesbaren Mail nur Buchstabensalat bei Ihnen ankommt, wird aus der E-Mail-Lust schnell der E-Mail-Frust.

In diesem Buch zeigen wir Ihnen, wie Sie Ihre E-Mails mit Hilfe von Ordnern organisieren können, wie Sie unzustellbare Mails doch noch zum Empfänger befördern, auf was Sie beim Verfassen Ihrer Mitteilungen achten sollten und wie auch E-Mails mit Sonderzeichen bei Ihrem Gegenüber ankommen. Darüber hinaus geben wir Ihnen zahlreiche nützliche Anregungen für den E-Mail-Alltag.

E-Mail hat neben den allgemein bekannten Funktionen allerdings noch einiges mehr zu bieten. Auch für anspruchsvolle E-Mail-Nutzer, die auf der Suche nach

Hintergrundwissen sind und das Medium E-Mail ganz ausreizen möchten, haben wir zahlreiche nützliche und verwertbare Informationen zusammengetragen. So erfahren Sie zum Beispiel, welche Protokolle sich für die E-Mail-Nutzung von unterwegs eignen, welche Verschlüsselungsmethoden die Sicherheit Ihrer E-Mail-Kommunikation gewährleisten oder wie Sie Mailing-Listen effektiv zur Beschaffung und Verbreitung von Informationen nutzen können.

Selbst wenn Sie sich momentan noch nicht zum Kreis der E-Mail-Profis zählen, werden Ihnen nach der Lektüre des E-Mail-Essentials Begriffe wie *IMAP*, *Mail-Filter*, *Freemail*, *MIME*, *Public-Key-Verschlüsselung* oder *LISTERV* keine Verständnisprobleme mehr bereiten.

Wie Sie sich in diesem Buch zurechtfinden

Vielleicht finden Sie ja das Thema E-Mail so fesselnd, daß Sie dieses Buch gar nicht mehr aus der Hand legen möchten. Schon nach den ersten Kapiteln werden Sie sich im Umgang mit dem möglicherweise neuen Medium sicher fühlen und anschließend Gelegenheit haben, Ihre Fertigkeiten auszubauen. Stoßen Sie beim Lesen auf Begriffe, die Ihnen unbekannt oder unklar sind, finden Sie im Glossar im Anhang kurze Erläuterungen zu häufig verwendeten Ausdrücken.

Falls Sie sich dagegen vor allem für einige spezielle Themen interessieren und daher die entsprechenden Kapitel herausgreifen möchten, finden Sie im folgenden einen kurzen Überblick über den Aufbau des Buches. Der Index am Schluß des Buches bietet Ihnen darüber hinaus einen schnellen und gezielten Zugang zu einzelnen Inhalten oder Stichwörtern. An vielen Stellen wird außerdem auf Web-Seiten verwiesen, die ein Thema weiter vertiefen.

Als E-Mail-Neuling sollten Sie Ihre Lektüre mit dem ersten Kapitel beginnen. Hier zeigen wir Ihnen von Grund auf, welche Schritte zum Versenden und Empfangen von E-Mails nötig sind. Außerdem erläutern wir weitere grundlegende Funktionen wie beispielsweise das Ablegen Ihrer Mails in Ordnern, so daß Sie sich schon nach kurzer Zeit auf einem höheren Kenntnisstand als so mancher alter E-Mail-Hase befinden. Ein kurzer Blick in dieses Kapitel lohnt sich daher auch, wenn Sie schon eine Weile mit E-Mail arbeiten.

Die Kapitel 2 und 3 öffnen die E-Mail-Trickkiste. In Kapitel 2 erfahren Sie, wie Sie Ihren Mitteilungen ein professionelles Aussehen und den letzten Schliff verpassen können. Wir erläutern, worauf Sie beim Verfassen Ihrer Mitteilungen achten sollten und wie Sie Ihre E-Mails attraktiver gestalten können. Außerdem stellen wir Ihnen einige Strategien zum Suchen von E-Mail-Adressen vor.

Mit Kapitel 3 zieht Ordnung in Ihr E-Mail-Programm ein. Vorbei sind die Zeiten, in denen alte E-Mails Ihren Briefkasten zum undurchschaubaren Wirrwarr werden ließen oder sich regelmäßig Tippfehler bei der Eingabe der E-Mail-Adressen einschlichen. Wir stellen Ihnen mit Ordnern, Mail-Filtern und Adreßbüchern nützliche Werkzeuge vor, die Ihnen die Arbeit deutlich erleichtern können. Der E-Mail-Zugriff von unterwegs und Strategien gegen unerwünschte Werbe-E-Mails (Spam) werden ebenfalls in diesem Kapitel besprochen.

Eine Auswahl der vier wichtigsten E-Mail-Programme schließt sich in Kapitel 4 an. Falls Sie auf der Suche nach dem für Sie am besten geeigneten E-Mail-Programm sind, stellen wir Ihnen die Vor- und Nachteile dieser Programme dar und geben Hinweise zur Konfiguration von *Eudora*, *Netscape Messenger*, *Outlook Express* und *Pine*. Dabei gehen wir ausführlich auf das Unix-Programm Pine ein, das vor allem an Universitäten weit verbreitet, jedoch oft nur schlecht dokumentiert ist.

In Kapitel 5 wagen wir einen Blick hinter die Kulissen. Der Weg der E-Mail vom Sender zum Empfänger und der Aufbau der E-Mail-Adresse sind ebenso Gegenstand dieses Kapitels wie mögliche Fehlermeldungen und *MIME*. Wir vergleichen die Protokolle *POP3* und *IMAP* und untersuchen, für welche Form der E-Mail-Nutzung sie sich eignen.

Kapitel 6 zeigt Ihnen, wie Sie neben Text auch andere Dateien jeglicher Art verschicken können. Sie erfahren, wie sich Buchstabensalat mit verschiedenen (De-)Kodierungsmethoden in verwertbare Informationen verwandeln läßt und wie Sie zu übertragende Datenmengen möglichst klein halten können. Außerdem gehen wir auf mögliche Risiken ein, denen Sie sich beim Datenaustausch aussetzen.

Falls Sie auch vertrauliche Daten per E-Mail befördern möchten oder generell etwas dagegen haben, daß jeder Ihre E-Mails mitlesen kann, bietet Ihnen Kapitel 7 einen leicht zugänglichen und fundierten Einstieg ins Thema E-Mail und Sicherheit. Am Beispiel des Programms *Pretty Good Privacy (PGP)* zeigen wir Ihnen den Umgang mit einem wirkungsvollen Verschlüsselungsverfahren. Als möglichen zukünftigen Verschlüsselungsstandard stellen wir Ihnen außerdem den von Netscape Messenger und Outlook Express unterstützten Standard *S/MIME* vor.

Für alle, die eine günstige Alternative zum herkömmlichen E-Mail-Account suchen oder häufig von verschiedenen Zugangspunkten auf Ihre E-Mail zugreifen möchten, vergleichen wir in Kapitel 8 Angebot und Leistung von fünf populären Freemail-Diensten, die kostenlos im World Wide Web angeboten werden.

Mailing-Listen eignen sich hervorragend als Informationsquelle und sind eine wirkungsvolle Möglichkeit, der Leere in Ihrer Mailbox zu begegnen. In Kapitel 9 machen wir Sie mit verschiedenen Listenarten vertraut und zeigen Ihnen, wie Sie sich auf einer Liste eintragen und sie später wieder verlassen können. Außerdem geben wir Ihnen ein paar Anregungen, damit Ihr erster Listenbeitrag nicht zu einem traumatischen Erlebnis wird.

Wir danken ...

... allen Menschen, die uns in den vergangenen Jahren mit Fragen zu verstümmelten Attachments oder den sonstigen E-Mail-Katastrophen gelöchert und uns so Einblick in E-Mail-Sorgen und -Nöte verschafft haben. Auch sei allen Menschen gedankt, die uns auf dem mitunter beschwerlichen Weg zum Erstlingswerk unterstützt und Mut gemacht haben. Ein besonderer Dank geht an Ariane Hesse und Boris Karnikowski vom O'Reilly Verlag für ihre tatkräftige und aufbauende Unterstützung bei der Entstehung dieses Buches.

1 E-Mail-Grundlagen

Sie haben noch nie eine E-Mail verschickt? Kein Problem – das Verfassen und Abschicken von E-Mails wird Ihnen bald ebenso leicht von der Hand gehen wie die üblichen Briefe auf Papier. Statt eines Briefbogens benötigen Sie jedoch für E-Mail einen Computer, auf dem ein E-Mail-Programm eingerichtet ist, und eine Verbindung zum Internet.

Es gibt zahlreiche E-Mail-Programme (auch *E-Mail-Clients* genannt), die sich im Funktionsumfang und Erscheinungsbild mehr oder weniger unterscheiden. Das wohl beliebteste dieser Programme heißt *Eudora Light* und ist kostenlos im Internet erhältlich (unter *http://www.eudora.com*). Eudora wird auch in einer professionellen Version, *Eudora Pro*, mit zusätzlichen Funktionen angeboten, die allerdings kostenpflichtig ist. Eudora Light bietet jedoch schon alle Funktionen, um mit E-Mail glücklich zu werden.

Neben Eudora werden in einem späteren Kapitel drei weitere häufig verwendete E-Mail-Clients besprochen:

- *Netscape Messenger*. Ein praktischer E-Mail-Client, der zusammen mit dem Netscape Navigator im Programmpaket Netscape Communicator enthalten ist.
- *Outlook Express*. Microsofts Beitrag zum Thema E-Mail ist eine Beigabe zum Microsoft Internet Explorer und Windows 95 bzw. Windows 98.
- *Pine*. Ein angenehmer E-Mail-Client unter Unix – für alle, die ihre E-Mail über Telnet und Unix verwalten.

Obgleich sich alle diese Programme auf Ihrem Bildschirm in unterschiedlicher Weise präsentieren, sind sie sich in den grundlegenden E-Mail-Funktionen sehr ähnlich. Lediglich Pine unterscheidet sich von den Windows-basierten Programmen durch seine Bedienung über Tastaturkürzel; im Abschnitt zu Pine werden wir darauf näher eingehen.

Ziel dieses Kapitels ist es, Sie mit den wichtigsten Arbeitsschritten im Umgang mit E-Mail vertraut zu machen, so daß Sie sich schnell in jedem beliebigen E-Mail-Client zurechtfinden können. Der besseren Anschaulichkeit wegen erläutern wir die grundlegenden Handgriffe am Beispiel von Eudora Light – scheuen Sie sich jedoch nicht, ein anderes Programm zu verwenden, Sie werden die Beispiele damit ebenso nachvollziehen können.

Das beste E-Mail-Programm ist ziemlich nutzlos, wenn keine Verbindung zum Internet besteht. Den Aufbau einer solchen Verbindung zu beschreiben würde den Rahmen dieses Buches sprengen, allerdings gibt es hierzu auch schon eine Menge Literatur. Wir gehen daher davon aus, daß Sie entweder bereits einen Zugang zum Internet haben oder aus anderer Quelle erfahren, wie Sie einen solchen Zugang bekommen können. Im folgenden erläutern wir lediglich kurz das Grundprinzip der Internet-Verbindung.

Die Verbindung zum Internet setzt sich im wesentlichen aus zwei Bestandteilen zusammen. Zunächst muß Ihr Computer über irgendeine Art von Kabel mit dem Internet verbunden sein. Falls Sie auf Ihrem PC zu Hause arbeiten, ist dieses Kabel in den meisten Fällen Ihr Telefonkabel, das über ein Modem an Ihren Computer angeschlossen ist. Am Arbeitsplatz oder in der Universität sind die Computer meist über ein Netzwerk permanent mit dem Internet verbunden. Um mit E-Mail arbeiten zu können, brauchen Sie zusätzlich einen zweiten Bestandteil: den E-Mail-Account. Das ist eine Art Postfach auf einem Internet-Postamt, über das Ihr gesamter E-Mail-Verkehr abgewickelt wird.

Bevor Sie irgend etwas mit E-Mail im Internet unternehmen können, benötigen Sie also die physikalische Verbindung zum Internet-Postamt, über die Sie an Ihren E-Mail-Account (Ihr Postfach) gelangen. Was hierbei genau hinter den Kulissen vorgeht, erfahren Sie in Kapitel 5. Für den Rest dieses einführenden Kapitels setzen wir voraus, daß Sie sowohl eine bestehende Internet-Verbindung als auch einen E-Mail-Account (und damit auch eine E-Mail-Adresse) haben.

Bevor wir Sie in die höheren Weihen der E-Mail-Kunst einführen, möchten wir zunächst sichergehen, daß Sie die grundlegenden Handgriffe souverän beherrschen. Sie erfahren, wie man eine neue E-Mail erstellt, adressiert und abschickt, wie man E-Mail empfängt, liest und beantwortet und wie man Mails ablegen, speichern und weiterleiten kann.

1.1 Verfassen von E-Mails

Ob Sie nun zu Hause gemütlich vor Ihrem Bildschirm sitzen oder zwischen Mittagessen und dem nächsten Termin mal eben ausprobieren möchten, was es mit E-Mail eigentlich auf sich hat – Ihre erste eigene Mail eröffnet Ihnen einen neuen Kommunikationspfad, den Sie bald wie selbstverständlich neben Brief oder Telefon nutzen werden. Nicht nur, um ein Andenken an diesen ehrwürdigen Moment zu haben schlagen wir Ihnen vor, die erste E-Mail an sich selbst zu schicken. Auf diese Weise können Sie Erfahrungen sammeln, ohne gleich ins Rampenlicht treten zu müssen.

Falls Ihr E-Mail-Programm noch nicht gestartet ist, doppelklicken Sie mit der Maus auf das entsprechende Programmsymbol, oder Sie geben an der Eingabeaufforderung den Programmnamen (z.B. `pine`) ein. Daraufhin erscheint Ihr E-Mail-Client auf dem Bildschirm – in Abbildung 1-1 sehen Sie Eudora nach dem Programmstart.

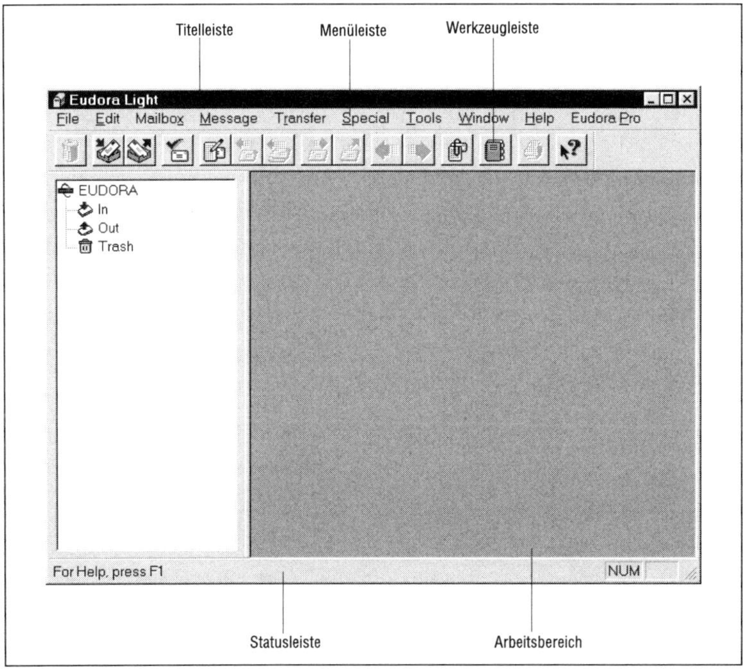

Abbildung 1-1: Eudora Light nach dem Programmstart

Der Bildschirmaufbau von Eudora gliedert sich wie bei den meisten anderen Windows-basierten E-Mail-Programmen in fünf unterschiedliche Bereiche. Unterhalb der Titelleiste befindet sich die Menüleiste, in der alle verfügbaren Programmbefehle thematisch gruppiert enthalten sind. Unter den Menübefehlen sehen Sie eine Vielzahl von Schaltflächen, die durch Symbole gekennzeichnet sind. Diese Schaltflächen bezeichnet man als Werkzeugleiste; hier sind die am häufigsten benötigten Befehle über einen einzelnen Mausklick verfügbar. Das eigentlich Interessante, das Schreiben, Lesen und Verwalten Ihrer E-Mails, passiert im großen Arbeitsbereich unterhalb der Werkzeugleiste. Am Fuß des Fensters informiert Sie die Statusleiste über die Bedeutung von angewählten Befehlen und andere Programmeinstellungen.

Wenn Sie ohne große Umschweife mit dem Verfassen Ihrer E-Mail beginnen möchten, klicken Sie in der Werkzeugleiste auf das Symbol, mit dem eine neue Mitteilung erstellt wird. Wenn Sie sich fragen, welche Funktion sich hinter einer bestimmten Schaltfläche verbirgt, bewegen Sie Ihren Mauszeiger auf ein Symbol, ohne zu klicken. Auf diese Weise erscheint in der Statusleiste eine kurze Erläuterung zur Funktion der Schaltfläche. Oftmals wird zusätzlich ein kleiner gelber Kasten eingeblendet, der die Funktion der Schaltfläche verkündet.

Haben Sie die Schaltfläche zum Verfassen einer neuen Nachricht gefunden (in Eudora ist es das Symbol mit einem gelben Blatt und einem Stift), klicken Sie sie an. Ein neues Fenster erscheint, in dem Sie die neue E-Mail zunächst adressieren und anschließend den Mitteilungstext eingeben können, wie in Abbildung 1-2 dargestellt. In die erste Zeile mit der Bezeichnung *To:* oder *An:* wird die E-Mail-Adresse des Empfängers eingetragen. Da Ihre erste E-Mail an Sie selbst gehen soll, geben Sie dort Ihre eigene E-Mail-Adresse ein. Das @-Zeichen erzeugen Sie auf einer deutschen Tastatur über die Tastenkombination AltGr+q. In Eudora steht in der nächsten Zeile mit der Bezeichnung *From:* der Absender der E-Mail. Falls Ihr E-Mail-Client korrekt eingerichtet ist, wurde an dieser Stelle bereits Ihre eigene E-Mail-Adresse eingetragen. Die Absender-Zeile ist nicht bei allen E-Mail-Programmen sichtbar, was jedoch nicht bedeutet, daß diese Programme E-Mails ohne Absender verschicken – der Absender wird trotzdem automatisch an die Mail angefügt.

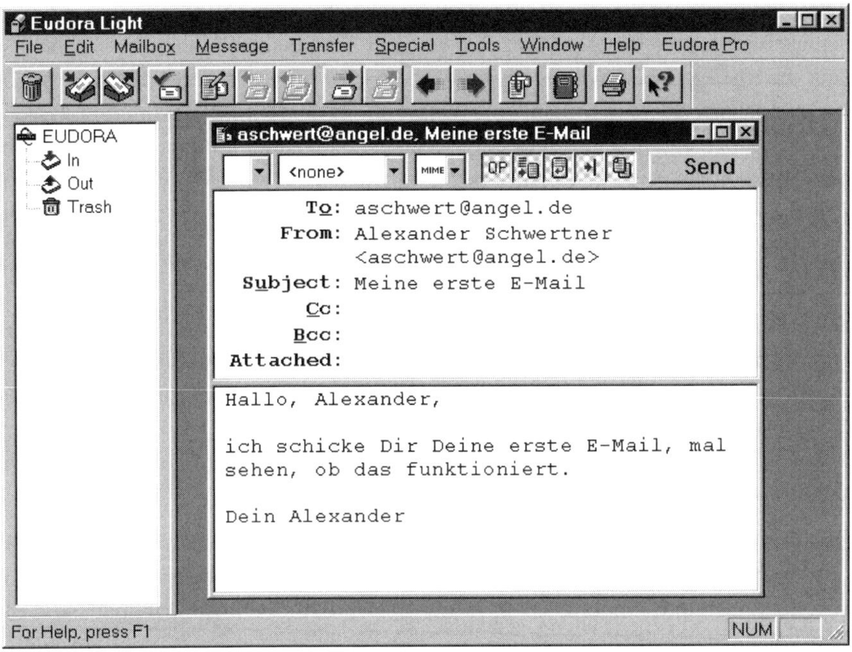

Abbildung 1-2: Ein neues Fenster für eine neue E-Mail

Mit der Tabulator-Taste gelangen Sie in die nächste Zeile *Subject:* oder *Betreff:* (um ein Feld zurückzuspringen, drücken Sie die Tasten Umschalt+Tab). In der Betreff-Zeile geben Sie das Thema der folgenden Mitteilung an, damit der Empfänger der E-Mail schnell erfassen kann, worum es in Ihrer Nachricht geht. Kapitel 2 gibt Ihnen einige Anregungen zur sinnvollen Gestaltung der Betreff-Zeile, doch momentan genügt etwas in der Art von

```
Meine erste E-Mail.
```

Bei einigen Mail-Clients, so auch bei Eudora, sind im Adreßbereich einer neuen Nachricht außerdem die Felder *Cc:*, *Bcc:* und *Attached:* vorhanden. Diese Felder müssen nicht unbedingt ausgefüllt werden, um eine Nachricht zu verschicken.

Cc: ist eine Abkürzung für *Carbon Copy*, was soviel wie »Durchschlag auf Kohlepapier« heißt und ein Relikt aus der längst vergangenen Zeit darstellt, als noch nicht an jeder Ecke ein Kopiergerät stand. Dieses Feld dient dazu, die E-Mail-

Adressen weiterer Empfänger einzutragen, an die Kopien Ihrer Mitteilung verschickt werden sollen. Der Empfänger einer E-Mail hat Einblick in alle Adressen, die im Feld *Cc:* eingetragen sind und eine Kopie der Mitteilung erhalten haben. Möchten Sie jemandem eine Kopie Ihrer Mitteilung zukommen lassen, ohne daß der eigentliche Empfänger etwas davon mitbekommt, so können Sie die Adresse des geheimen Mitwissers im Feld *Bcc:* eintragen. Bcc: bedeutet *Blind Carbon Copy* – die Einträge in diesem Feld bekommt der Empfänger nicht zu Gesicht. Im Feld *Attached:* werden angehängte Dateien, sogenannte *Attachments*, aufgeführt – was es damit auf sich hat, erfahren Sie in Kapitel 6.

Nachdem Sie die Felder im Adreßbereich ausgefüllt haben, gelangen Sie in das eigentliche Mitteilungsfeld. Hier können Sie nun loswerden, was Sie sich schon immer einmal schreiben wollten. Bevor Sie richtig in die Kommunikation per E-Mail einsteigen, kann Ihnen ein Blick in unser nächstes Kapitel die typischen Fehler von E-Mail-Neulingen ersparen, mit denen Sie sich im Netz nicht gerade beliebt machen.

Ihre Mitteilung ist fertig – und ab geht die Post. Ein Mausklick auf die Schaltfläche SEND, SENDEN o.ä. befördert die Mail direkt zum Postausgang. Je nachdem, wie Ihr Programm eingerichtet ist, wird die Mitteilung entweder zunächst in einen Postausgangskorb gespeichert oder unmittelbar zum Empfänger geschickt. Falls die Mail erst einmal im Ausgangskorb landet, befindet sie sich immer noch auf Ihrem Computer. Bei Eudora nennt sich dieser Ausgangskorb *Out*; Sie finden ihn in der Mailbox-Liste im linken Bildschirmbereich. (Andere Programme bezeichnen die Elemente, in denen E-Mails gesammelt und aufbewahrt werden, nicht wie Eudora als *Mailbox*, sondern als *Ordner* oder *Folder*. Dort heißt der Ausgangskorb *Outbox* oder *Postausgang*.) In dieser Mailbox werden alle von Ihnen geschriebenen Mails gesammelt, bis Sie Eudora anweisen, alle bislang nicht gesendeten Mails zu verschicken. Die E-Mails, die in der Mailbox *Out* auf den Versand warten, erkennen Sie am Status *Q* (*Queued*, engl. für »in der Warteschlange«), der am Anfang der Titelzeile jeder Mitteilung in der Mailbox angezeigt wird. Um den Ausgangskorb zu leeren, wählen Sie den Menübefehl FILE – SEND QUEUED MESSAGES, woraufhin die E-Mails an die Empfänger zugestellt werden.

Die meisten E-Mail-Clients sind standardmäßig so eingerichtet, daß automatisch Kopien der von Ihnen versandten Mitteilungen aufbewahrt werden. In Eudora werden diese Kopien in der Mailbox *Out* abgelegt und sind dort an ihrem Status *S* (für *Sent*) zu erkennen.

Falls Sie an dieser Stelle eine Fehlermeldung bekommen, könnte dies folgende Ursachen haben:

- *Die Verbindung zu Ihrem Mail-Server ist unterbrochen.* Stellen Sie die Einwählverbindung zu Ihrem Internet-Provider erneut her, und unternehmen Sie einen neuen Versuch, die Mails abzuschicken.
- *Ihr E-Mail-Client ist nicht korrekt eingerichtet.* Damit das E-Mail-Programm mit dem Mail-Server Kontakt aufnehmen kann, benötigt es unter anderem Informationen zu Ihrer E-Mail-Adresse und den Namen des Mail-Servers. Näheres zur Einrichtung Ihres E-Mail-Programms erfahren Sie in Kapitel 4.

1.2 Empfangen und Lesen von E-Mails

Spannend wird es nun, wenn plötzlich Mails von anderen Leuten in Ihrem elektronischen Briefkasten landen. Falls Sie Ihre E-Mail-Adresse bereits unter Ihren Freunden oder Kollegen verbreitet haben, ist vielleicht schon die eine oder andere Mail an Sie verschickt worden, und Sie haben es noch gar nicht bemerkt. Doch selbst wenn Ihnen noch niemand geschrieben hat, eine E-Mail findet sich garantiert in Ihrem Briefkasten: Ihre eigene, die Sie im vorhergehenden Abschnitt an sich selbst verschickt haben. Und die holen wir jetzt auf den Bildschirm.

Beim Verschicken von E-Mail gehen Ihre eigenen Mitteilungen zunächst an Ihr elektronisches Postamt, den sogenannten *Mail-Server*, von dem aus die Nachrichten an die Empfänger verteilt werden (welche Vorgänge hier im einzelnen ablaufen, erfahren Sie in Kapitel 5). Das gleiche gilt für den umgekehrten Fall: Wenn eine E-Mail an Sie geschickt wird, kommt diese erst einmal in Ihrem persönlichen Mail-Account auf dem Server an und wird dort zwischengelagert, bis sie von Ihnen abgerufen wird. Wundern Sie sich daher nicht, wenn neue Mitteilungen nicht automatisch auf Ihrem Computer zugestellt werden – die Analogie von E-Mail zur herkömmlichen Post mit dem Briefträger hat durchaus ihre Grenzen.

Das E-Mail-Programm macht es Ihnen einfach, in Ihrem Postfach auf dem Server nach neuer Mail zu schauen und diese auf Ihren Computer zu laden: In der Werkzeugleiste gibt es dafür eine eigene Schaltfläche. Bei Eudora heißt sie CHECK MAIL (siehe Abbildung 1-3), andere E-Mail-Programme haben sie *Abrufen* oder *Empfangen* getauft. Falls Sie den Symbolen nicht so recht trauen, gibt es natürlich auch einen entsprechenden Menübefehl im Menü FILE, DATEI oder EXTRAS.

Abbildung 1-3: Die Schaltfläche CHECK MAIL holt Ihre neue E-Mail auf den Computer

Um neue Mail abzurufen, klicken Sie in Ihrem E-Mail-Programm auf das Symbol oder wählen den entsprechenden Menübefehl. Sie werden nun aufgefordert, das Kennwort für Ihren E-Mail-Account einzugeben. Je nach Programmeinstellung ist Ihr Kennwort bereits gespeichert worden, als Sie es zum erstenmal eingegeben haben. Wenn Sie jedoch Bedenken hinsichtlich der Sicherheit Ihrer Privatsphäre haben, sollten Sie Ihr Programm so einrichten, daß das Kennwort bei jeder Anfrage neu eingegeben werden muß. (Näheres dazu und zum Thema Sicherheit erfahren Sie in Kapitel 7.)

Nach Eingabe des Kennwortes meldet sich Ihr E-Mail-Programm am Mail-Server an und schaut nach, ob in Ihrem Postfach neue E-Mails auf Sie warten. Ist dies der Fall, werden diese auf Ihren Computer geladen und dort im Eingangskorb abgelegt. Ein kleines Bildschirmfenster informiert Sie dabei über den Fortschritt beim Herunterladen der Mitteilungen. Bei Eudora ist dieser Eingangskorb die Mailbox *In*, bei anderen E-Mail-Programmen heißt dieser Ordner *Posteingang* oder *Inbox*. Darin sollte sich jetzt zumindest die Nachricht befinden, die Sie sich zuvor selbst geschickt haben.

Eudora teilt Ihnen mit einem extra Meldungsfenster mit, daß Sie neue Mail bekommen haben, während andere Programme eher unauffällig auf neue Mail hinweisen. Als untrüglicher Hinweis auf neue E-Mail erscheint bei den meisten Programmen der Name eines Ordners, in dem sich ungelesene Mails befinden, in fetter Schrift (siehe Abbildung 1-4). Öffnen Sie diesen Ordner entweder mit einem Doppelklick auf den Namen des Ordners, oder wählen Sie in Eudora die

Schaltfläche OPEN IN MAILBOX links auf der Werkzeugleiste. Im Arbeitsbereich wird daraufhin ein neues Fenster geöffnet, in dem Sie die Titelzeilen der Mitteilungen in der Mailbox sehen. Ungelesene Mitteilungen werden in Eudora mit einem runden Punkt in der Spalte *S* (für *Status*) dieses Fensters kenntlich gemacht. Neben dem Status der Mail finden Sie in den Titelzeilen der Mitteilungen weitere Informationen, so den Namen (oder die E-Mail-Adresse) des Absenders, die Uhrzeit und das Datum, an dem die Mitteilung abgeschickt wurde, die Größe in Kilobyte (bei Eudora im Feld *K*) und den Betreff (siehe Abbildung 1-5).

Abbildung 1-4: Im Ordner In *finden Sie Ihre neue E-Mail*

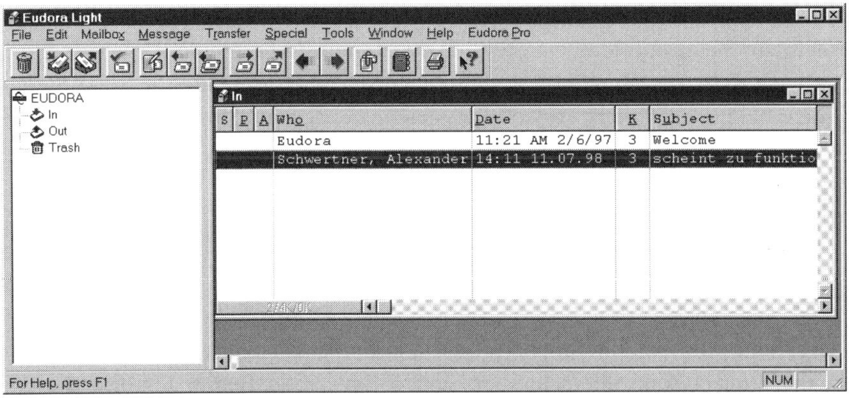

Abbildung 1-5: Hintergrundinformationen zur E-Mail

Um die neue E-Mail zu lesen, öffnen Sie sie entweder mit einem Doppelklick, oder Sie wählen in Eudora die Schaltfläche OPEN NEXT MESSAGE (das Symbol mit dem dicken roten Pfeil). Ein weiteres Fenster wird geöffnet, in dem die neue Mitteilung erscheint. Am Anfang der Nachricht steht die Kopfzeile, in der Angaben zu Absender, Betreff und Absendedatum sowie eine Vielzahl weiterer Informationen enthalten sind (die Kopfzeile wird übrigens in Kapitel 5 näher unter die Lupe genommen). Unterhalb der Kopfzeile folgt der eigentliche Inhalt der Mitteilung. Falls die Mitteilung über den gerade angezeigten Bildschirmbereich hinausgeht, können Sie mit der Bildlaufleiste am rechten Rand des Fensters auch den Rest des Inhalts einsehen.

Zur nächsten Mitteilung der Mailbox gelangen Sie in Eudora, indem Sie wiederum die Schaltfläche OPEN NEXT MESSAGE wählen; die vorherige Mitteilung öffnen Sie mit der Schaltfläche OPEN PREVIOUS MESSAGE links daneben. Um die angezeigte Mitteilung zu schließen, klicken Sie auf das X in der rechten oberen Ecke des Mitteilungsfensters.

Sollte Ihr Mail-Server keine Nachricht für Sie haben oder nur eine Mail mit jeder Menge unverständlichem Kauderwelsch, in dem die Zeilen *host unknown* oder *user unknown* enthalten sind, hat sich wahrscheinlich bei der Eingabe der Adresse ein Tippfehler eingeschlichen. Verfassen Sie, wie im vorhergehenden Abschnitt besprochen, eine neue E-Mail an sich selbst, und achten Sie bei der Eingabe Ihrer E-Mail-Adresse auf die korrekte Schreibweise.

1.3 Beantworten von E-Mails

Nachdem Sie eine E-Mail erhalten haben, stehen Ihnen einige Wege offen, wie Sie weiter mit der Mitteilung verfahren. In den meisten Fällen werden Sie auf eine erhaltene Nachricht zunächst einmal antworten wollen. Das geht ganz einfach: In Eudora markieren Sie die Nachricht in der Mailbox, so daß sie mit einem blauen Balken unterlegt ist, und wählen anschließend die Schaltfläche REPLY auf der Werkzeugleiste oder den Menübefehl MESSAGE – REPLY. Damit wird automatisch eine neue Mitteilung begonnen. Im Feld *To:* wird die E-Mail-Adresse des Absenders eingetragen, dem Sie antworten, und in der *Subject:*-Zeile erscheint der Betreff der Originalnachricht, angeführt von *Re:* (für Regarding, deutsch: Bezug nehmend auf). Sie können selbstverständlich den Eintrag in der Subject-Zeile überschreiben und einen neuen Betreff für Ihre Antwort einfügen; dies bietet sich vor allem dann an, wenn Mails bereits mehrere Male mit dem gleichen Eintrag in der Betreff-Zeile zwischen Ihnen und Ihrem Gegenüber hin- und hergegangen sind und sich das Thema Ihrer E-Mail-Konversation längst geändert hat.

Neben dem Befehl REPLY steht Ihnen auch der Befehl REPLY TO ALL bzw. ALLEN ANTWORTEN zur Verfügung. Wählen Sie diesen Befehl, so wird Ihre Antwort nicht nur an den ursprünglichen Absender der Mitteilung gerichtet, sondern gleichzeitig an alle weiteren Empfänger, die eine Kopie der Originalnachricht erhalten haben. Doch Vorsicht: Auf diese Weise kann es leicht vorkommen, daß eine persönlich gehaltene Antwort an den Absender der E-Mail plötzlich an die große Glocke gehängt wird und zu peinlichen Situationen führt. Um sicherzugehen, daß wirklich nur die von Ihnen vorgesehene Person Ihre Antwortnachricht erhält, sollten Sie in jedem Fall die Adressen überprüfen, die in der Zeile *To:* oder *An:* im Kopf Ihrer Mitteilung eingetragen sind.

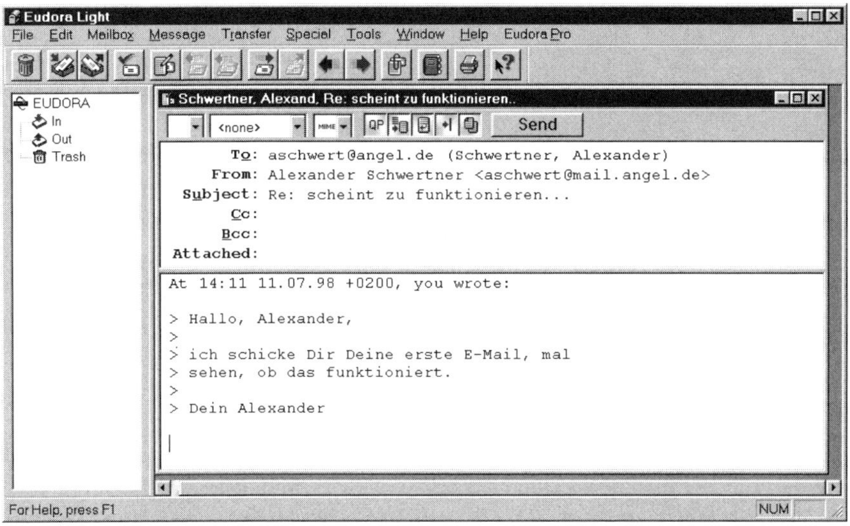

***Abbildung 1-6:** In der Antwortnachricht sind die Felder* To: *und* Subject: *bereits ausgefüllt, und die Originalnachricht erscheint als Zitat*

Im Textfeld der Mitteilung übernimmt Eudora den Text der Originalnachricht als Zitat (siehe Abbildung 1-6). Zitate werden in E-Mails mit einem Größer-als-Zeichen (>) am Zeilenanfang kenntlich gemacht. Sie sind in einigen Situationen ganz hilfreich, in anderen hingegen wirken sie schlichtweg störend (Hinweise zum sinnvollen Umgang mit Zitaten finden Sie in Kapitel 2). Nicht alle E-Mail-Programme führen bei der Beantwortung von E-Mails automatisch den Text der Originalnachricht an. Erscheint der Originaltext nicht von selbst, so können Sie ihn beispielsweise bei Netscape Messenger über die Schaltfläche ANFÜHREN nachträglich einfügen. Ist dieser Befehl nicht verfügbar, so gibt es bei einigen Programmen wie Outlook Express im Menü EXTRAS – OPTIONEN ein Optionsfeld, mit dem generell festgelegt wird, ob der Originaltext bei der Beantwortung von Mails eingefügt wird oder nicht.

1.4 Weiterleiten von E-Mails

Oft kommt es vor, daß Sie eine E-Mail erhalten, die auch für eine Kollegin oder einen Freund von Interesse wäre. Hierzu können Sie eine empfangene E-Mail mit Ihrem E-Mail-Programm weiterleiten; im Fachjargon spricht man von *forwarden*. Dabei wird die Mitteilung, die weitergeleitet werden soll, in einer neuen Nachricht verpackt, von Ihnen mit der Adresse des neuen Empfängers und bei Bedarf mit einem Kommentar versehen und abgeschickt.

Um eine Mail weiterzuleiten, muß sie zunächst in der Mailbox, in der sie abgelegt ist, ausgewählt sein. Eudora bietet, wie auch die meisten anderen E-Mail-Clients, zum Weiterleiten von E-Mail eine Schaltfläche in der Werkzeugleiste – sie heißt FORWARD und zeigt einen kleinen nach rechts weisenden roten Pfeil mit Briefumschlag. Alternativ können Sie aus dem Menü den Befehl MESSAGE – FORWARD wählen. Damit erstellen Sie eine neue Mitteilung, in deren Textfeld die weiterzuleitende Nachricht enthalten ist. In der Zeile *To:* geben Sie die E-Mail-Adresse des neuen Empfängers ein, der Betreff wird aus der Originalnachricht übernommen. Um kenntlich zu machen, daß die Nachricht weitergeleitet wurde, wird dem Betreff automatisch das Kürzel *Fwd:* vorangestellt – Sie können die Betreff-Zeile jedoch nach Belieben verändern. Die Mitteilung wäre dann schon fertig zum Abschicken, doch es empfiehlt sich, einen kurzen Kommentar für den Empfänger anzufügen, in dem Sie z.B. mitteilen, warum Sie die Mail weitergeschickt haben. Mit SEND wird die weitergeleitete Nachricht abgeschickt.

Oftmals ist für jemand anderen gar nicht die gesamte Nachricht von Interesse, sondern nur ein kleiner Auszug aus dem Text. In diesem Fall sollten Sie die Passagen, die weniger wichtig sind, aus der weitergeleiteten Mitteilung löschen, bevor Sie sie abschicken. Dazu markieren Sie mit der Maus die Zeilen, die gelöscht werden sollen, und drücken auf die Taste Entf oder wählen in Eudora EDIT – CLEAR. In Netscape Messenger erscheint die weitergeleitete Mitteilung nicht zur Bearbeitung, sondern wird standardmäßig als Anhang verschickt. Möchten Sie die Mitteilung vor dem Abschicken trotzdem bearbeiten, wählen Sie statt der Schaltfläche WEITERLEITEN den Menübefehl NACHRICHT – ZITAT WEITERLEITEN.

Es kann vorkommen, daß E-Mail in Ihrem Postfach landet, die eigentlich an eine andere Person gerichtet ist. Um die Mitteilung als Ganzes an den richtigen Empfänger umzuleiten, ohne daß sie wie beim herkömmlichen Weiterleiten als Zitat in einer neuen Mitteilung erscheint, kennt Eudora den Befehl *Redirect*; andere Programme bezeichnen diesen Vorgang als *Remailing* oder *Bouncing*. Dieser Befehl verbirgt sich hinter der Schaltfläche mit dem roten Pfeil, der nach rechts oben zeigt, oder im Menü MESSAGE – REDIRECT.

1.5 E-Mail verwalten

Falls es Ihnen genauso geht wie den meisten anderen Menschen, die in die Kommunikation per E-Mail einsteigen, wird aus der einen E-Mail, die Sie an sich selbst geschrieben haben, bald ein großer Berg an Nachrichten von den unterschiedlichsten Personen und zu den verschiedensten Themen. Alle diese Nachrichten sammeln sich im Eingangskorb an; in Eudora ist das die Mailbox *In*. Bevor Ihre Mailbox so unübersichtlich wird, daß Sie sich gar nicht mehr in ihr zurechtfinden, sollten Sie sich mal ans Aufräumen machen.

Löschen

Wahrscheinlich sind nicht alle E-Mails derart wichtig, daß Sie sie auf ewig aufbewahren möchten – eine Einladung zu einer Besprechung hat beispielsweise spätestens nach der Besprechung ihre Aufgabe erfüllt. Eine bewährte und dazu recht simple Methode, sich überflüssiger E-Mail zu entledigen, besteht darin, sie zu löschen. In Eudora gibt es dafür eine unmißverständliche Schaltfläche in der Werkzeugleiste: die Mülltonne ganz links. Um eine Mitteilung zu löschen, markieren Sie sie im Ordner, so daß sie blau hinterlegt ist, und klicken auf die Mülltonne oder wählen MESSAGE – DELETE. Falls Sie so richtig aufräumen möchten, können Sie auch mehrere Mitteilungen gleichzeitig löschen, indem Sie die Strg-Taste gedrückt halten, mit der Maus alle zu löschenden Nachrichten markieren und anschließend auf die Mülltonne klicken. Eine »durchgehende« Liste können Sie markieren, indem Sie bei gedrückter Umschalt-Taste die erste und letzte Nachricht anwählen.

Wie bei Ihrem Papierkorb unter dem Schreibtisch sind die Mitteilungen dann längst noch nicht endgültig verschwunden, sondern befinden sich erst einmal in der Mülltonne; in Eudora ist das die Mailbox *Trash*. Wenn Sie eine Mitteilung zu voreilig gelöscht haben, können Sie sie natürlich wieder aus der Mülltonne herausholen. Um das Löschen einer Mitteilung rückgängig zu machen, öffnen Sie zunächst die Mailbox *Trash* mit einem Doppelklick in der Ordnerliste oder über MAILBOX – TRASH. Nun erscheint das Fenster der Mailbox *Trash*. Markieren Sie die Mitteilung, die Sie wiederherstellen möchten, und wählen Sie TRANSFER – IN, um sie wieder im Eingangskorb abzulegen.

Die E-Mail-Mülltonne ist zwar sehr aufnahmefähig, doch irgendwann möchten Sie vielleicht, daß gelöschte Mitteilungen auch wirklich aus dem E-Mail-Programm verschwinden, damit Sie sie endgültig los sind oder niemand anderes sie lesen kann. In diesem Fall wird es Zeit, die Mülltonne zu leeren. Eudora kennt dafür den Befehl SPECIAL – EMPTY TRASH. Bei anderen Programmen heißt die Mülltonne etwas vornehmer Papierkorb, der Befehl lautet daher PAPIERKORB – ORDNER LEEREN und findet sich dort im Menü DATEI. Nachdem die Mülltonne geleert ist, sind die gelöschten Mitteilungen endgültig von der Bildfläche verschwunden.

Ablegen

Der Eingangskorb ist nun von allen überflüssigen E-Mails gesäubert, doch er kommt Ihnen noch immer zu unhandlich und unübersichtlich vor. Zu viele Mitteilungen, die nicht zusammenpassen, stehen kreuz und quer durcheinander, und Sie suchen jedesmal eine kleine Ewigkeit, um eine ganz bestimmte Nachricht wiederzufinden. Wie praktisch wäre es doch, die Mitteilungen nach dem Absender oder dem Thema in verschiedene Ordner sortieren zu können. Für Eudora ebenso wie für andere E-Mail-Clients ist das kein Problem. Sie können neben den bereits vorhandenen Mailboxen *In*, *Out* und *Trash* neue Ordner und Mailboxen erstellen und die E-Mails nach Herzenslust zwischen ihnen verschieben.

Eudora unterscheidet bei der Ablage von Mails zwischen einem Folder (deutsch: Ordner) und einer Mailbox. Während man in einer Mailbox E-Mails ablegt, dienen Folder dazu, mehrere Mailboxen aufzunehmen – es ist jedoch nicht möglich, eine E-Mail direkt in einem Folder zu speichern. Diese strikte Trennung ist charakteristisch für Eudora, andere E-Mail-Clients nehmen es hier weniger genau. Das Folder-Mailbox-System soll Sie dabei unterstützen, eine klare Struktur in Ihre E-Mail-Verwaltung zu bringen.

Um eine Mitteilung vom Eingangskorb in einen neuen Ordner abzulegen, gehen Sie wie folgt vor:

1. Markieren Sie die Mitteilung im Eingangskorb.
2. Wählen Sie aus dem Menü TRANSFER – NEW. Es erscheint das Dialogfeld NEW MAILBOX. Sie können nun entscheiden, ob Sie eine Mailbox im Hauptverzeichnis anlegen möchten oder ob zunächst ein Ordner angelegt werden soll, in dem Sie später weitere Mailboxen erstellen können.
3. Um eine Mailbox im Hauptverzeichnis anzulegen, geben Sie einen Namen für die Mailbox ein und klicken auf OK. Die neue Mailbox erscheint daraufhin in der Mailbox-Liste und enthält die zuvor markierte Mitteilung.
4. Um einen Ordner zu erstellen, geben Sie einen Namen für den Ordner ein, aktivieren das Optionsfeld MAKE IT A FOLDER und klicken auf OK. Daraufhin erscheint wiederum das Dialogfeld NEW MAILBOX. Geben Sie nun einen Namen für die Mailbox ein, und klicken Sie auf OK. In der Mailbox-Liste erscheint der neue Ordner mit der eben erstellten Mailbox, in der sich die zuvor markierte Mitteilung befindet (siehe Abbildung 1-7).

Drucken

Elektronische Kommunikation ist ja gut und schön, doch einige Leute weigern sich nach wie vor standhaft, sich dem Trend zur E-Mail anzuschließen. Um auch Menschen ohne E-Mail-Account das Lesen von für sie wichtigen E-Mails zu ermöglichen, können Sie mit Ihrem E-Mail-Programm Mitteilungen auf Papier ausdrucken.

Eine Mitteilung wird mit Eudora ausgedruckt, indem Sie sie in der Mailbox markieren und anschließend in der Werkzeugleiste auf die Schaltfläche PRINT (mit dem Druckersymbol) klicken oder FILE – PRINT wählen. Wie beim Drucken aus anderen Anwendungen auch erscheint das Dialogfeld DRUCKEN, in dem Sie Einstellungen für Ihren Drucker vornehmen können. Mit einem Klick auf OK wird die E-Mail ausgedruckt.

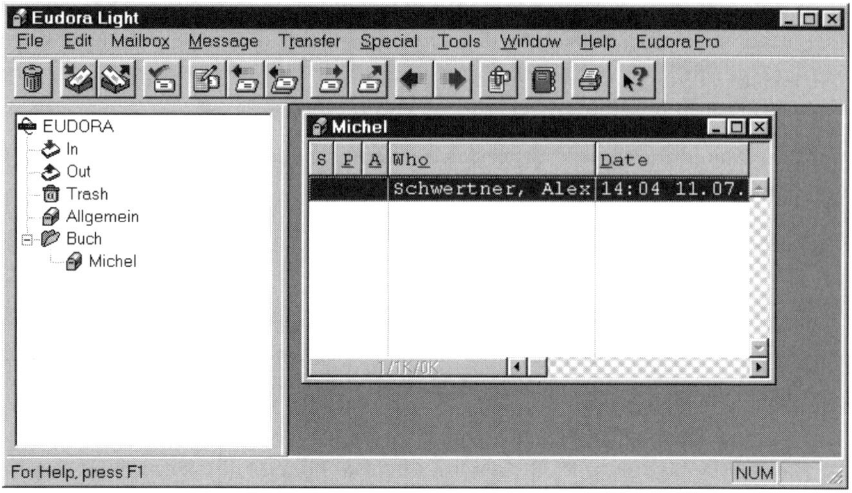

Abbildung 1-7: Im Ordner Buch *wurde die Mailbox* Michel *angelegt und die zuvor markierte E-Mail hierin abgelegt*

Als Textdatei speichern

Sie haben sicher bereits einmal eine Mitteilung per E-Mail erhalten, deren Inhalt später ganz oder teilweise in ein Textdokument eingegangen ist. Natürlich könnten Sie die Mail auch ausdrucken und dann in Ihr Dokument eintippen – bei längeren Texten kann diese Methode jedoch sehr zeitaufwendig sein. Einfacher ist es, die entsprechende Mitteilung mit dem E-Mail-Programm als Textdatei zu speichern, die dann von Ihrem Textverarbeitungsprogramm eingelesen werden kann.

Um mit Eudora eine E-Mail als Textdatei zu speichern, markieren Sie sie zunächst wie üblich in der Mailbox. Wählen Sie dann den Befehl FILE – SAVE AS. Es erscheint das Dialogfeld SPEICHERN UNTER wie in Abbildung 1-8. Als Dateiname wird automatisch der Betreff der Mitteilung vorgegeben. Damit auch die Kopfinformationen der E-Mail mit in die neue Textdatei übernommen werden, aktivieren Sie das Optionsfeld INCLUDE HEADERS. Wählen Sie den Ordner auf Ihrer Festplatte, in dem die Textdatei abgelegt werden soll, und speichern Sie die Datei mit SPEICHERN. Sie können die neue Textdatei nun mit Ihrem Textverarbeitungsprogramm öffnen.

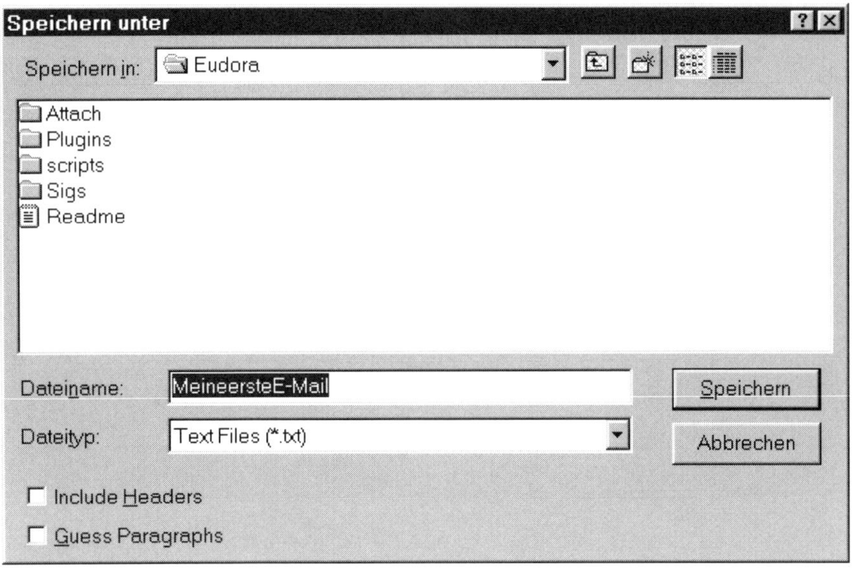

Abbildung 1-8: Mit dem Dialogfeld SPEICHERN UNTER speichern Sie Ihre E-Mail als Textdatei

Eine andere Methode, um Text aus einer E-Mail in ein anderes Dokument zu kopieren, nutzt die Windows-Zwischenablage. Dabei markieren Sie den gewünschten Textabschnitt der Mitteilung mit der Maus und wählen EDIT – COPY. Auf diese Weise wird der Text in die Zwischenablage kopiert und kann mit BEARBEITEN – EINFÜGEN oder EDIT – PASTE in einem anderen Dokument eingefügt werden.

Tips für die E-Mail-Gestaltung

2

Nachdem wir Sie im letzten Kapitel in die grundlegenden E-Mail-Funktionen eingeführt haben (falls Sie damit nicht ohnehin schon vertraut waren), werden wir Ihnen in diesem Kapitel noch einige Tips und Tricks mit an die Hand geben, die Ihnen das Schreiben und Ihrem Gegenüber das Lesen von E-Mails erleichtern sollen. Genau wie nicht jeder, der einen Stift »bedienen«, also schreiben kann, automatisch gute Briefe schreibt, verfaßt nicht jeder, der in der Lage ist, ein E-Mail-Programm zu benutzen, gute Mails.

In der Internet-Gemeinde hat sich ein Verhaltenskodex eingebürgert, der vor allem Neulingen im Netz dabei helfen soll, sich an die Gepflogenheiten der Kommunikation im Netz zu gewöhnen und Ärger zu vermeiden. Diese Regeln, nach denen sich die meisten Mitglieder der Internet-Gemeinde richten, werden oft mit dem Begriff *Netiquette* bezeichnet, der sich aus den Wörtern »Net« und »Etiquette« zusammensetzt. Wenn Sie sich schon seit einiger Zeit im Netz tummeln, ist er Ihnen sicher schon des öfteren begegnet. Fast jede Organisation stellt eine solche Liste mit Regeln auf, die sich je nach Umfeld leicht voneinander unterscheiden. Eine mögliche Liste könnte z.B. so aussehen:

1. Vergessen Sie niemals, daß auf der anderen Seite ein Mensch sitzt.
2. Befolgen Sie auch im Netz die gleichen Regeln wie im normalen Leben.
3. Seien Sie sich immer bewußt, wo im »Cyberspace« Sie sich befinden – was auf einer Mailing-Liste normal ist, kann auf einer anderen völlig unangebracht sein.
4. Erst lesen, dann denken. Noch einmal lesen, noch einmal denken. Und dann erst abschicken.
5. Ihre Nachrichten sprechen für Sie – seien Sie stolz auf sie.

6. Respektieren Sie anderer Leute Zeit und Bandbreite.

7. Teilen Sie Ihr Wissen und Ihre Erfahrungen mit anderen.

8. Vorsicht mit Humor, Ironie und Sarkasmus.

9. Respektieren Sie anderer Leute Privatsphäre.

10. Vergeben Sie anderen Leuten ihre Fehler.

Eine Liste, die sich speziell mit E-Mail-Umgangsformen beschäftigt, finden Sie unter *http://www.hrz.uni-dortmund.de/docs/EMail-Netiquette.html*

Wer sich tiefergehend mit den guten Sitten im Netz beschäftigen möchte, dem sei das RFC-Dokument 1855 von Sally Hambridge ans Herz gelegt, das z.B. unter *http://www.umu.se/IT/Dok/rfc1855.html* heruntergeladen werden kann. RFC-Dokumente (Abk. für »request for comment«) definieren u.a. auch zahlreiche Protokolle und werden ständig weiterentwickelt. Sämtliche RFCs finden Sie auf der Web-Site *http://www.rfc-editor.org*. Auf was Sie beim Verfassen von E-Mails besonders achten sollten, erfahren Sie in den folgenden Abschnitten.

2.1 Zitieren

Wenn Sie auf eine Nachricht antworten, können Sie diese in Ihrer Antwort zitieren. Je nach Voreinstellung geschieht das automatisch, oder die Funktion kann bei jeder Antwort individuell angewählt werden. Zitate werden in aller Regel durch ein > gekennzeichnet. Obwohl Zitieren in manchen Fällen sinnvoll ist, hat sich bei vielen E-Mail-Nutzern ein inflationärer Umgang mit Zitaten eingebürgert, der mitunter durchaus störend sein kann.

Zitieren ist sinnvoll, um einen Kontext herzustellen. Wenn Sie zum Beispiel eine Mail erhalten, in der nur steht: `Darin stimme ich Ihnen voll und ganz zu. Lassen Sie uns das Projekt vorantreiben`, können Sie damit wahrscheinlich herzlich wenig anfangen. Solche Mails können vor allem Benutzern Probleme bereiten, die jeden Tag große Mail-Mengen zu bewältigen haben. Außerdem kann es zu Mißverständnissen kommen, wenn die Nachricht, auf die sich der Sender bezieht, schon einige Zeit alt ist. Besser ist es in solchen Fällen sicherlich, den Teil der Originalnachricht zu zitieren, auf den man sich bezieht.

Wichtig ist es allerdings, das Zitieren nicht zu übertreiben. Viele Benutzer haben es sich angewöhnt, immer die komplette Nachricht zu zitieren, auch wenn sie sich nur auf einen Teil davon oder, noch schlimmer, gar nicht darauf beziehen. Das kann besonders dann ärgerlich werden, wenn Nachrichten an einen großen Empfängerkreis gerichtet sind, wie etwa in Newsgruppen. Geben in einem solchen Fall alle Empfänger ihre Kommentare (und Kommentare zu Kommentaren) ab, können die Nachrichten in kurzer Zeit enorm lang und unübersichtlich werden.

Ein Grund für die übertriebene Verwendung von Zitaten ist sicherlich, daß viele Mail-Programme automatisch so konfiguriert sind, daß die komplette Originalmitteilung in der Antwort zitiert wird. Das ist bei vielen Antworten zur Orientierung auch sehr hilfreich, da man so auf bestimmte Punkte oder Fragen eingehen kann und das Risiko geringer ist, etwas zu vergessen. Denken Sie aber immer daran, daß Sie die Zitate, die unnötig sind, natürlich auch löschen können.

Überlegen Sie sich also immer gut, in welchem Falle es sich lohnt zu zitieren und wann Sie besser darauf verzichten sollten. Generell gilt: so knapp wie möglich, so ausführlich wie nötig. Das macht es Ihrem Gegenüber leichter, Ihr Anliegen zu verstehen. Außerdem hat auch er sicherlich keine Lust, teure Telefongebühren für das Herunterladen nutzloser Informationen zu bezahlen.

Zum Schluß noch ein Tip zum Layout. Obwohl manche E-Mail-Clients Zitate vom Antworttext absetzen, empfiehlt es sich, zwischen Zitat und Antworttext eine Leerzeile einzufügen (Sie wissen ja meist nicht, welches E-Mail-Programm Ihr Gegenüber verwendet). Das erhöht die Lesbarkeit ungemein.

2.2 Die Betreff-Zeile

Die Betreff-Zeile ist ein weiteres wichtiges Mittel, um Ihre Mails in einen Kontext zu stellen. Bei manchen Mail-Clients besteht die Möglichkeit, zunächst nur die Betreff-Zeile vom Server auf den eigenen Rechner zu laden und sich erst dann zu entscheiden, welche der Nachrichten man komplett herunterladen möchte. Gerade bei Nutzern, die mit sehr vielen Mails fertig werden müssen, kann die Betreff-Zeile darüber entscheiden, ob Ihre Nachricht gelesen wird oder nicht.

Die Betreff-Zeile sollte möglichst kurz und aussagekräftig sein. Je konkreter Sie den Inhalt der Mail hier schon beschreiben können, desto knapper kann schließlich die eigentliche Nachricht sein. Vermeiden Sie Betreff-Zeilen, die nur Ihren Namen oder Wörter wie `Antwort` oder `Hallo` enthalten.

Wenn Sie auf eine Nachricht antworten, wird normalerweise der Betreff der Originalnachricht übernommen und ein *Re:* (für Regarding) vorangestellt. Wenn sich Ihr Gegenüber Gedanken gemacht hat, ist dieser Betreff aussagekräftig, und Sie sollten ihn übernehmen, wenn Sie sich auf die alte Nachricht beziehen wollen. Wenn Sie noch Zusatzinformationen verarbeiten möchten, ohne den Bezug zu verlieren, können Sie den Betreff natürlich ändern. Erwähnen Sie aber trotzdem den alten Betreff, damit Ihr Gegenüber die Nachricht einordnen kann. Statt »Re: Vorbesprechung« können Sie zum Beispiel schreiben: »Termin verschoben (war: Vorbesprechung)«.

Wenn Sie sich dagegen in Ihrer Antwort nicht mehr auf die ursprüngliche Nachricht beziehen, macht es auch keinen Sinn, den alten Betreff zu verwenden. Geben Sie statt dessen einen neuen an, der sich auf das bezieht, was Sie im Textteil schreiben möchten.

2.3 Worauf man beim Schreiben achten sollte

Stil

E-Mail liegt als Medium irgendwo zwischen dem Telefonieren und dem Schreiben eines Briefs. Im Laufe der Zeit hat sich ein eigener Stil entwickelt, der allerdings mit diesen beiden Kommunikationsformen nicht sehr viel gemeinsam hat. Obwohl E-Mail auch zur persönlichen Kommunikation verwendet wird, liegt die Hauptnutzung im geschäftlichen Bereich. Dementsprechend kann man E-Mails am treffendsten mit geschäftlichen Briefen oder Telefonaten vergleichen. Sie sind meistens knapp und kommen ohne große Umschweife auf den Punkt.

Anrede

Generell sind die Umgangsformen im Internet weniger steif und förmlich als im herkömmlichen Briefverkehr. Wenn Sie genau wissen, an wen Sie schreiben, können Sie die Anrede wählen, die Sie auch in einem Brief verwenden würden, z.B. `Sehr geehrte(r) Herr/Frau...` oder `Liebe/r...`

Oft kann die Anrede jedoch auch ganz weggelassen werden. Nehmen wir an, Sie stehen mit einem Kollegen in Ihrer Firma oder an der Uni in regem E-Mail-Kontakt und schicken sich am selben Tag mehrere Nachrichten, um beispielsweise Ideen zu einem Projekt auszutauschen. In diesem Fall können Sie sich die Anrede (und auch die Grußformel am Ende) ruhig sparen. Als Anhaltspunkt können Sie sich überlegen, ob die E-Mail eher einer kurzen Notiz (keine Anrede nötig) oder einem Brief entspricht. Wenn Sie sich trotzdem nicht sicher sind, ob es in Ordnung ist, die Anrede wegzulassen, fügen Sie sie lieber ein.

Die lockere Atmosphäre im Netz äußert sich auch oft darin, daß man geduzt (was beim englischen »you« natürlich nicht so offensichtlich ist) oder mit Vornamen angeredet wird. Darauf sollte man selbst entsprechend und nicht übertrieben förmlich reagieren. Etwas Vorsicht ist allerdings geboten. Nicht jeder läßt sich gern von jedem Wildfremden duzen. Als Einsteiger haben Sie damit vielleicht Probleme (gehabt). Achten Sie doch einfach einmal darauf, wie andere Leute, mit denen Sie in E-Mail-Kontakt stehen, mit Anreden umgehen. Mit der Zeit bekommen Sie dann sicher auch ein Gefühl dafür.

Sprache

Das Internet ist ein weltumspannendes Kommunikationsnetz. Deshalb ist es kaum verwunderlich, daß sich Englisch als vorherrschende Sprache durchgesetzt hat. Natürlich können und sollten Sie mit deutschen Geschäftspartnern und Freunden auch weiterhin auf deutsch kommunizieren. Wenn Sie aber eine Nachricht verfassen, die an ein breiteres Publikum gerichtet ist, oder die eventuell an Leser weitergeleitet werden könnte, die des Deutschen nicht mächtig sind, sollten Sie auf alle Fälle in Englisch schreiben. Das gilt vor allem für Artikel oder Nachrichten an englischsprachige Newsgruppen. Sie können sich mitunter heftigen Ärger einhandeln, wenn Sie an eine solche Newsgruppe einen deutschen Artikel senden.

Daß Ihr Englisch vielleicht nicht so perfekt ist, stört dagegen die wenigsten – solange man nur verstehen kann, was Sie meinen. Und wenn das nicht der Fall ist, können Ihre Leser ja immer noch einmal nachfragen. Trauen Sie sich also ruhig – auch für den Großteil der Internet-Gemeinde ist Englisch nicht die Muttersprache, Sie sind also in guter Gesellschaft.

Tippfegler und Buchstabnedreher

Daß der Fehlerteufel in E-Mails ganz besonders sein Unwesen treibt, ist Ihnen sicher auch schon des öfteren aufgefallen. Viele Nachrichten werden extrem schnell getippt und vor dem Absenden nicht noch einmal durchgesehen. Da kann es natürlich schnell zu Tippfehlern und Buchstabendrehern kommen. Oft sieht man zum Beispiel `dre` statt `der` und `hte` statt `the`. Das macht zwar eine Mail noch nicht unlesbar, man stockt aber ab und zu im Lesefluß, vor allem bei

Wörtern wie `nocht` statt `nicht`. Ein Blick auf die Tastatur hilft oft weiter, wenn es sich nicht um einen offensichtlichen Tippfehler handelt – welche Buchstaben könnte der Schreiber knapp verfehlt haben?

Rechtschreibprüfungen sind bisher leider nur in wenigen Programmen vorgesehen. Oft bleibt dann doch nur Korrekturlesen – das lohnt sich zumindest, wenn die Nachricht offiziell und wichtig ist. Denn obwohl einige Benutzer glauben, daß solche Fehler fast schon zum guten Ton der Kommunikation im Netz gehören, könnten andere glauben, Sie seien schusselig und nachlässig.

Umlaute und scharfes s (ß)

Leider haben wir als Deutschsprachige im Netz der Netze einen kleinen Nachteil: die Umlaute und das »ß«. Diese Zeichen kommen nämlich in dem *ASCII-Zeichensatz*, der bei normalen E-Mails verwendet wird, nicht vor. Obwohl Ihr Text in *Ihrem* Mail-Client wunderbar aussieht, kann der Benutzer auf der anderen Seite mitunter höchst seltsame Zeichen in seinem Text finden.

Standardmäßig wird der US-ASCII-Zeichensatz verwendet, der mit 7 Bits kodiert ist. Damit lassen sich maximal 2^7=128 verschiedene Zeichen darstellen – für deutsche Sonderzeichen ist da kein Platz. Welche Zeichen das Glück hatten, in diesen exklusiven Zirkel aufgenommen zu werden, sehen Sie in der ASCII-Zeichentabelle (Tabelle 2-1). Jedem ASCII-Zeichen ist ein Zahlencode zugewiesen; Zahlencodes kleiner als 33 beschreiben Steuerzeichen wie Zeilenvorschübe oder Tabulatoren. Von diesen Steuerzeichen werden nur der Zeilenvorschub und das Leerzeichen per E-Mail übertragen.

Es gibt zwei Möglichkeiten, dieses Problem zu umgehen. Die einfachere Lösung ist, die »Sonderbuchstaben« beim Schreiben zu ersetzen: `ss` statt `ß`, `ae` statt `ä` usw. Das mag anfangs gewöhnungsbedürftig sein, vor allem bei Wörtern wie `haeufig` oder `barfuessig`. Sie werden sich aber schneller daran gewöhnen, als Ihnen lieb ist. Wenn Sie naemlich viele E-Mails schreiben und nach einiger Zeit dann einmal wieder einen »normalen« Text verfassen muessen, wird Ihnen die Benutzung der Umlaute und des »ß« ganz schoen schwerfallen.

!	"	#	$	%	&	'	(	)	*	+	,	-	.
33	34	35	36	37	38	39	40	41	42	43	44	45	46
/	0	1	2	3	4	5	6	7	8	9	:	;	<
47	48	49	50	51	52	53	54	55	56	57	58	59	60
=	>	?	@	A	B	C	D	E	F	G	H	I	
61	62	63	64	65	66	67	68	69	70	71	72	73	
J	K	L	M	N	O	P	Q	R	S	T	U	V	
74	75	76	77	78	79	80	81	82	83	84	85	86	
W	X	Y	Z	[	\	]	^	_	`	a	b	c	
87	88	89	90	91	92	93	94	95	96	97	98	99	
d	e	f	g	h	i	j	k	l	m	n	o	p	
100	101	102	103	104	105	106	107	108	109	110	111	112	
r	s	t	u	v	w	x	y	z	{	|	}	~	
113	114	115	116	117	118	119	120	121	122	123	124	125	

***Tabelle 2-1**: 7-Bit-ASCII-Zeichensatz*

Die elegantere Lösung ist, die Nachricht mit einem *MIME*-fähigen E-Mail-Programm zu verschicken (was MIME bedeutet, erfahren Sie in Kapitel 5). Dann werden die Sonderzeichen in »normale« ASCII-Zeichen umgewandelt oder kodiert. Das ä entspricht dann z.B. der Zeichenkombination =3F. Wenn auch Ihr Gegenüber über einen MIME-fähigen E-Mail-Client verfügt, wird die Nachricht bei ihm automatisch dekodiert, und die Sonderzeichen werden ganz normal dargestellt. Diese Methode hat den großen Vorteil, daß Sie Ihre Schreibweise nicht ständig umzustellen brauchen, je nachdem, ob Sie einen E-Mail-Client oder ein Textverarbeitungsprogramm verwenden.

Probleme können dann auftauchen, wenn entweder Ihr E-Mail-Programm oder das Ihres Gegenübers nicht MIME-fähig ist. Ist ersteres der Fall, werden die Sonderzeichen höchstwahrscheinlich überhaupt nicht verschickt und fehlen dann in der Nachricht, die Ihr Gegenüber auf dem Bildschirm sieht. Im anderen Fall werden bei Ihrem Gegenüber die Ersatz-Zeichenkombinationen, also eine Menge Gleichheitszeichen und Zahlen, angezeigt. Beides ist nicht sehr schön, die Nachricht ist in den meisten Fällen aber trotzdem lesbar. Außerdem verfügen eigentlich alle modernen E-Mail-Programme über die Möglichkeit, MIME zu kodieren und zu dekodieren.

Zeilenbreite, Umbrüche, Trennung und Absatzmarken

Weitere Probleme können im Zusammenhang mit Zeilenumbrüchen auftreten. Beim Versenden einer Mail fügen die meisten E-Mail-Programme automatisch Zeilenumbrüche ein. In der Regel kann man in der Konfiguration angeben, ob und bei welcher Zeilenlänge das geschehen soll. Voreingestellt sind bei den meisten Programmen zwischen 70 und 80 Zeichen pro Zeile. Bei Eudora kann die Einstellung von 76 Zeichen leider nicht verändert werden. Ist diese Option dagegen nicht eingestellt, so werden die Zeilen nicht umbrochen.

Erhält man eine E-Mail, deren Zeilenbreite größer ist als das Anzeigefenster, so werden die Zeilen automatisch umbrochen. Beim Netscape Messenger muß dazu das Optionsfeld ANSICHT – LANGE ZEILEN UMBRECHEN angewählt sein. Ist das nicht der Fall, erscheint eine Bildlaufleiste, mit deren Hilfe Sie den Bildausschnitt horizontal verschieben können. Hat Ihr Gegenüber beim Versenden keine automatischen Zeilenumbrüche eingefügt, so erscheint nur eine Zeile im Anzeigefenster.

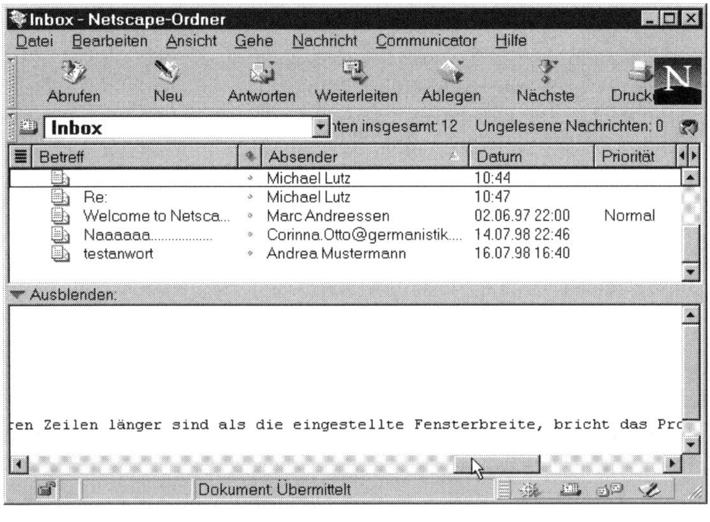

Abbildung 2-1: Wenn keine automatischen Zeilenumbrüche vorgenommen werden, müssen Sie sich mitunter der horizontalen Bildlaufleiste bedienen

Der Umbruch langer Zeilen kann allerdings auch zu unschönen Ergebnissen führen. Wenn Sie eine Nachricht erhalten, die Zeilenumbrüche nach 76 Zeichen enthält, diese aber in einem nur 60 Zeichen breiten Fenster anzeigen lassen, stehen in jeder zweiten Zeile nur ein oder zwei Wörter. Das gleiche kann passieren, wenn beim Verfassen einer Nachricht eigenhändig Absatzmarken am Ende jeder Zeile eingefügt werden. Um Ihren Lesern dies zu ersparen, begrenzen Sie, wenn möglich, die Zeilenbreite ausgehender E-Mails auf ungefähr 60 Zeichen, und fügen Sie nur dort Absatzmarken ein, wo auch wirklich Absätze stehen sollen. Auch auf Trennstriche sollten Sie in E-Mails verzichten. Diese könnten ohnehin nur zusammen mit selbstgesetzten Absatzmarken plaziert werden.

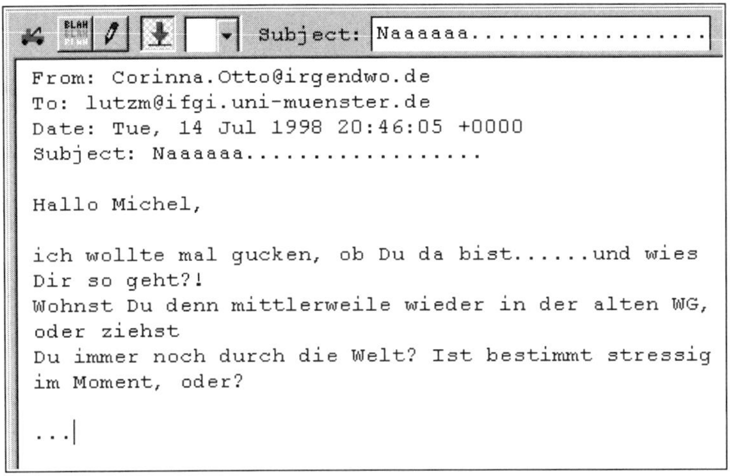

Abbildung 2-2: Das kann passieren, wenn die Zeilenlänge der E-Mail die Fensterbreite übersteigt

2.4 Auf was man beim Formatieren achten sollte

Da E-Mail-Nachrichten normalerweise nur als ASCII-Text verschickt werden, stehen nur wenige der von Textverarbeitungsprogrammen bekannten Formatierungsmöglichkeiten zur Verfügung. Gestaltungsmöglichkeiten gibt es aber dennoch genug.

Anfangs ist es sicher schwierig, sich vorzustellen, in welcher Formatierung eine Nachricht beim Empfänger ankommt. Auch Sie haben sicher schon das ein oder andere Mal eine Nachricht bekommen, die nur aus einer oder wenigen extrem langen Zeilen bestand. Eine solche Nachricht kann nur gelesen werden, wenn man den sichtbaren Bildschirmausschnitt mit der Bildlaufleiste horizontal verschiebt. Oft werden zu lange Zeilen auch umbrochen, wobei dann oft in jeder zweiten Zeile nur ein oder zwei Wörter stehen. All das macht das Lesen nicht gerade angenehmer, und wenn man täglich einen großen E-Mail-Berg abzuarbeiten hat, ist das wirklich ärgerlich.

Sie können das Aussehen Ihrer Mail beim Empfänger leicht überprüfen, indem Sie sie zunächst an sich selbst schicken. Sehen Sie sich die Nachrichten zumindest am Anfang ab und zu einmal an – Sie werden überrascht sein, wie Ihre ursprünglich so gutaussehenden Mails verunstaltet und verstümmelt werden können.

Das Ausprobieren und Lernen aus Ihren Fehlern können wir Ihnen natürlich nicht völlig abnehmen. Im folgenden stellen wir Ihnen aber die wichtigsten Probleme und Fehler vor, die beim Formatieren auftreten können.

GROSSBUCHSTABEN UND *Hervorhebungen*

Obwohl die meisten Mail-Clients nicht über die Formatierungsmittel einer normalen Textverarbeitungssoftware verfügen, gibt es auch hier einige Gestaltungsmittel. Die beiden wichtigsten sind GROSSBUCHSTABEN und *Hervorhebungen*.

Großbuchstaben entsprechen am ehesten der Unterstreichung, WERDEN VON DEN MEISTEN LEUTEN ABER AUCH ALS *SCHREIEN* INTERPRETIERT.

Übertreiben Sie es deshalb nicht! Vor allem mit Mitteilungen, die durchgängig in Großbuchstaben geschrieben sind, können Sie den Ärger Ihrer Leser auf sich ziehen. Abgesehen vom unpassenden »Ton« (wer läßt sich schon gerne anschreien?) sind Großbuchstaben auch schwerer zu lesen als normaler Text.

Eine dezentere Art der Hervorhebung sind *Sternchen*. Sie entsprechen am ehesten einer Kursivschrift im Textverarbeitungsprogramm und können deshalb auch gut zur Andeutung von Ironie verwendet werden.

Nutzen Sie diese Formatierungsmöglichkeiten. Sie können so Ihrem Gegenüber, der unter Umständen wenig über Ihren Humor und Schreibstil weiß, wertvolle Hinweise darauf geben, wie Ihre Nachricht gemeint ist, und sich so Mißverständnisse ersparen.

`Er ist ein Genie.`	Feststellung
`Er ist ein GENIE.`	Ausruf/Begeisterung
`Er ist ein *Genie*.`	Normale Hervorhebung

Tabelle 2-2: Unterschiedliche Ausdrucksformen und ihre Bedeutung

Schriftart

Sie können zwar durch die Wahl einer Schriftart in Ihrem Mail-Client nicht festlegen, mit welcher Schriftart Ihre Mail beim Empfänger erscheint. Der Schriftart, die Sie zum Lesen und Schreiben Ihrer Nachrichten ausgewählt haben, kommt dennoch eine gewisse Bedeutung zu. Viele Menschen bevorzugen zum Lesen eine Schriftart mit variabler Buchstabenbreite (Proportionalschrift), in der auch dieses Buch gedruckt ist. Bei E-Mails kann es dagegen von Vorteil sein, eine Schriftart mit fester Breite (Nicht-Proportionalschrift), wie z. B. Courier, zu verwenden.

Wie der Name schon sagt, hat bei einer Schriftart mit fester Breite jedes Zeichen die gleiche Breite. Das Schriftbild ähnelt deshalb alten Schreibmaschinentexten. Wenn Sie nicht sicher sind, ob Sie eine Schriftart mit fester Breite verwenden, tippen Sie im Editor die folgenden Zeilen ein:

```
          |
0000000000|
```

Die erste Zeile besteht aus zehn Leerzeichen, gefolgt von einem senkrechten Strich. Der Strich sollte bei beiden Zeilen bündig sein, wenn eine Nicht-Proportionalschrift eingestellt ist.

Schriftarten mit fester Breite bieten den Vorteil, daß sie ein bescheidenes Maß an Formatierung ermöglichen. Tabellen können in herkömmlichen E-Mails nicht erstellt werden. Auch Tabulatoren werden im allgemeinen nicht übermittelt. Als einziges Formatierungsmittel bleibt, die entsprechende Anzahl von Leerzeichen einzufügen. Da die Breite eines Leerzeichens in einer Nicht-Proportionalschrift der jedes anderen Buchstabens entspricht, ist so jede Spalte gleich breit.

Der große Nachteil von Schriftarten mit fester Breite ist sicher die schlechtere Lesbarkeit. Wenn Sie Ihre Mails lieber in einer normalen Schrift lesen möchten, müssen Sie eben immer in eine Nicht-Proportionalschrift umschalten, um Tabellen und andere Formatierungen in E-Mails originalgetreu darzustellen. Manche E-Mail-Clients ermöglichen dieses Umschalten problemlos ohne den komplizierten Umweg über die Konfiguration.

Ein Beispiel dafür, wie eine Tabelle in Schriftarten mit fester und variabler Buchstabenbreite aussehen kann, sehen Sie hier:

Name	Betrag	Status
Svenja Mueller	123,56	bezahlt
Meike Herchenhein	45,78	ausstehend
Daniel Bock	529,48	ausstehend
Ruediger Hallermann	5245,45	bezahlt

Name	Betrag	Status
Svenja Mueller	123,56	bezahlt
Meike Herchenhein	45,78	ausstehend
Daniel Bock	529,48	ausstehend
Ruediger Hallermann	5245,45	bezahlt

HTML-Nachrichten

Manche E-Mail-Clients bieten die Möglichkeit, Nachrichten im *HTML-Format* zu verschicken. HTML steht für *Hypertext Markup Language* und ist die Sprache, mit der auch Web-Seiten entwickelt werden. Nachrichten in diesem Format können unterschiedliche Schriftformate (fett, kursiv, unterstrichen), Farben, Schriftgrößen, Absatzformatierungen sowie Aufzählungszeichen und Numerierungen enthalten. Außerdem können Grafiken, WWW-Hyperlinks und Tabellen eingefügt werden.

Der Trick, mit dem HTML das Problem umgeht, daß per E-Mail nur ASCII-Zeichen verschickt werden können, ist relativ einfach. Es werden nicht die formatierten Mitteilungen selbst verschickt, sondern nur die HTML-Befehle zur Formatierung, und die bestehen nur aus den üblichen 7-Bit-ASCII-Zeichen. Die Formatierung übernimmt erst das E-Mail-Programm des Empfängers, das die HTML-Befehle umsetzt. Da jedes Programm die Befehle anders interpretiert, unterscheidet sich auch die Darstellung der Nachrichten ein wenig – je nachdem, mit welchem E-Mail-Programm man sie betrachtet. Während ein Programm aus dem Befehl <HR WIDTH="100%"> eine solide Linie über die gesamte Bildschirmbreite macht, zeigt ein anderes vielleicht nur eine Reihe von Bindestrichen an.

Erkennen können Sie (und das E-Mail-Programm) eine HTML-Mail daran, daß in der Kopfzeile bei *Content-Type* text/html steht. Da auch HTML-Mails mit

MIME kodiert werden, können sie nur von MIME-fähigen E-Mail-Clients dargestellt werden. Falls Ihr Programm nicht MIME-fähig ist, werden statt des formatierten Textes die HTML-Befehle angezeigt, was dann ungefähr so aussieht:

```
<x-html><HTML>
<B><FONT FACE="AvantGarde Md BT"><FONT SIZE=+2>Auch hier will ich mal
eine</FONT></FONT></B>
<BR> 
<UL>
<LI>
<U><FONT COLOR="#FF6600">HTML-Mail erstellen</FONT></U></LI>
</UL>
<FONT FACE="CopprplGoth Bd BT">und gucken, was die Programme damit so
anstellen.</FONT>
...
</x-html>
```

Sowohl mit Netscape Messenger als auch mit Outlook Express können Sie HTML-Mails erzeugen. Im Messenger muß dafür in den EINSTELLUNGEN das Optionsfeld IMMER HTML-NACHRICHTEN SENDEN im Unterpunkt NACHRICHTEN aktiviert sein. Um einzustellen, wie generell mit HTML-Mails verfahren werden soll, wählen Sie den Unterpunkt WEITERE OPTIONEN. Hier können Sie z.B. einstellen, daß HTML-Nachrichten immer sowohl im HTML-Format als auch als normale Textnachricht verschickt werden sollen.

Bei Outlook Express muß in den OPTIONEN auf der Registerkarte SENDEN als FORMAT BEIM SENDEN HTML eingestellt sein. Auch wenn das nicht der Fall sein sollte, können Sie HTML-Nachrichten verfassen, indem Sie unter FORMAT den Unterpunkt RICH TEXT (HTML) anwählen.

Eudora bietet leider nur die Möglichkeit, HTML-Nachrichten zu empfangen. Welche Formatierungen berücksichtigt werden sollen, können Sie im Optionsfeld STYLED TEXT angeben. Leider klappt die Übernahme nicht immer hundertprozentig. Abbildung 2-3 zeigt eine HTML-Nachricht, die mit dem Netscape Messenger erstellt wurde. In Abbildung 2-4 können Sie sehen, wie die Mitteilung in Eudora angekommen ist. Die Tabelle wird von Eudora nicht erkannt, und die Ausrichtung des Wortes *Michel* ist rechts- statt linksbündig. Wenn Sie sich für die Hintergründe interessieren, wählen Sie die Schaltfläche BLAH BLAH BLAH im Mitteilungsfenster von Eudora an – der formatierte Text verschwindet und wird durch die HTML-Befehlszeilen ersetzt.

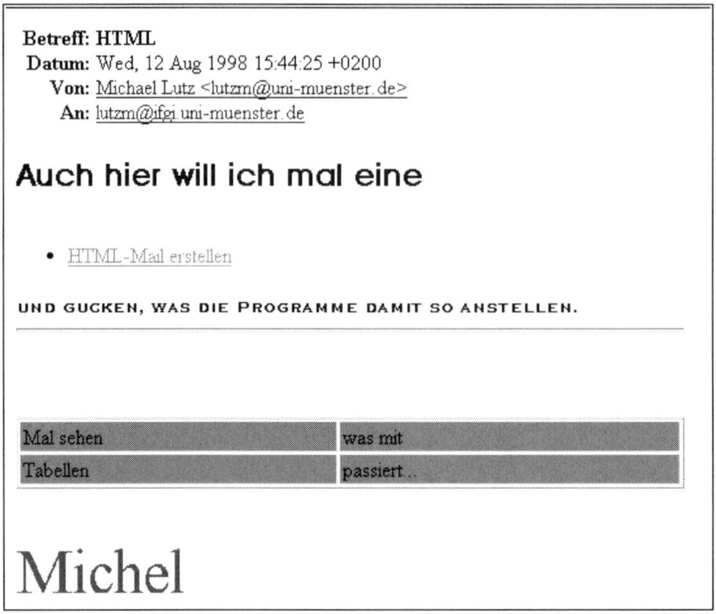

Abbildung 2-3: Eine HTML-Mail wird mit dem Netscape Messenger entworfen

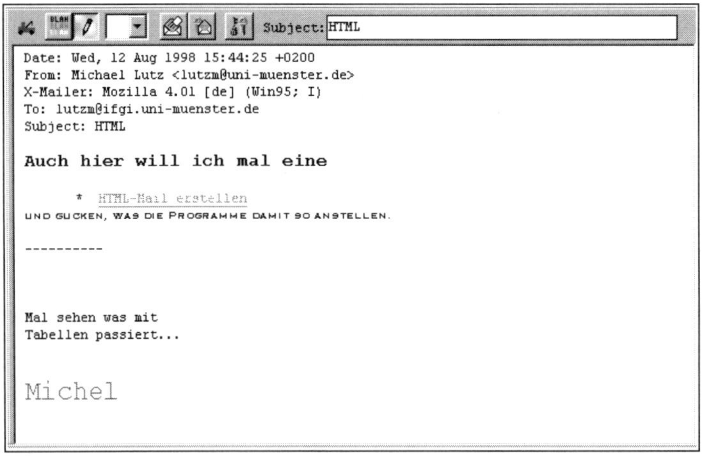

Abbildung 2-4: Die gleiche HTML-Mail in Eudora. Die Schaltfläche BLAH BLAH BLAH, über die die HTML-Befehlszeilen angezeigt werden können, befindet sich in der linken oberen Ecke des Mitteilungsfensters

2.5 Was die E-Mail bunter macht

Mit Format und Stil Ihrer Mails sollten Sie jetzt eigentlich kaum noch Probleme haben. Jedenfalls wissen Sie jetzt schon über die gängigsten Fehler Bescheid, und Ihre E-Mails sollten gut lesbar bei Ihrem Gegenüber ankommen. Damit sollten Sie dann auch unter E-Mail-Profis nicht mehr als blutiger Anfänger dastehen.

Noch mehr Eindruck können Sie schinden, wenn Sie einige der humorvollen Stilmittel verwenden, die sich in der Internet-Gemeinde eingebürgert haben: *Akronyme* (auf gut deutsch Buchstabenkürzel) und *Smileys*. Obendrein können Sie sich damit auch noch langwierige Tipperei ersparen.

Akronyme

Da E-Mail-Schreiber an sich eher faule Gesellen sind, haben sie sich eine Menge Abkürzungen für häufig verwendete Redewendungen und Floskeln ausgedacht. Das kann die E-Mail auflockern, spart Zeit und Tipparbeit und kennzeichnet Sie als »Insider«. Ziemlich ärgerlich kann es allerdings sein, wenn Ihr Gegenüber in den Mails, die er Ihnen schickt, Akronyme benutzt, die Sie nicht kennen, und Sie nicht verstehen, was er Ihnen damit sagen will. Meist handelt es sich um nichts wichtiges, da wie gesagt vor allem Redewendungen und Floskeln abgekürzt werden, aber der eine oder andere Spaß könnte schon an Ihnen vorbeigehen – und das wäre ja schade, oder?

Deshalb werden wir Ihnen hier die gebräuchlichsten Akronyme vorstellen und Ihnen verraten, wo Sie zur Not nachschauen können, wenn Sie trotzdem irgendwann eine unbekannte Abkürzung in einer Nachricht finden.

Akronym	Englische Bedeutung	Deutsche Bedeutung
AFAIK	As far as I know	Soweit ich weiß
ASAP	As soon as possible	Sobald wie möglich
BTW	By the way	Übrigens
CU	See you	Bis bald
F2F	Face-to-face	Von Angesicht zu Angesicht
FAQ	Frequently Asked Questions	Häufig gestellte Fragen
FYI	For your information	Zu Ihrer Information

Akronym	Englische Bedeutung	Deutsche Bedeutung
IMHO	In my humble opinion	Meiner (oft nicht sonderlich) bescheidenen Meinung nach
ROTFL	Rolling on the floor laughing	Vor Lachen am Boden liegen
RTFM	Read the f***ing manual	Lesen Sie das verdammte Handbuch (wenn Sie jemanden mit einer FAQ belästigt haben)
TIA	Thanks in advance	Danke schon mal

Eine wirklich ausführliche Liste mit so interessanten Einträgen wie

ILSHIBAMF	I Laughed So Hard I Broke All My Furniture
AWGTHTGTTSA	Are We Going To Have To Go Through This Shit Again

finden Sie unter *http://www.elsop.com/wrc/humor/em_acron.htm*. Falls Sie es ab und zu mit Computer-Freaks zu tun haben (oder Ihr Systemadministrator gerne Akronyme verwendet), finden Sie unter *http://www.erols.com/amato1/AC/Tech.acr.html* eine Liste technischer Akronyme.

Und wenn Sie gar nicht mehr weiter wissen, finden Sie unter *http://www.chemie.fu-berlin.de/cgi-bin/acronym* einen durchsuchbaren Akronym-Index, in dem Sie so ziemlich alle Abkürzungen finden werden. Das ist übrigens auch eine der wenigen Web-Seiten, auf der Sie deutsche Akronyme finden können. Wie gesagt, die Sprache im Netz ist nun einmal Englisch, und dem trägt auch die Akronym-Kultur Rechnung.

Emoticons:-)

Normale zwischenmenschliche Kommunikation findet nicht nur durch Sprache statt, sondern auch durch Gestik, Mimik, Tonlage und Betonung. Oft wird Ihrem Gegenüber dadurch erst der wahre Sinn Ihrer Worte klar.

Beim Schreiben von E-Mails fehlen wie bei Briefen diese Mittel der Kommunikation. Da E-Mails oft an Unbekannte geschrieben werden oder an ein breites Publikum gerichtet sind (etwa in Newsgruppen), kann es dadurch oft zu Mißverständnissen kommen. Um das zu verhindern, hat sich ein Stilmittel eingebürgert, mit Hilfe dessen Emotionen ausgedrückt und geschriebene Worte qualifiziert werden können: sogenannte *Emoticons* oder *Smileys*.

Das Wort *Emoticon* setzt sich aus den Wörtern *emotion* (engl. Gefühl) und *icon* (engl. für »bildliche Darstellung«) zusammen. Die Bezeichnung »Smiley« kommt vom vielleicht ersten, mit Sicherheit aber meistgebrauchten Emoticon, dem :-). Um Smileys *lesen* zu können, drehen Sie am besten das Buch im Uhrzeigersinn oder legen den Kopf nach links auf die Seite (was deutlich einfacher ist, wenn der Smiley auf einem Bildschirm erscheint).

Emoticons werden in E-Mails verwendet, um Gefühle auszudrücken oder um deutlich zu machen, wie eine Bemerkung gemeint ist. Im Laufe der Zeit hat sich daraus aber eine eigene Kunstform entwickelt, und inzwischen gibt es Smileys, die alles Erdenkliche darstellen, vom +-(:-) (Papst) bis zum d8= (Biber mit Taucherbrille und Hut). Mit solchen Smileys kann man seine Mails ungemein auflockern – das macht die elektronische Kommunikation menschlicher. Wer bekommt nicht gerne ein Lächeln geschickt (vor allem, wenn er gerade am Computer sitzt)?

Eine Auswahl gebräuchlicher und witziger Smileys haben wir für Sie zusammengestellt. Der Phantasie sind natürlich keine Grenzen gesetzt. Aber auch hier gilt: Nicht übertreiben!

Emotionen

:-)	fröhlich	~:-(	sauer
:-|	ernst/unentschlossen	:-D	lachen
:-(	traurig	:-P	die Zunge herausstrecken
:-<	sehr traurig	:-o	erstaunt
;-(	weinen	:-O	geschockt
;-)	Augenzwinkern	:-x	Kuß

Aussehen

8-)	mit (Sonnen-, Taucher-) Brille	:-)>	mit Ziegenbart
:-?	Pfeifenraucher	:-)}	mit Vollbart
:-{)	mit Schnurrbart	{:-)	mit Toupee

Bekannte Persönlichkeiten

*<|:-)	Weihnachtsmann
+-(:-)	der Papst
]:-)	Teufel
%\v	Picasso
P-)	Pirat
=):-)=	Uncle Sam

Und für alle, die sich noch weiter in der abgedrehten Welt der Smileys umschauen wollen, hier noch ein paar Seiten zum Schmökern:

http://www.aonline.com/~bigmacak/emoticon.html
http://wwws.enterprise.net/fortknox/emoticon/smiley.html
http://www.windweaver.com/emoticon.htm

Signaturen

Bei Signaturen handelt es sich nicht um Unterschriften im eigentlichen Sinne, die müssen Sie auch beim Mailen noch selbst eintippen. Es geht vielmehr um eine Art Briefkopf, der allerdings am Ende der Mail erscheint.

Die meisten Programme ermöglichen das Anhängen einer solchen Textdatei an die eigentliche E-Mail. Bei manchen Programmen besteht die Möglichkeit, die Signaturdateien direkt im Programm zu erstellen. Bei anderen muß man dazu einen einfachen Text-Editor aufrufen und seine Signaturdatei dort erstellen. Normalerweise wird die Datei `signature.txt` genannt. Sie können aber in den Einstellungen jede beliebige Datei als Signaturdatei auswählen.

In Eudora können unter der Schaltfläche TOOLS – SIGNATURES zwei verschiedene Signaturen erstellt werden, die sich STANDARD und ALTERNATE nennen. Das ermöglicht es Ihnen beispielsweise, eine Signatur für private und eine für dienstliche Zwecke zu erstellen. Nach Anwahl der Schaltfläche öffnet sich ein leeres Textfenster, in dem Sie den Text für die jeweilige Signatur eingeben können. Die beiden Dateien werden im Unterverzeichnis `\sigs` als normale Textdateien gespeichert und können auch mit jedem normalen Texteditor bearbeitet werden. Welche Signatur an eine ausgehende Nachricht angefügt wird, entscheiden

Sie beim Erstellen einer Nachricht im Signaturfenster. Normalerweise ist dort die Standardsignatur eingestellt.

In der Signatur können wichtige Informationen wie Name, Institution bzw. Arbeitgeber, E-Mail-Adresse und die Adresse der Homepage stehen. Vorsichtiger sollten Sie mit Informationen wie privater Anschrift oder Telefonnummer sein.

Oft wird die Signatur auch dafür genutzt, kleine Kunstwerke zur Erheiterung des Lesers zu verschicken. Da diese Kunstwerke nur mit Hilfe von ASCII-Zeichen »gezeichnet« wurden, werden sie auch *ASCII-Art* genannt. ASCII-Art hat sich inzwischen fast schon zu einer eigenen Kunstrichtung entwickelt. Es ist erstaunlich, was manche Menschen mit den begrenzten Mitteln des ASCII-Zeichensatzes für Kunstwerke auf den Bildschirm zaubern können. Einige Beispiele können Sie in Abbildung 2-5 bewundern.

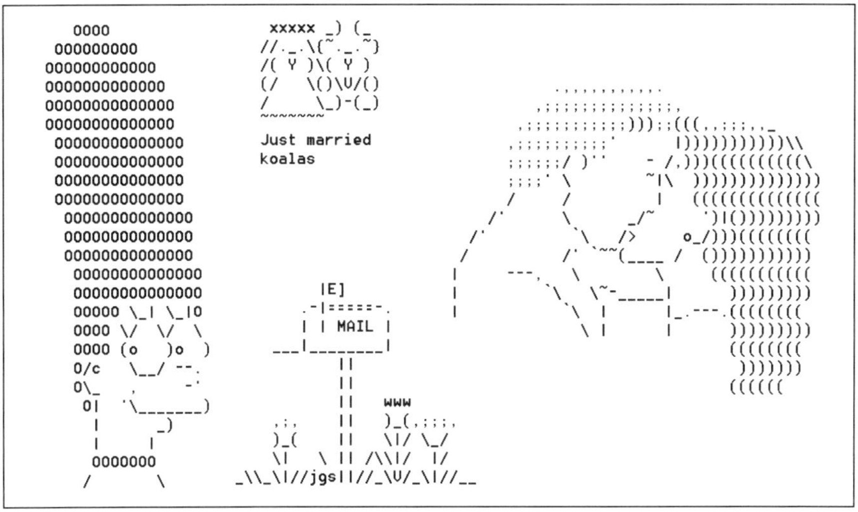

Abbildung 2-5: Kleine Kunstwerke aus ASCII-Zeichen, die Signaturen auflockern sollen

Wenn Sie wie wir über keine künstlerische Ader verfügen, hier einige WWW-Adressen und Newsgruppen, die sich mit ASCII-Art beschäftigen:

Unter *http://www-stud.fh-konstanz.de/~hensi/ascii.htm* finden Sie eine schier unermeßliche Menge von ASCII-Kunstwerken. Die Liste reicht von der Mona Lisa bis zu Marge Simpson.

Eine sehr bunte Seite finden Sie auf der WWW-Seite *http://www.geocities.com/SoHo/7373/*, auf der auch Querverweise zu anderen Seiten mit ASCII-Art enthalten sind.

Außerdem beschäftigen sich folgende Newsgruppen mit dem Thema: *alt.ascii-art, alt.ascii-art.animation* und *rec.arts.ascii.*

Beliebt in Signaturen ist auch der *Spruch des Tages*. Oft finden Sie hier lustige Sprüche oder interessante Lebensweisheiten. Solche Zitate sollten allerdings regelmäßig geändert werden, damit sich Ihre Leser nicht nach einiger Zeit langweilen.

Sie sollten sich aber auch bei Signaturen gut überlegen, wie interessant die Informationen in der Signatur für Ihren Empfänger sind, vor allem wenn die Nachricht an einen breiten, Ihnen unbekannten Empfängerkreis (z. B. bei Newsgruppen oder Mailing-Listen) gerichtet ist. Vor allem lange Signaturen werden in solchen Kreisen oft gar nicht gern gesehen. Wenn Sie Ihren Freunden ab und zu mit einer lustigen Signatur eine Freude bereiten, gleichzeitig aber nicht Ihren Chef oder Mitglieder einer Mailing-Liste mit unnützer Information vergraulen möchten, sollten Sie unterschiedliche Signaturen für die verschiedenen Zwecke erstellen. Allerdings bieten Ihnen, wie gesagt, nicht alle E-Mail-Clients diese Möglichkeit.

Ein kleiner Tip zum Schluß. Falls Sie in Ihrem E-Mail-Client keine Schriftart mit fester Breite zur Darstellung von E-Mails eingestellt haben sollten, erscheinen die ASCII-Kunstwerke seltsam verzerrt. Um sie in ihrer vollen Pracht zu sehen, brauchen Sie nur eine Nicht-Proportionalschrift (z. B. Courier) anzuwählen. Genauso sollten Sie beim Erstellen Ihrer Signatur im Texteditor darauf achten, daß eine Nicht-Proportionalschrift eingestellt ist.

2.6 E-Mail-Adressen suchen

Sie möchten die E-Mail-Adresse einer Freundin oder eines Geschäftspartners herausfinden? Ganz einfach: Greifen Sie zum Telefon, und rufen Sie die Person an, um sie nach ihrer E-Mail-Adresse zu fragen. Oder anders: Schreiben Sie der Person eine Postkarte, und bitten Sie sie um die Adresse. Selbst wenn Sie die

Telefonnummer der Person nicht zur Hand haben, führt ein Anruf bei der Telefonauskunft, um die Telefonnummer zu erfragen, und anschließend der persönliche Anruf bei der Person meist am schnellsten und verläßlichsten zur gesuchten E-Mail-Adresse.

Im Gegensatz zum Telefonsystem gibt es im Internet kein zentral verwaltetes Verzeichnis aller vergebenen E-Mail-Adressen. So ein Verzeichnis wäre nur mit sehr großem Aufwand zu betreiben, da E-Mail-Adressen von Tausenden verschiedensten Stellen vergeben werden und in jeder Minute zahllose neue E-Mail-Adressen hinzukommen. Es ist daher am praktischsten, den Umweg über ein anderes Medium wie das Telefon oder die herkömmliche Post zu nehmen, bei dem die Möglichkeit besteht, die Adresse oder Telefonnummer einer Person über zentral geführte Verzeichnisse herauszubekommen. Doch diese Methode stößt zuweilen an ihre Grenzen.

Angenommen, die gesuchte Person lebt in Übersee oder Sie möchten eine Überraschungs-E-Mail verschicken – da ist ein Telefonanruf wenig zweckmäßig, falls Sie überhaupt an die gesuchte Telefonnummer gelangen. In solchen Fällen empfiehlt es sich, eine Suche nach der E-Mail-Adresse im World Wide Web zu starten. Zwar gibt es dort kein zentrales Verzeichnis, doch eine Menge anderer Suchmöglichkeiten, die Sie mit etwas Glück zur gewünschten Adresse führen.

Bei der Suche im World Wide Web stehen zwei Ansätze zur Auswahl. Zum einen können Sie direkt nach der E-Mail-Adresse einer Person suchen, indem Sie eines der Verzeichnisse im World Wide Web benutzen. Falls das nicht zum Erfolg führt, können Sie versuchen, in einer der großen Suchmaschinen nach allgemeinen Informationen über die gesuchte Person zu stöbern – und dabei vielleicht auch die E-Mail-Adresse zu entdecken.

E-Mail-Verzeichnisse

Zunächst empfiehlt sich die Suche in einem E-Mail-Adreßverzeichnis im World Wide Web. Diese Verzeichnisse bestehen aus E-Mail-Adressen, die an irgendeiner Stelle öffentlich im Web erschienen sind (z.B. auf Homepages, in Usenet-Newsgruppen oder Mailing-Listen) oder vom Inhaber der Adresse persönlich im jeweiligen Adreßverzeichnis eingetragen wurden. Sie sehen schon, der Kreis derer, die in einem solchen Verzeichnis zu finden sind, ist relativ beschränkt.

Four11 zählt zu den größten Verzeichnissen von E-Mail-Adressen im Internet und ist unter *http://www.four11.com* zu finden. Wie der Name schon erkennen läßt (411 ist die Telefonnummer der US-amerikanischen Telefonauskunft), liegt der Schwerpunkt der gespeicherten Adressen in Nordamerika. Trotz der Größe der Adreßdatenbank ist auch hier nur ein Bruchteil aller im Internet vorhandenen E-Mail-Adressen gespeichert.

Ein weiterer Anlaufpunkt ist der *Internet @dress-Finder*. Sie finden ihn unter *http://www.iaf.net/international/iaf_german.htm*. Auch hier wird mit einer mehrere Millionen Einträge umfassenden Datenbank geprotzt.

Bigfoot ist schon etwas länger im Geschäft, Sie finden es unter *http://www.bigfoot.de*. Außerdem bietet Ihnen dieses Verzeichnis eine lebenslang beständige, kostenlose E-Mail-Adresse mit Mail-Filtern, automatischer Weiterleitung und anderen Annehmlichkeiten (mehr dazu in Kapitel 8 zu Freemail-Diensten).

Auf das deutschsprachige Europa hat sich das Verzeichnis *suchen.de* spezialisiert. Sie finden es unter *http://www.suchen.de*. Es enthält vorwiegend E-Mail-Adressen von T-Online-Kunden, aber auch einige andere.

Falls die gesuchte Person irgendeine Verbindung zu einer deutschen Hochschule hat, bringt Sie vielleicht eine Suche im *E-Mail-Verzeichnis des DFN* (*Deutsches Forschungsnetz*) weiter. Unter *http://ambixhp1.uni-tuebingen.de:10111/* können Sie entweder Personen an bestimmten Hochschulen ausfindig machen oder direkt im Namensindex aller Hochschulen suchen.

Wenn Ihnen die Suche in all diesen Verzeichnissen zu aufwendig erscheint, können Sie auch jemand anderen mit der Suche beauftragen. Dieser Jemand ist natürlich kein Mensch, sondern ein Computerprogramm. Die sogenannte *Meta-Suchmaschine* übernimmt für Sie die Suche in einigen der oben genannten Verzeichnisse und gibt Ihnen am Ende eine Adressenliste aus, die sich aus den Suchergebnissen aller Einzelsuchen zusammensetzt. Unter *http://mesa.rrzn.uni-hannover.de* geben Sie im Formular den Namen der gesuchten Person ein und wählen eine maximale Zeitdauer für die Suche.

Die großen Suchmaschinen

Auch wenn Sie bereits sämtliche E-Mail-Verzeichnisse bemüht haben und dennoch nicht auf die gewünschte E-Mail-Adresse gestoßen sind, müssen Sie noch nicht aufgeben – vielleicht findet eine der zahlreichen Suchmaschinen im Internet Ihre Nadel im Heuhaufen. Die folgenden Verzeichnisse und Indizes könnten Sie auf die gesuchte Spur bringen:

- *Yahoo*: *http://www.yahoo.com* bzw. für Deutschland *http://www.yahoo.de*
- *AltaVista*: *http://altavista.digital.com*
- *Fireball*: *http://www.fireball.de*
- *Lycos*: *http://www.lycos.de*

Geben Sie in einer der Suchmaschinen den Namen der gesuchten Person als Suchwort ein. Achten Sie darauf, den Namen in Anführungszeichen zu setzen (»Hans Beimer«) – sonst erscheinen sämtliche Seiten, in denen entweder Hans oder Beimer vorkommen, als Suchergebnis. Probieren Sie auch unterschiedliche Schreibweisen (z.B. »H. Beimer«) oder Organisationen, die mit der Person in Verbindung stehen könnten (z.B. »Lindenstraße«). Oft finden sich auf den Web-Seiten von Organisationen und Unternehmen Verzeichnisse der E-Mail-Adressen oder Telefonnummern aller Beschäftigten der Organisation. Die meisten Suchmaschinen bieten auch eine Suchmöglichkeit in den Newsgruppen des Internet. Falls die gesuchte Person sich aktiv an einer Newsgruppe beteiligt, können Sie sie möglicherweise über die Suche in den Newsgruppen ausfindig machen.

Wie bei den E-Mail-Adressen gibt es auch hier einen Suchdienst, der für Sie eine Suche in mehreren Suchmaschinen gleichzeitig durchführt. Unter *http://meta.rrzn.uni-hannover.de* steht Ihnen eine solche Meta-Suchmaschine zur Verfügung, die Suchanfragen an mehrere deutsche und internationale Web-Verzeichnisse richtet und Ihnen ein zusammengefaßtes Suchergebnis präsentiert – sehr komfortabel.

Ihre E-Mail-Adresse für den Rest der Welt

Nachdem Sie auf Ihrer Suche einige der E-Mail-Verzeichnisse kennengelernt und möglicherweise die gesuchte E-Mail-Adresse gefunden haben, möchten Sie vielleicht anderen eine Chance geben, Ihre eigene Adresse im Internet zu finden. E-Mail-Verzeichnisse bestehen zum überwiegenden Teil aus den Adressen, die von Ihren Inhabern freiwillig im Verzeichnis eingetragen wurden. Natürlich können auch Sie Ihre eigene Adresse in einem oder mehreren Verzeichnissen eintragen. Jedes E-Mail-Adreßverzeichnis bietet Ihnen auf der Startseite dazu Gelegenheit. Bevor Sie Ihren Eintrag vornehmen, sollten Sie jedoch einige Aspekte in Erwägung ziehen.

Sobald Ihre E-Mail-Adresse in einem Verzeichnis eingetragen ist, kann praktisch jeder auf diese Adresse und die damit verbundenen Informationen zugreifen. Das hat den Vorteil, daß Ihnen wohlgesinnte Menschen problemlos mit Ihnen in Kontakt treten können. Gleichzeitig haben jedoch auch Menschen mit weniger edlen Motiven Zugriff auf Ihre Adresse und können diese dazu verwenden, Ihren E-Mail-Briefkasten mit unseriösen Werbeangeboten oder sonstigem Mail-Schrott vollzustopfen. Dieses im Internet grassierende Phänomen bezeichnet man als *Spam* oder *Junk-Mail*; in Kapitel 3 kommen wir darauf zurück. Sie sollten diese potentiellen »Kosten« eines Eintrags gegen den »Nutzen« abwägen. Um das Risiko mißbräuchlicher Nutzung Ihrer Adresse zu verringern, könnten Sie sich darauf beschränken, Ihre E-Mail-Adresse nur in einem der zahlreichen Verzeichnisse zu veröffentlichen. Wir selbst sind im Verzeichnis Four11 eingetragen und erhalten zur Zeit etwa drei bis fünf unerwünschte E-Mails im Monat – damit können wir noch leben.

Zahlreiche E-Mail-Adreßverzeichnisse bieten Ihnen neben dem Eintrag Ihrer E-Mail-Adresse auch die Möglichkeit, weitere persönliche Informationen wie Adresse, Telefonnummer oder Arbeitgeber einzutragen. Bei der Veröffentlichung solcher Informationen sollten Sie höchste Vorsicht walten lassen – das Internet ist zwar größtenteils ein friedlicher Ort, doch leider halten sich auch einige Menschen mit bösen Absichten darin auf. Vor allem, wenn Sie Kinder haben, sollten Sie zu deren Sicherheit darauf achten, daß diese im Internet niemals persönliche Informationen wie ihren Namen in Verbindung mit Adresse, Telefonnummer, Alter, Schule oder Verein preisgeben.

3 Heilige Ordnung oder heillose Unordnung – Organisation von E-Mail

Unserer Erfahrung nach werden Sie zunächst nur wenig Mail bekommen. Meist ändert sich das allerdings sehr schnell. Nachdem sich unter Ihren Freunden, Bekannten und Geschäftspartnern herumgesprochen hat, daß Sie jetzt auch elektronisch erreichbar sind, wird die Anzahl der Mails, die Sie wöchentlich oder gar täglich in Ihrer Mailbox finden, rasch zunehmen.

Und ob Sie es glauben oder nicht, man kann in Mails genauso ersticken wie in Telefonanrufen oder normaler Post. Bald werden Sie sich die Fragen stellen: Wie soll ich das alles organisieren? Wie soll ich mich zurechtfinden? Wie werde ich damit fertig? In diesem Kapitel möchten wir Ihnen dazu ein paar Anregungen geben.

Das Ordnunghalten in Ihrem Mail-Client ist dem in Ihrem Zimmer oder auf Ihrem Schreibtisch nicht ganz unähnlich: Es gibt viele Wege zum Glück. Der eine lebt glücklich im scheinbaren Chaos, findet sich aber darin gut zurecht, ein anderer muß penibel immer alles an seinen Platz räumen, um es wiederzufinden.

Niemand läßt sich gern vorschreiben, wie er in seiner Wohnung oder auf seinem Schreibtisch Ordnung zu halten hat. Ebenso muß man auch selbst herausfinden, wie man seine E-Mail am besten organisiert. Unser Ziel ist es deshalb nicht, Ihnen vorzuschreiben, wie Sie in Ihrem Mail-Programm Ordnung zu halten haben. Vielmehr werden wir Sie mit einigen unterstützenden Funktionen Ihres Mail-Clients vertraut machen und einige Strategien im Umgang mit größeren Mail-Mengen vorstellen.

3.1 Ordner

Das Einsortieren in Ordner ist sicher die einfachste und effektivste Möglichkeit, E-Mail zu organisieren und übersichtlich zu verwalten. Wie Sie neue Ordner anlegen können, haben wir bereits in Kapitel 1 erklärt.

Nun stellt sich die Frage, welche Nachrichten in welchem Ordner abgelegt werden sollen, und wann es sich empfiehlt, einen neuen Ordner anzulegen. Sie können beispielsweise jedem Ordner ein bestimmtes Thema zuweisen. Auf diese Weise haben Sie relativ wenige Ordner, in denen aber sehr viele Nachrichten stehen können. Eine andere Möglichkeit ist, jedem Menschen, mit dem Sie in Kontakt stehen, einen eigenen Ordner zu widmen. Diese Ordner sind dann wahrscheinlich viel übersichtlicher, da sie nur wenige E-Mails enthalten. Allerdings kann bei dieser Methode die Ordnerliste ziemlich lang und unübersichtlich werden.

Eine Lösung für dieses Problem sind hierarchische Ordnerstrukturen, wie sie zum Beispiel in Eudora angelegt werden können. Während bei vielen Programmen alle Ordner gleichberechtigt nebeneinander stehen, besteht hier die Möglichkeit, Sammelordner anzulegen, die mehrere Ordner oder andere Sammelordner enthalten können. Das erhöht die Übersichtlichkeit ungemein.

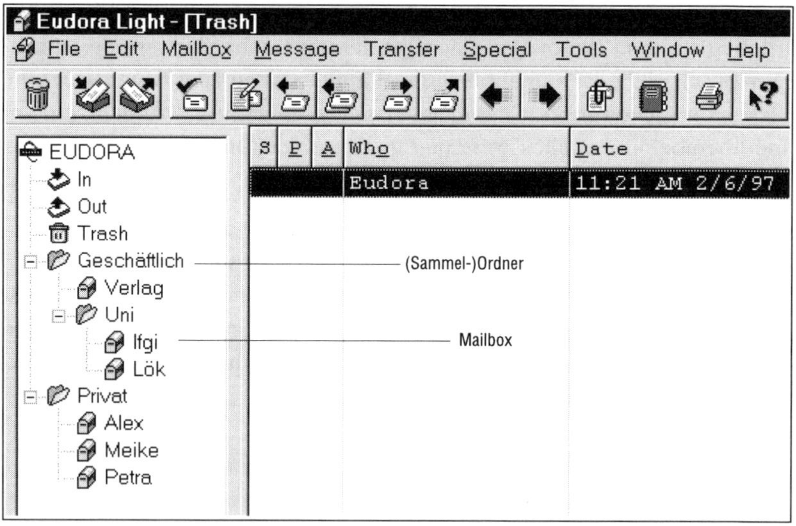

Abbildung 3-1: So könnte eine hierarchische Ordnerstruktur in Eudora aussehen

Im Gegensatz zu anderen E-Mail-Clients gibt es bei Eudora neben dem Begriff *Folder* (engl. für Ordner) auch die Bezeichnung *Mailbox*, was zu einiger Verwirrung führen kann. Mit Mailboxen sind herkömmliche Ordner gemeint, in denen E-Mails abgelegt werden können. Folder dagegen bezeichnen Sammelordner. Sie können Mailboxen oder Folder, also andere Sammelordner, enthalten.

Sie legen einen Ordner an, indem Sie im Menü MAILBOX – NEW das Optionsfeld MAKE IT A FOLDER anwählen. Dann wird statt einer Mailbox ein Ordner angelegt. Anschließend werden Sie aufgefordert, die erste Mailbox in diesem Ordner zu benennen. Sie haben die Möglichkeit, einen weiteren Sammelordner zu erstellen, der dem ersten untergeordnet ist. Wählen Sie dazu erneut das Optionsfeld MAKE IT A FOLDER an. Andernfalls wird eine Mailbox angelegt.

Sollten Sie nach einer Weile feststellen, daß die bisherige Ordnerstruktur nicht mehr ausreicht, um Ihre Nachrichten übersichtlich zu verwalten, können Sie neue Ordner anlegen. Arbeiten Sie sich dazu im Menüpunkt MAILBOX bis zu dem Sammelordner vor, in dem Sie den neuen Ordner oder die neue Mailbox erstellen möchten, und wählen Sie NEW. Nun können Sie im bereits bekannten Dialogfenster neue Ordner oder Mailboxen anlegen. In Eudora können Mailboxen einfach durch *Drag-and-drop* zwischen einzelnen Sammelordnern verschoben werden. Sammelordner selbst kann man leider nicht verschieben.

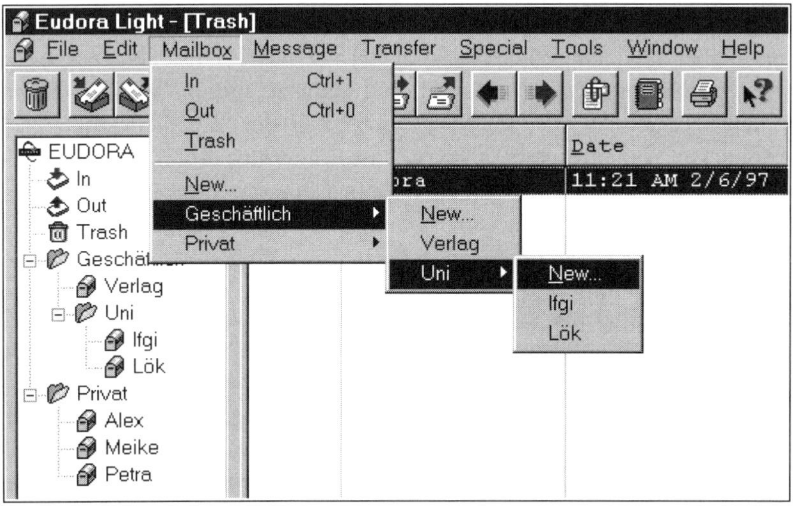

Abbildung 3-2: Anlegen eines neuen Ordners im Sammelordner Uni

Leider bieten nicht alle Mail-Clients hierarchische Ordnerstrukturen an. Sollten Sie einen Mail-Client verwenden, der alle Ordner gleichberechtigt nebeneinander stellt, entsteht leicht eine lange und unübersichtliche Ordnerliste. In diesem Fall sollten Sie sich eine andere Strategie überlegen; einige Anregungen finden Sie in den Unterkapiteln *Mail-Filter* und *Strategien für die Mail-Organisation*.

3.2 Sortieren

Wenn Sie unseren Ratschlägen gefolgt sind, befinden sich jetzt alle zu einem Thema (oder Menschen) gehörenden Mails in einem Ordner. Das heißt aber nicht, daß sie dort einfach auffindbar sind. Es drängt sich die Analogie zum Zimmeraufräumen auf. Wenn alles in eine Schublade gestopft wird, sieht das Zimmer zwar auf den ersten Blick ordentlich aus. Nur findet man deshalb in besagter Schublade noch lange nichts.

Ganz so schlimm ist es beim E-Mailen aber meistens nicht. Das Mail-Programm sortiert in aller Regel die Nachrichten innerhalb eines Ordners automatisch. Der Sortierschlüssel unterscheidet sich je nach Voreinstellung des Programms. Standardmäßig ist meist das Datum eingestellt. Nach welchem Schlüssel sortiert wird, ist in vielen Programmen durch einen kleinen Pfeil in der Spaltenüberschrift zu erkennen, der außerdem noch die Sortierrichtung angibt. Bei Eudora ist das allerdings nicht der Fall.

Sie können aber auch jeden beliebigen anderen Schlüssel einstellen: *Absender*, *Betreff-Zeile*, *Priorität* usw. Um den Sortierschlüssel zu ändern, brauchen Sie in Eudora nur die gewünschte Spaltenüberschrift in der Tabelle anzuklicken. Durch Anklicken bei gehaltener Umschalt-Taste kann die Sortierrichtung umgekehrt werden. Bei anderen Programmen (z.B. Netscape Messenger und Outlook Express) kann die Richtung durch erneutes Anklicken umgekehrt werden. Die Funktion SORTIEREN befindet sich je nach verwendetem Mail-Programm in unterschiedlichen Menüpunkten. Bei Eudora steht sie unter EDIT, bei Netscape Messenger und Outlook Express unter ANSICHT. Sie wird allerdings nur sehr selten benötigt, da das Anklicken in der Liste viel schneller und einfacher von der Hand geht.

3.3 Suchen

Es gibt einen kleinen, aber entscheidenden Vorteil, den E-Mail-Programme gegenüber Ihrem Schreibtisch oder Zimmer haben: Sie können sie problemlos nach verlorengegangenen Nachrichten durchsuchen. Die zugehörige Funktion versteckt sich normalerweise unter dem Menüpunkt BEARBEITEN. Bei Eudora finden Sie die Suchen-Funktion unter EDIT – FIND. Im Gegensatz zu anderen Programmen wird hier nicht zwischen der Suche nach Nachrichten und der nach Textteilen unterschieden. Geben Sie also einfach den Text ein, nach dem Sie suchen, und klicken Sie auf FIND. Normalerweise sucht Eudora in der aktuellen Nachricht. Die nächste Nachricht, die den gesuchten Text enthält, finden Sie mit NEXT MESSAGE, die nächste Mailbox kann mit NEXT MAILBOX durchsucht werden. Um eine bestimmte Nachricht zu finden, wählen Sie SUMMARIES ONLY an – dann wird nur nach Informationen im Kopfteil gesucht. Wenn Eudora bei der Suche auf Groß- und Kleinschreibung achten soll, klicken Sie MATCH CASE an.

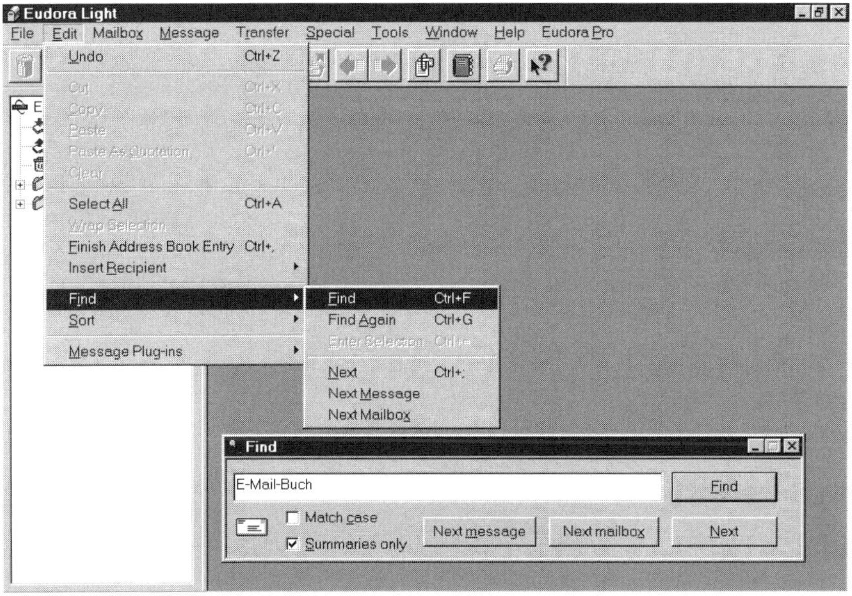

Abbildung 3-3: Das Dialogfenster zum Suchen von Nachrichten

Die Suche bei Outlook Express und Netscape Messenger unterscheidet sich hiervon ein wenig. Diese beiden Programme unterscheiden zwischen der Suche nach Text innerhalb einer Nachricht und der Suche nach Nachrichten innerhalb eines Ordners. Die entsprechenden Menüoptionen heißen TEXT SUCHEN bzw. NACHRICHT DURCHSUCHEN und NACHRICHT SUCHEN bzw. NACHRICHTEN DURCHSUCHEN und ermöglichen ähnlich komplexe Suchvorschriften wie die im nächsten Kapitel beschriebenen Mail-Filter.

3.4 Mail-Filter

Das vielleicht nützlichste Werkzeug, über das moderne E-Mail-Programme verfügen, um Ihnen das Leben zu erleichtern, sind Mail-Filter. Filter erlauben das Bearbeiten von E-Mails nach von Ihnen festgelegten Kriterien direkt nach dem Herunterladen vom Mail-Server. Diese Funktion kann Ihnen eine Menge Arbeit beim Durchsehen und Sortieren ersparen, vor allem, wenn Sie große Mail-Mengen bewältigen müssen. Wenn der Filter entsprechend konfiguriert ist, sind die eingegangenen E-Mails nämlich schon im richtigen Ordner, bevor Sie sie gelesen haben.

Mail-Filter funktionieren nach einem einfachen Prinzip. Je nachdem, ob eine bestimmte Bedingung erfüllt worden ist oder nicht, wird eine Aktion durchgeführt. In Eudora können Sie neue Filter über die Funktion TOOLS – FILTERS definieren. Filter können sowohl automatisch auf eingehende oder ausgehende Nachrichten als auch manuell angewandt werden. Es gibt zahlreiche Möglichkeiten, die Bedingung aufzustellen. Dabei wird eine der Kopfzeilen mit einem Text verknüpft. Welche Verknüpfungen möglich sind, zeigt Abbildung 3-4.

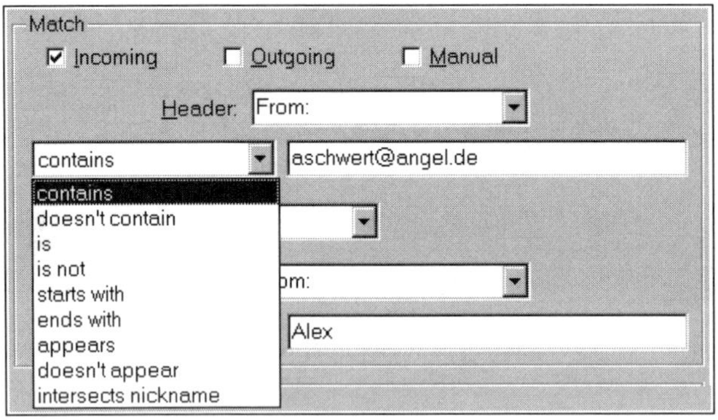

Abbildung 3-4: Eine Filterbedingung wird erstellt

Es kann auch noch eine zweite Bedingung erstellt werden, die mit der ersten über *and*, *or* oder *unless* (außer wenn) verbunden werden kann. Wird *ignore* ausgewählt, wird die zweite Bedingung ignoriert.

Sind die Bedingungen erfüllt, kann eine Reihe von Aktionen ausgelöst werden. Die Möglichkeiten sind bei Eudora Light allerdings begrenzt. Im Gegensatz zu Eudora Pro, das eine Fülle zusätzlicher Aktionen bietet, können Nachrichten in Eudora Light lediglich in Ordner verschoben (*transfer to*), kopiert (*copy to*) oder gelöscht (*transfer to trash*) werden. Außerdem besteht die Möglichkeit, die Betreff-Zeile oder die Priorität zu verändern (*make subject* bzw. *make priority*) und alle restlichen Filter auszulassen (*skip rest*). Abbildung 3-5 zeigt, wie ein Filter schließlich aussehen kann.

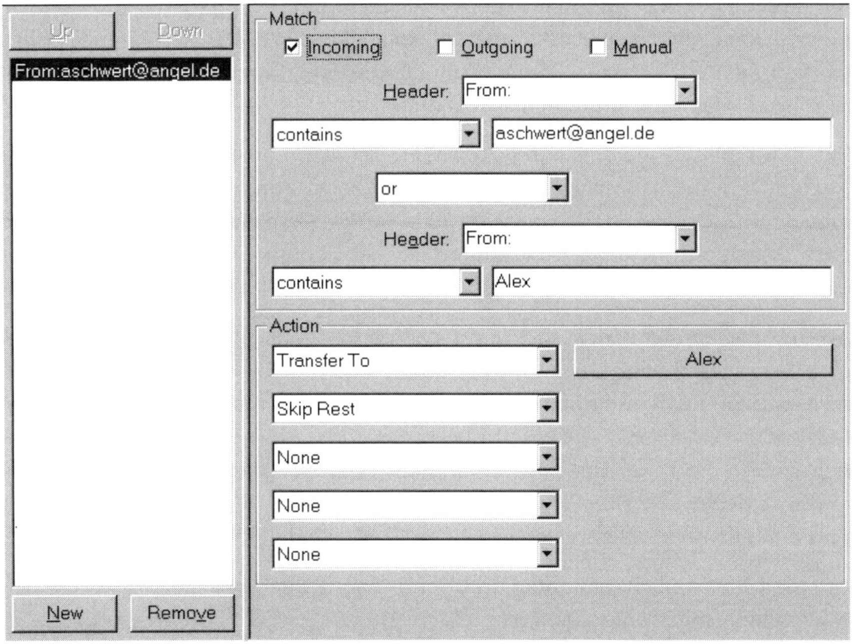

Abbildung 3-5: Eine Filteranweisung: »Wenn die Absender-Adresse 'aschwert@angel.de' oder 'Alex' enthält, verschiebe die Nachricht in die Mailbox Alex, und ignoriere alle weiteren Filter.«

So schön das Vorsortieren mit Filtern auch ist, Sie sollten mit manchen Filter-Optionen vorsichtig umgehen, vor allem mit dem automatischen und damit gegebenenfalls unbeabsichtigten Löschen von Mails. Vor dem Ausleeren des *Trash*-Ordners sollten Sie sich vergewissern, daß keine Nachrichten unabsichtlich hineingeraten sind.

3.5 Strategien für die Mail-Organisation

Jeder Mensch hat seine eigene Vorstellung von Ordnung, und vielleicht haben Sie bereits einen Weg gefunden, mit Ihrer Mail klarzukommen. Allerdings ist keine Ordnung perfekt. Deshalb wollen wir Ihnen in diesem Abschnitt ein paar Strategien vorstellen, mit denen Sie das ganz große Chaos vermeiden oder wieder beseitigen können. Ebenso wie beim Aufräumen Ihrer Wohnung kann Ihnen Arbeit, die Sie gleich erledigen, später kostbare Zeit einsparen. Freilich werden Sie es auch dann kaum vermeiden können, ab und zu in den sauren Apfel zu beißen und gründlich aufzuräumen.

Ein gutes Mittel, um Ordnung zu halten, ist das konsequente Löschen von Nachrichten, die Sie nicht mehr benötigen. Oft wird in E-Mails nur ein Termin mitgeteilt oder eine kurze Frage gestellt. Wenn Sie solche Nachrichten sofort nach Erledigung bzw. Kenntnisnahme löschen, können Sie ein großes Durcheinander in Ihren Ordnern vermeiden.

Ab und an empfiehlt sich auch ein Großreinemachen in Ihren Ordnern. Nehmen Sie sich ein wenig Zeit, und sehen Sie alle Ihre Ordner durch. Werfen Sie weg, was Sie nicht mehr brauchen, und speichern Sie wichtige Dateien auf Diskette oder Festplatte. Sie werden überrascht sein, wie viele überflüssige Nachrichten sich im Laufe der Zeit ansammeln können. Danach werden sich Ihre Ordner wieder viel übersichtlicher präsentieren, und Ihnen wird das Suchen und Finden von wirklich wichtigen E-Mails erheblich leichter fallen.

Um die Übersichtlichkeit innerhalb Ihrer Ordner zu verbessern, können Sie den Nachrichten mit wenig aussagekräftigem Betreff gleich beim Wegsortieren einen neuen Betreff verpassen. Unter Eudora kann eine Nachricht beliebig verändert werden. Wählen Sie dazu im Mitteilungsfenster das Symbol mit dem Stift an. Jetzt können Sie die Nachricht nach Herzenslust verändern. Bei Netscape Messenger und Outlook Express besteht diese Möglichkeit leider nicht.

Wie Sie es mit der Beantwortung der Mails halten, bestimmen Sie natürlich selbst. Welche Strategie Sie dabei wählen, hängt davon ab, wie viele Mails Sie bekommen, wie oft Sie Nachrichten von Ihrer Mailbox abrufen usw. Ein Tip sei hier aber noch erwähnt: Legen Sie einen Ordner an, den Sie z.B. »Bearbeiten« oder »Erledigen« nennen. In diesen können Sie Nachrichten aus Ihrer Inbox verschieben, die Sie bereits gelesen haben, aber nicht sofort beantworten oder bearbeiten möchten. Auf diese Weise befinden sich in Ihrer Inbox wirklich nur aktuelle Nachrichten. Ab und zu müssen Sie sich dann natürlich die Zeit nehmen, die Mails im »Erledigen«-Ordner abzuarbeiten, damit dieser nicht überquillt.

3.6 Adressen

Viele E-Mail-Adressen sind relativ einfach und bestehen nur noch aus einem leicht zu merkenden Benutzernamen und der Domäne, wie z.B. *Heinz.Mueller@muenster.de*. Andere allerdings sind kaum im Gedächtnis zu behaltende Zahlen- und Buchstabenmonster, wie z.B. viele AOL- oder CompuServe-Adressen. Lassen Sie sich deswegen aber keine grauen Haare wachsen, denn auch hier gibt Ihnen Ihr E-Mail-Programm wertvolle Unterstützung. Sie können in allen E-Mail-Clients *Spitznamen* verteilen und *Adreßbücher* anlegen.

Spitznamen und Adreßbücher

Wie im richtigen Leben auch erlauben Ihnen Adreßbücher in E-Mail-Programmen die Verwaltung von Adressaten. Allen hier aufgeführten Personen können Sie zusätzlich Spitznamen (oder Aliasnamen) geben. Sobald Sie nun eine neue Mail beginnen und in der Adreßzeile den Spitznamen eintippen, setzt das Mail-Programm automatisch die entsprechende E-Mail-Adresse ein. Sie müssen sich nur noch Spitznamen wie *Heinz* oder *Bohnenkämper* merken und nicht die vollständige E-Mail-Adresse.

Ihr E-Mail-Client speichert im Adreßbuch neben diesen Aliasnamen natürlich auch den vollständigen Namen und manchmal auch noch andere Angaben wie Postanschrift oder Telefonnummer. Sie können auch direkt aus dem Adreßbuch die Person auswählen, an die Sie eine Nachricht schicken wollen, falls Ihnen der Aliasname entfallen ist. Dazu rufen Sie das Adreßbuch auf und wählen den entsprechenden Namen aus – oder auch mehrere Namen gleichzeitig.

In Eudora kann das Adreßbuch über den Menüpunkt TOOLS – ADDRESSBOOK oder das Symbol mit dem grünen Buch aufgerufen werden. Über NEW können einfach neue Spitznamen hinzugefügt werden. Sie können im Fenster zur Eingabe des Spitznamens das Optionsfeld PUT IT ON THE RECIPIENT LIST anwählen. Wenn Sie eine neue Mitteilung verfassen wollen, können Sie Adressen aus dieser Liste im Feld *To:* einfügen, ohne das Adreßbuch aufzurufen oder den Spitznamen eintippen zu müssen. Klicken Sie dazu einfach mit der rechten Maustaste auf eine Stelle im Nachrichtenkopf und wählen Sie die Schaltfläche INSERT RECIPIENT. Alle Namen der Recipient List sind im Adreßbuch fett hervorgehoben.

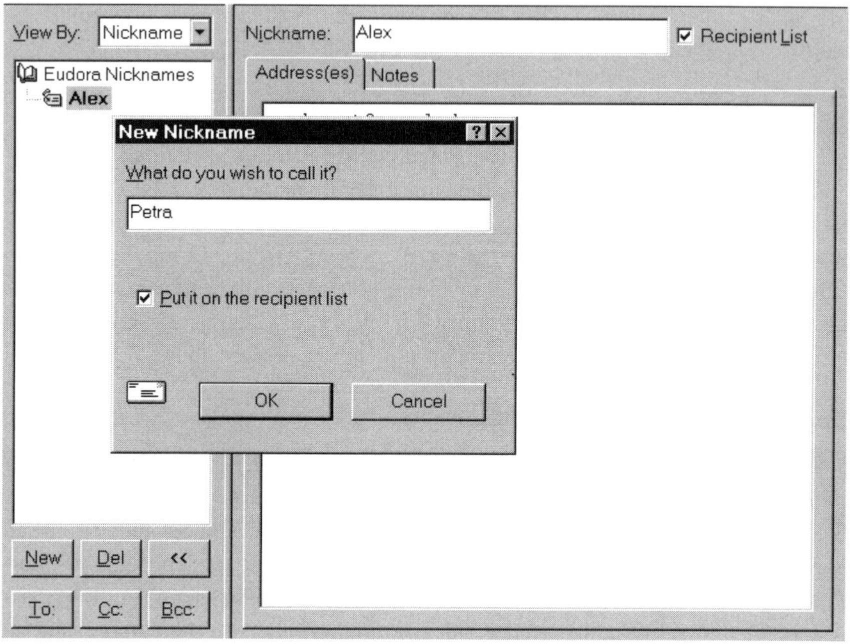

Abbildung 3-6: Der neue Spitzname* Petra *wird erstellt und auf die Recipient List gesetzt

Adreßbücher bieten Ihnen außerdem die Möglichkeit, mehrere Freunde oder Geschäftspartner in einer Gruppe oder Liste zusammenzufassen. Diese Liste erhält auch einen Aliasnamen. Um eine E-Mail an alle Menschen dieser Liste zu schicken, brauchen Sie nur den Aliasnamen der Liste im Adreßfeld anzugeben. Um in Eudora eine Liste zu erstellen, geben Sie im Fenster ADDRESS(ES) einfach alle E-Mail-Adressen oder Spitznamen der Menschen an, die auf der Liste stehen sollen. Sie können diese durch Kommas trennen oder jede Adresse in eine neue Zeile schreiben. Natürlich können Listen auch andere Listen enthalten. Andere Mail-Programme wie Outlook Express oder Netscape Messenger unterscheiden im Gegensatz zu Eudora zwischen Einzeleinträgen und Listen. Hier können über das Symbol NEUE GRUPPE bzw. NEUE LISTE eine Liste erstellt und ihr anschließend Einzeleinträge oder Listen hinzugefügt werden.

Für alle, die der vielen Tipperei müde sind, gibt es auch eine komfortablere Möglichkeit, neue Adressen ins Adreßbuch aufzunehmen. Wenn Sie eine Nachricht von einem Bekannten bekommen haben, der noch nicht in Ihrem Adreßbuch steht, können Sie ihn über die Funktion SPECIAL – MAKE ADDRESS BOOK ENTRY registrieren und ihm einen Spitznamen zuweisen. Im Netscape Messenger können Sie einen neuen Eintrag erstellen, indem Sie mit der linken Maustaste auf eine der hervorgehobenen Adressen im Nachrichtenkopf klicken. Bei Outlook Express funktioniert das ganze über die rechte Maustaste und die Option ZUM ADRESSBUCH HINZUFÜGEN im sich öffnenden Kontextmenü.

Adreßbücher importieren

Leider verwalten alle E-Mail-Clients ihre Adreßbücher in unterschiedlichen Formaten. Bei Eudora ist es eine einfache Textdatei, bei Netscape Messenger eine HTML-Datei und bei Microsoft Outlook Express eine `.wab`-Datei. Es kommen also einige Probleme auf Sie zu, wenn Sie von einem E-Mail-Client zu einem anderen wechseln und Ihr Adreßbuch »mitnehmen« möchten. Nur Outlook Express bietet die Möglichkeit, Adreßbücher aus anderen Programmen zu importieren, und zwar im Adreßbuch unter dem Menüpunkt DATEI – IMPORTIEREN – ADRESSBUCH. Möchten Sie zu einem der anderen E-Mail-Programme wechseln, so bleibt Ihnen leider nichts anderes übrig, als die Adressen neu einzugeben.

3.7 Mail von unterwegs lesen

Vielleicht hat es Sie ja inzwischen auch schon erwischt, und Sie sind ein kleines bißchen abhängig von E-Mail geworden oder möchten zumindest im Urlaub oder auf Reisen nicht darauf verzichten. Kein Problem! Die Ortsunabhängigkeit ist neben der Schnelligkeit und Zuverlässigkeit ein weiterer großer Vorteil von E-Mail. Man kann theoretisch von jedem Punkt der Welt aus seine E-Mails abrufen, vorausgesetzt man hat Zugang zu einem Rechner, der mit dem Internet verbunden ist.

Wenn Sie dagegen im Urlaub wirklich abschalten und deshalb keine (beruflichen) E-Mails bekommen möchten, können Sie Nachrichten, die während Ihrer Abwesenheit eintreffen, auch automatisch beantworten lassen.

Sollten Sie sich für längere Zeit an einem anderen Ort befinden, besteht sogar die Möglichkeit, sich Nachrichten nachschicken lassen – allerdings nur, sofern Sie auch in Ihrer neuen Heimat eine E-Mail-Adresse besitzen.

In diesem Abschnitt erfahren Sie, wie Sie einen solchen Nachsendeantrag stellen, die automatische Beantwortung Ihrer Nachrichten veranlassen, und wo Sie einen Rechner finden können, von dem Sie von unterwegs Ihre Mail lesen können.

Hierbei wie auch im nachfolgenden Kapitel werden wir die in der Regel sehr komplexe Sachlage auf Server-Seite etwas vereinfacht darstellen, um Verständnisschwierigkeiten zu vermeiden. So werden wir auf eine Darstellung des an der Bearbeitung von E-Mail beteiligten Server-Verbundes verzichten. Stellvertretend möchten wir statt dessen den für Sie wichtigsten Server, den Mail-Server, herausgreifen. Gehen Sie also im folgenden davon aus, daß es für verschiedene Anwendungszwecke verschiedene Server gibt: Einer nimmt Ihre Mail entgegen, ein anderer schickt sie ab, ein dritter erlaubt Ihnen, über Telnet ein auf ihm installiertes Mail-Programm aufzurufen (s. u.). Die Dinge sind eben immer etwas komplizierter, als sie für Sie aussehen.

Vorübergehend verzogen – automatische Weiterleitung

Was kann man tun, wenn man nicht nur für kurze Zeit verreisen will, sondern sich für längere Zeit an einem anderen Ort aufhält oder ganz und gar umzieht? Finden Sie an Ihrem neuen Wohnort einen neuen Internet-Provider für Ihren E-Mail-Account, haben Sie die Möglichkeit, sich an Ihre alte E-Mail-Adresse gerichtete Mails nachsenden zu lassen. Das erspart Ihnen die Mühe, allen Freunden und Bekannten die neue Adresse mitzuteilen – und alle erwischt man damit sowieso nie.

Ein solcher Nachsendeantrag funktioniert allerdings nur, wenn die alte Adresse bestehen bleibt. Wenn Sie über einen kommerziellen Anbieter Zugang zum Internet haben, lohnt es sich nicht, diesen zu erhalten, da Sie dann auch weiterhin dafür bezahlen müssen. Steht Ihnen ein kostenloser Zugang zur Verfügung, z. B. in der Firma oder an der Universität, so können Sie diesen natürlich noch einige Zeit beibehalten.

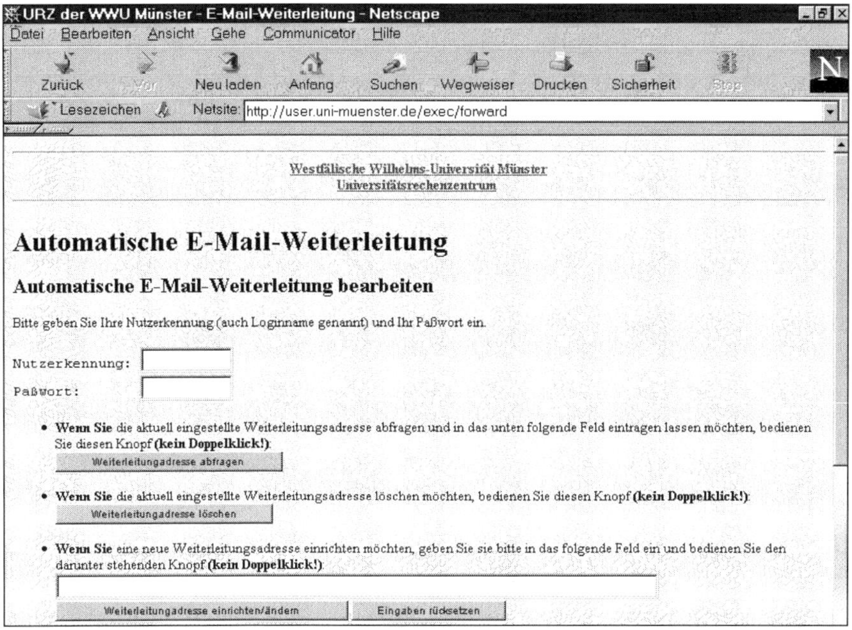

Abbildung 3-7: Auf dieser Web-Seite kann beim Rechenzentrum der Uni Münster ein Nachsendeantrag erstellt werden

Am einfachsten kommen Sie an einen Nachsendeantrag, indem Sie Ihren Systemadministrator bitten, einen für Sie einzurichten. Einige Anbieter haben für diesen Zweck eigene WWW-Seiten erstellt, auf denen Sie die neue Adresse in einem Formular angeben können. Wie so etwas aussehen kann, zeigt Abbildung 3-7.

Unter bestimmten Voraussetzungen können Sie Ihren Nachsendeauftrag auch selbst erstellen. Hierzu muß das Mail-Server-Programm auf bestimmte Weise konfiguriert sein und außerdem Zugriff auf Ihr Home-Verzeichnis haben – fragen Sie deshalb zunächst bei Ihrem Internet-Provider nach. Besteht diese Möglichkeit, so brauchen Sie lediglich eine Textdatei mit dem Namen `.forward` zu erzeugen, in der die neue E-Mail-Adresse steht, und sie in Ihrem Home-Verzeichnis abzulegen.

Der Punkt vor dem `forward` ist sehr wichtig. Er zeigt versteckte Unix-Dateien an. Genauso wichtig ist, daß die Datei keine Dateierweiterung besitzt, da sonst das Nachsenden nicht funktioniert. Wenn Sie die Datei mit einem normalen Texteditor erzeugt haben, wird sie meist automatisch mit der Erweiterung `.txt` gespeichert. Deshalb muß noch etwas nachgearbeitet werden. Wenn Sie mit Windows arbeiten, können Sie die Erweiterung nicht ohne weiteres löschen. In Unix oder DOS ist das dagegen kein Problem. Geben Sie dazu im Verzeichnis, in dem die Datei liegt, einfach folgenden Befehl ein:

```
rename .forward.txt .forward
```

Bitte sprechen Sie nach dem Signalton – automatische Beantwortung

Vielleicht sind Sie aber noch gar nicht so abhängig und können auch mal gut zwei Wochen ohne E-Mail auskommen, oder Sie wollen sich einfach den Urlaub nicht durch dienstliche Post und damit durch Gedanken an die Arbeit vermiesen. Aber was werden all Ihre Freunde und Bekannten von Ihnen denken, wenn Sie zwei Wochen lang keine Post beantworten?

Sie brauchen keine Angst davor zu haben, nach Ihrem Urlaub als faul und unhöflich dazustehen. Viele Internet-Anbieter ermöglichen es für einen bestimmten Zeitraum, Ihre eingehenden Mails automatisch mit einer kurzen Mitteilung zu beantworten. Darin können Sie Ihren Mitmenschen mitteilen, daß Sie sich gerade in Spanien in der Sonne rekeln, aber sofort nach Ihrer Rückkehr wieder per E-Mail zu erreichen sind. Sollte Ihr Provider diese Dienstleistung nicht anbieten, bleibt Ihnen noch die Möglichkeit, Ihre Post an einen Freemail-Anbieter weiterleiten zu lassen, bei dem eine automatische Urlaubsbeantwortung möglich ist. Welche Freemail-Dienste diesen Service anbieten, erfahren Sie in Kapitel 8.

Zugangsmöglichkeiten – wo Sie Ihre Mails lesen können

Für all jene, die auch, wenn sie unterwegs sind, nicht auf E-Mail verzichten möchten, stellt sich zunächst die Frage, wo man in der Fremde einen Internet-Zugang finden kann. Die einfachste und billigste Möglichkeit ist, sich über einen Freund oder Bekannten Zugang zum Internet zu verschaffen. Wenn das nicht möglich ist, bleibt nur ein öffentlicher Zugang. Der muß allerdings nicht gleich Geld kosten.

In manchen Bibliotheken oder anderen öffentlichen Einrichtungen und sogar in einigen Jugendherbergen gibt es heute Computerterminals, die einen oft kostenlosen Zugang zum Internet (meist zum WWW) ermöglichen. Es ist zwar meist nicht möglich, von diesen Terminals E-Mails zu verschicken, über die zahlreichen Anbieter von *Freemail-Diensten* (dem Thema *Freemail* ist das Kapitel 8 gewidmet) steht aber ein Hintertürchen offen.

Sollte Ihre Suche nach einem kostenlosen öffentlichen Anbieter fehlschlagen, bleibt Ihnen nichts anderes übrig, als sich an einen kommerziellen Anbieter zu wenden. Diese findet man meist in sogenannten *Internet-Cafés* oder *Cyber-Bars*, in denen Computerterminals mit Internet-Zugang gegen Bezahlung zur Verfügung stehen. Man findet solche Terminals aber zunehmend auch in Buchläden, Kinos usw. Moderate Preise liegen zwischen 3 und 5 DM für eine halbe Stunde. Das sollte in der Regel reichen, um Ihre E-Mail abzurufen, zu lesen und zu beantworten. Wenn Sie nicht der Versuchung erliegen, außerdem noch durchs Netz der Netze zu surfen, kommen Sie inklusive Milchkaffee noch mit unter 10 DM weg.

Sie sollten sich allerdings erkundigen, ob auf dem bereitgestellten Rechner überhaupt die Möglichkeit besteht, E-Mails abzurufen. Die Terminals sind meistens für das Web-Surfen ausgelegt, und die Mail-Funktion der Web-Bowser Netscape Communicator oder Microsoft Internet Explorer könnten deaktiviert sein. Mit dem obengenannten Freemail-Hintertürchen oder mit *Telnet* kann diese Falle umgangen werden.

Denken Sie nach einer E-Mail-Sitzung an einem öffentlichen Terminal auch daran, Ihre dort empfangene Mail und Ordner, die Sie möglicherweise angelegt haben, wieder zu löschen. Das gleiche gilt natürlich für Ihre Benutzerkennung und Ihr Kennwort.

Konfiguration des E-Mail-Programms

Im Prinzip funktioniert das Lesen Ihrer Mails auch von unterwegs nicht anders als von zu Hause aus. Sie brauchen nur den E-Mail-Client entsprechend zu konfigurieren. Dafür müssen Sie nicht in sämtliche Geheimnisse des Programms eingeweiht sein, sondern nur wissen, wie Ihr Mail-Server heißt und wo man im Programm den Server für ein- und ausgehende Post angeben kann.

Falls Sie zwar in dem Programm, das Sie zu Hause verwenden, genau wissen, wo man solche Einstellungen vornehmen kann, aber mit dem Programm in der Fremde herzlich wenig anfangen können, suchen Sie nach einer Menüoption, die sich EINSTELLUNGEN (engl. PREFERENCES) oder OPTIONEN (engl. OPTIONS) nennt. Diese befindet sich meist unter dem Menüpunkt EXTRAS (SPECIAL), WERKZEUGE (TOOLS) oder BEARBEITEN (EDIT).

Geben Sie in den Einstellungen die Server für ein- und ausgehende Post sowie den Benutzernamen und eventuell Ihr Kennwort an. Sie sollten anschließend auch Ihren Namen und Ihre E-Mail-Adresse angeben, damit der Empfänger weiß, wer ihm die Nachricht geschickt hat. Diese Angaben sollten in der Regel ausreichen, um Mails vom Server abrufen und verschicken zu können.

Haben Sie keine Möglichkeit, die abgerufenen Nachrichten auf Diskette zu speichern, sollten Sie darauf achten, daß die Option GELESENE MAIL VOM SERVER LÖSCHEN (o.ä.) *deaktiviert* ist. So können Sie, wenn Sie wieder zu Hause sind, die Nachrichten nochmals vom Server abrufen und auf dem eigenen Rechner speichern. Andernfalls werden die Mails sofort nach dem Abruf unwiederbringlich gelöscht.

Falls Sie wirklich häufig unterwegs sind und regelmäßig von verschiedenen Punkten aus auf Ihre Mail zugreifen möchten, gibt es eine alternative Möglichkeit zur Verwaltung Ihrer Mail. In Kapitel 5 erfahren Sie näheres zum *IMAP-Protokoll*, mit dem Ihnen auch von unterwegs zahlreiche Funktionen zur Mail-Verwaltung zugänglich sind.

Wie Sie mit Telnet Ihre Mail lesen können

Wenn kein E-Mail-Client zur Verfügung steht oder beim Mailen mit dem bereitgestellten Programm Probleme auftreten, können Sie sich über *Telnet* auch direkt auf einem Server im System Ihres Internet-Providers anmelden. Das funktioniert allerdings nur, wenn Sie berechtigt sind, direkt auf diesen Server zuzugreifen. Bei den meisten Unis ist das der Fall, bei vielen kommerziellen Anbietern dagegen nicht. Auf dem Server können Sie dann ein Unix-Mail-Programm, z.B. *Pine*, verwenden, um Ihre Post zu lesen. Da bei der im letzten Abschnitt beschriebenen Methode öfter Probleme auftreten, als man denkt, ist es von Vorteil, zumindest einige grundlegende Handgriffe in Pine (oder einem anderen menügesteuerten Unix-Programm) zu beherrschen.

Starten Sie Telnet, und öffnen Sie mit VERBINDEN – NETZWERKSYSTEM eine Verbindung zu dem entsprechenden Server Ihres Providers. Sollten Sie Telnet nicht auf dem Terminal finden können, geben Sie in der Adreßleiste des Internet-Browsers `telnet://` ein, gefolgt vom Namen des Servers, auf dem Pine aufgerufen werden soll. Danach sollte Telnet gestartet und eine Verbindung aufgebaut werden.

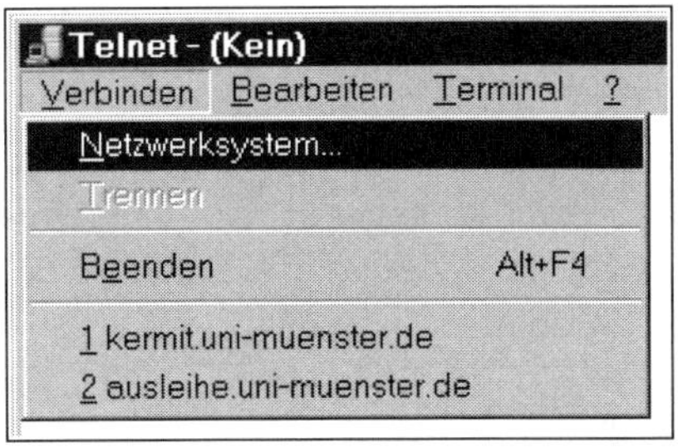

Abbildung 3-8: Öffnen einer Telnet-Verbindung

Nach der Eingabe Ihres Benutzernamens und Kennwortes erscheint eine Unix-Eingabeaufforderung, meist ein >. Pine ist auf den meisten Servern installiert und kann durch die Eingabe von `pine` aufgerufen werden. Sollte das fehlschlagen, so können Sie versuchen, einen anderen Unix-Mail-Client aufzurufen. Die Programme *mail* und *elm* sind ebenfalls weit verbreitet.

Wenn keine Probleme aufgetreten sind, können Sie jetzt mit Pine arbeiten (wie *Pine* funktioniert, erfahren Sie in Kapitel 4). Sollten Sie Pine auch von zu Hause aus verwenden, so haben Sie jetzt sogar Zugang zu Ihren Ordnern und können Mitteilungen wie gewohnt bearbeiten.

3.8 Spam und Junk-Mail

Vielleicht haben auch Sie in Ihrer Mailbox einmal eine Mitteilung von einem Wildfremden vorgefunden, in der Ihnen versprochen wird, daß Sie schnell sehr, sehr reich werden können, wenn Sie nur seine weisen Ratschläge befolgen. Was es mit diesen Werbesendungen auf sich hat, wo sie herkommen und was Sie dagegen tun können, erfahren Sie in diesem Abschnitt.

Was ist Spam?

Mit »Spam« bezeichnet man das wiederholte Verschicken unerwünschter Nachrichten im Internet, sei es direkt an Privatpersonen oder über den Umweg über Mailing-Listen oder durch Posting in Newsgruppen. Oft handelt es sich dabei um kommerzielle Angebote, aber das Hauptkriterium für Spam ist die Quantität, nicht der Inhalt der Nachricht. So gelten sowohl das wiederholte Verschicken derselben E-Mail (*Excessive Multi-Posting, EMP*), als auch das Verschicken ein und derselben Nachricht an mehrere Empfänger (*Excessive Cross-Posting, ECP*) als Spam.[1]

Der Begriff »Junk-Mail« trifft eher auf *Unsolicited Commercial E-Mail (UCE)* zu, auf E-Mail also, die Informationen enthält, die der Empfänger gar nicht angefordert hat. Der Einfachheit halber bezeichnen wir in diesem Abschnitt sowohl UCE als auch EMP und ECP mit dem Begriff »Spam«.

Wie ein Spammer an Ihre E-Mail-Adresse kommt

Während das Spammen in Newsgruppen einfach ist (man schickt seine Nachricht beliebig oft an beliebig viele Newsgruppen), müssen beim Spammen per E-Mail die E-Mail-Adressen der »Opfer« vorliegen. Es gibt zwei Möglichkeiten für einen Spammer, an Ihre E-Mail-Adresse zu gelangen: er muß sie selbst sammeln oder sie von einem Sammler kaufen.

Ein solcher Sammler kann E-Mail-Adressen in Newsgruppen-Postings, Web-Seiten, Mailing-Listen oder einem der WWW-Adreßverzeichnisse wie Four11 oder Bigfoot finden. Web-Seiten werden oft automatisch von sogenannten *Harvestern* (engl. für Erntemaschine) durchsucht. Dabei handelt es sich um Programme, die sich über Hyperlinks von Seite zu Seite vorarbeiten und E-Mail-Adressen »ernten«. Das Risiko, durch den Eintrag in einem Adreßverzeichnis das Opfer eines Spammers zu werden, ist allerdings relativ gering, da die Betreiber solcher Verzeichnisse in letzter Zeit Schutzmaßnahmen gegen Spamming getroffen haben.

Was Sie gegen Spam tun können

Leider kann man sich im Internet keine Aufkleber mit der Aufschrift »Bitte keine Werbesendungen« an seine Mailbox kleben, um sich vor ungewollter Junk-Mail zu schützen. Spam abzuwehren oder gar zu verhindern ist eine etwas schwierigere Aufgabe.

1 »Spam« ist eigentlich der Name einer amerikanischen Fleischkonserven-Marke. In den Sprachgebrauch der Internet-Gemeinde ist der Begriff erst nach einem Monty-Python-Sketch eingegangen. In diesem Sketch stellt der Besucher eines Restaurants fest, daß es zu allen Gerichten auf der Speisekarte Spam als Beilage gibt. Auf seine Frage, ob es auch Gerichte ohne Spam gebe, erscheint ein Männerchor, der ein Loblied auf Spam singt: »Spam, Spam, Spam, Spam, lovely Spam, wonderful Spam«. Auch nach der wiederholten Aufforderung aufzuhören, übertönt dieser Chor alle Gespräche der anderen Gäste des Restaurants. Als Bezeichnung für massenhaft verschickte unerwünschte Information ist »Spam« also überaus passend.

Die einfachste und wirkungsvollste Vorkehrung gegen Spam ist Vorsicht bei der Weitergabe von E-Mail-Adressen. Wägen Sie ab, ob die Angabe Ihrer Adresse im Internet wirklich notwendig ist, und informieren Sie sich über die Vorkehrungen, die Anbieter von Serviceleistungen im Netz gegen Spam treffen.

Eine weitere Möglichkeit besteht darin, sich über den Spammer zu beschweren. Es gibt einige wenig versierte Spammer, die Spam von ihrer eigenen E-Mail-Adresse aus verschicken. In einem solchen Fall können Sie sich direkt bei ihm oder mit einer höflichen Mitteilung beim Postmaster seiner Domäne beschweren.

Die allermeisten Übeltäter sind allerdings raffinierter und fälschen ihre Absenderadresse. Wenn Sie versuchen, eine E-Mail mit einer Beschwerde an die angegebene Adresse zu schicken, wird diese mit einer Fehlermeldung zurückkommen. Sie können aber trotzdem herausfinden, wer Ihnen die Spam-E-Mail zugeschickt hat. Lassen Sie sich dazu die gesamten Kopfzeileninformationen anzeigen. Von besonderem Interesse sind hierbei die Zeilen, die mit *Received:* beginnen. An ihnen kann man den Weg ablesen, den die E-Mail vom Sender bis zu Ihnen genommen hat. Die unterste *Received*-Zeile sollte die richtige Adresse des Absenders enthalten. Manche Spammer kennen allerdings auch diese Möglichkeit und fügen falsche *Received*-Zeilen ein. Ist dies der Fall, bleibt Ihnen nichts anderes übrig, als die einzelnen Zeilen auf Ihre Echtheit zu überprüfen. Unter *http://www.zedtoo.demon.co.uk/no-spam/faq3.html* wird detailliert beschrieben, wie dabei vorzugehen ist. Außerdem befinden sich auf dieser Seite einige Links zu Anti-Spam-Software, die es Ihnen unter anderem abnehmen kann, in mühsamer Handarbeit die echte Adresse eines Spammers herauszufinden. Sollte diese Suche erfolgreich sein, können Sie wiederum eine höfliche Beschwerde an den Postmaster schicken. Leider läuft auch diese manchmal ins Leere, da manche Domänen speziell für das Verschicken von Spam eingerichtet wurden.

Wenn Ihnen die Suche nach der Adresse eines Spammers zu aufwendig ist, können Sie Spam auch einfach ignorieren. Für das Aussortieren ungewollter Nachrichten sind Filter ideal geeignet. Dabei kann man es sich zunutze machen, daß viele dieser Nachrichten ähnliche Betreff-Zeilen verwenden. »Get rich quickly« oder »Money, money, money« sind beispielsweise sehr beliebt. Mitunter können so aber auch »normale« Nachrichten ungewollt aussortiert und gelöscht werden. Effektiver sind da Anti-Spam-Programme, die direkt auf dem Mail-Server installiert werden und E-Mails von bekannten Spamming-Adressen aussortieren. Fragen Sie bei Ihrem Internet-Anbieter nach, und bitten Sie ihn gegebenenfalls, ein solches Programm zu installieren.

Ein anderer Ansatz versucht, das Problem bei der Wurzel zu packen, indem verhindert wird, daß Spammer überhaupt an echte E-Mail-Adressen gelangen. Das Programm *Wpoison* beispielsweise hat es auf die Harvester-Programme abgesehen. Ein Hyperlink auf Ihrer Webpage, dem das Programm ahnungslos folgt, führt zur Seite *http://e-scrub.com/wpoison/*, von der weitere Web-Seiten mit fiktiven E-Mail-Adressen erzeugt werden, die das Programm brav einsammelt. Die Seiten enthalten außerdem Hyperlinks, die wieder auf die Wpoison-Seite zurückführen. So kommt das Programm zwar mit etlichen tausend E-Mail-Adressen zurück, für einen Spammer sind diese allerdings wertlos.

Weitere Informationen zum Thema Spam finden Sie auf folgenden Web-Seiten:

http://www.zedtoo.demon.co.uk/no-spam/faq1.html
http://www.cs.ruu.nl/wais/html/na-dir/net-abuse-faq/spam-faq.html
http://www.mindworkshop.com/alchemy/nospam.html

E-Mail-Clients im Vergleich

4

Welchen E-Mail-Client Sie verwenden, hängt von einer Reihe von Faktoren ab: Davon, welches Programm am Arbeitsplatz oder an der Uni installiert ist, womit Sie also »groß geworden« sind, außerdem davon, zu welchem Zweck Sie E-Mail verwenden, also von den Funktionen, die Sie vor allem benötigen. Nicht zuletzt ist allerdings oft das sogenannte *Look-and-Feel* entscheidend, also wie sich das Programm präsentiert und wie gut es sich bedienen läßt. Wo die Präferenzen liegen, muß sicherlich jeder selbst herausfinden.

Um Ihnen bei der Auswahl eines E-Mail-Programms für den persönlichen Gebrauch (oder für die Firma oder Uni) behilflich zu sein, wollen wir Ihnen in diesem Kapitel 4 weitverbreitete E-Mail-Clients vorstellen: *Eudora Light*, *Netscape Messenger*, *Microsoft Outlook Express* und *Pine*. Wir werden dabei vor allem auf Besonderheiten, Stärken und Schwächen eingehen und erklären, worauf man bei der Konfiguration der Programme achten sollte.

Die ersten drei Programme sind mit einer graphischen Benutzeroberfläche ausgestattet. Netscape Messenger und Outlook Express ähneln in ihrem Aufbau Eudora Light, das in den bisherigen Kapiteln als Beispiel-Client diente. Pine dagegen fällt etwas aus dem Rahmen. Im Gegensatz zu den anderen drei Programmen ist es menü- und tastengesteuert. Um all denjenigen, die vor Pine großen Respekt haben, die Besonderheiten dieses Unix-Clients und seine Geheimnisse vorzustellen – und damit hoffentlich die Angst zu nehmen – werden wir Pine sehr ausführlich besprechen.

4.1 Eudora Light

Die grundlegenden Funktionen von Eudora Light sind bereits ausgiebig in den Kapiteln 1 und 3 beschrieben worden. Sein Aufbau ist relativ einfach und deshalb sehr übersichtlich. Im linken Teil des Programmfensters befindet sich immer die Ordnerstruktur, im rechten Hauptfenster werden Nachrichten, Ordnerinhalt oder das Adreßbuch angezeigt.

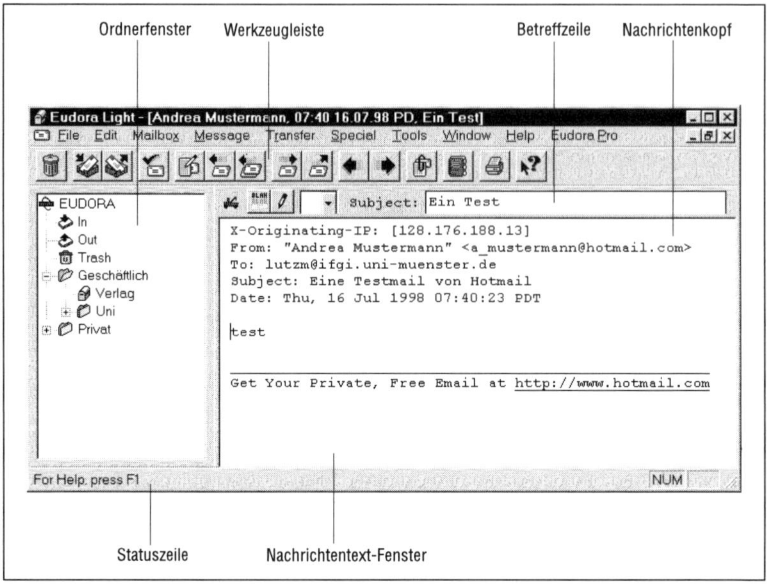

Abbildung 4-1: Der Aufbau des Bildschirms bei Eudora Light

Konfiguration

Die Konfiguration Ihres E-Mail-Clients ist ein wichtiger Punkt. Einerseits wird der Zugriff auf Ihren E-Mail-Account durch die hier vorgenommenen Einstellungen erst ermöglicht, andererseits wird durch sie die Arbeit mit dem Programm mehr oder weniger stark beeinflußt. Wir stellen Ihnen an dieser Stelle daher die Konfiguration eines E-Mail-Programms am Beispiel von Eudora vor.

Das Einstellungsmenü von Eudora ist leicht verständlich und befindet sich im Menüpunkt TOOLS – OPTIONS. Im linken Teil des sich öffnenden Fensters wird der jeweilige Menüpunkt mit einem Symbol angezeigt, im rechten Teil werden die Einstellungen vorgenommen. Das Optionsfenster ist in 18 übersichtliche Menüpunkte eingeteilt, anhand derer man sich schrittweise durch die Konfiguration arbeiten kann. Manche Eingabefelder findet man der Übersichtlichkeit halber in mehreren Unterpunkten. Sind sie aber einmal ausgefüllt, werden die Angaben in folgenden Menüpunkten automatisch übernommen.

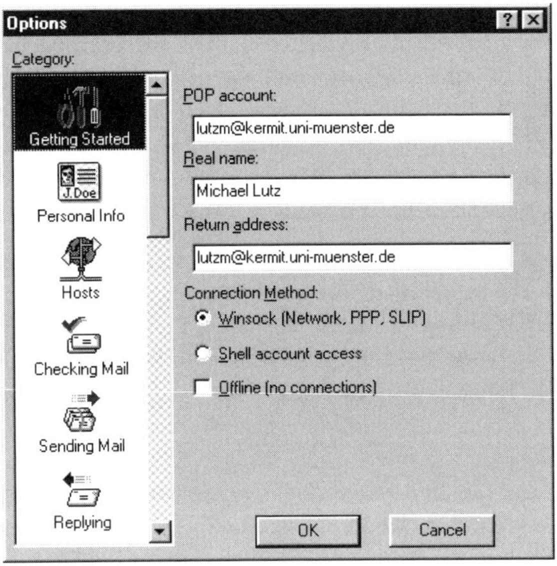

Abbildung 4-2: GETTING STARTED – der erste Unterpunkt des Eudora-Einstellungsmenüs

Abbildung 4-2 zeigt den ersten Menüpunkt: GETTING STARTED. Hier werden die wichtigsten Informationen abgefragt, ohne die ein Zugriff auf Ihren E-Mail-Account nicht möglich ist: Ihre E-Mail-Adresse und die Art der Verbindung. Beide Angaben sollten Ihnen von Ihrem Internet-Provider mitgeteilt worden sein. Der Name, den Sie im Feld REAL NAME angeben, wird Ihrer E-Mail-Adresse beim Senden von Nachrichten hinzugefügt. Die Adresse, die Sie unter RETURN ADDRESS angeben, wird vom E-Mail-Programm Ihres Gegenübers automatisch eingesetzt, wenn er mit REPLY auf Ihre Nachricht antwortet. Wenn Sie nur einen E-Mail-Account verwenden, brauchen Sie dieses Feld nicht auszufüllen, da in diesem Fall einfach die Adresse verwendet wird, die unter POP-ACCOUNT angegeben wurde.

Der Punkt PERSONAL INFO enthält wenig Neues. Er stellt nochmals die verschiedenen Adressen zusammen und fragt Sie nach Ihrem Benutzernamen (DIALUP USERNAME). Diese Angabe ist nur nötig, wenn Sie die Verbindung zu Ihrem Internet-Provider über Eudora herstellen möchten.

Wichtig wird es dagegen wieder im Unterpunkt HOSTS. Hier kann der SMTP-SERVER eingestellt werden, der Ihre Mail-Kommunikation abwickelt. In aller Regel ist dies der Teil Ihrer E-Mail-Adresse rechts des @-Zeichens. Der Name des Mail-Servers kann davon aber auch leicht abweichen. E-Mail-Adressen an der Uni Münster haben z.B. das Format *Benutzername@uni-muenster.de*, der Name des SMTP-Servers lautet aber *pop.uni-muenster.de*. Den genauen Namen des Mail-Servers sollten Sie ebenfalls von Ihrem Internet-Provider erhalten haben. Außerdem können an dieser Stelle Ph- und Finger-Server angegeben werden, über die im Internet nach E-Mail-Adressen gesucht werden kann.

Mit diesen drei Punkten weiß Eudora genug, um Ihre E-Mail-Kommunikation abwickeln zu können. Wenn Sie es gar nicht abwarten können, mit Eudora zu arbeiten, können Sie jetzt schon loslegen. Für die restlichen Punkte sind automatisch mehr oder weniger sinnvolle Werte eingestellt. Sollten Sie ein bißchen mehr Zeit und Geduld haben, lohnt es sich allerdings, sich zumindest bis zum Unterpunkt FONTS & DISPLAY durchzuarbeiten, da einige der weiteren Einstellungen die Arbeit stark beeinflussen können. Die sonstigen Unterpunkte sind für den Einsteiger dagegen von geringer Bedeutung, so daß Sie die eingestellten Werte getrost übernehmen können. Wenn Sie sich dann nach einiger Zeit besser mit Eudora auskennen, können Sie ja auch einmal in diese Punkte hineinschnuppern.

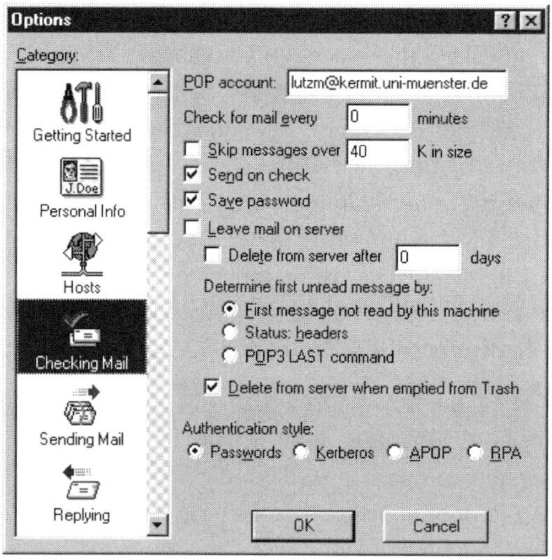

Abbildung 4-3: Der Unterpunkt CHECKING MAIL enthält die Einstellungen zum Umgang mit eingehenden Nachrichten

Viele der Einstellungen im Unterpunkt CHECKING MAIL sind selbsterklärend. Wichtige Optionsfelder sind SEND ON CHECK und LEAVE MAIL ON SERVER. Sollte SEND ON CHECK aktiviert sein, werden jedesmal, wenn Sie Mitteilungen vom Mail-Server abrufen, alle noch nicht gesendeten *Outbox*-Nachrichten abgeschickt. Das kann mitunter zu peinlichen Mißverständnissen führen, wenn sich in Ihrer Outbox heikle Nachrichten befanden, über die Sie vor dem Absenden lieber noch einmal nachgedacht hätten. Ist LEAVE MAIL ON SERVER deaktiviert, werden abgerufene Nachrichten vom Mail-Server gelöscht. Das kann ärgerlich sein, wenn Sie von verschiedenen Computern auf Ihren Account zugreifen und sich Ihre Mail auf verschiedene Rechner verteilt (siehe dazu auch den Abschnitt *Protokolle zum E-Mail-Management* in Kapitel 5).

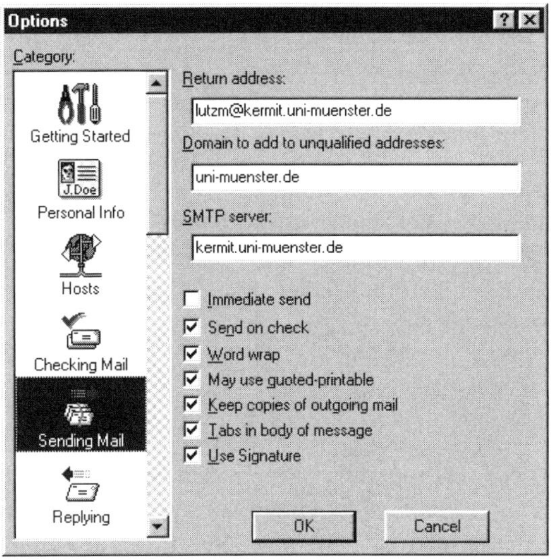

Abbildung 4-4: Der Unterpunkt SENDING MAIL

Im Unterpunkt SENDING MAIL können sämtliche Einstellungen vorgenommen werden, die mit dem Verschicken von Nachrichten zu tun haben. Die unter dem Menüpunkt DOMAIN TO ADD TO UNQUALIFIED ADDRESSES angegebene Domäne wird E-Mail-Adressen hinzugefügt, die kein @-Zeichen enthalten. Um anderen Mitarbeitern Ihrer Firma oder Universität zu schreiben, brauchen Sie also nur deren Benutzernamen in der *To:*-Zeile anzugeben, wenn hier die entsprechende Domäne eingestellt ist. IMMEDIATE SEND sollte deaktiviert sein, wenn Sie keine ständige Verbindung zum Internet haben, sondern Ihre E-Mails offline schreiben, sie in der Outbox zwischenspeichern und dann alle auf einmal verschicken möchten. Das Optionsfeld WORD WRAP dagegen sollte aktiviert sein, damit die Zeilen vor dem Verschicken umbrochen werden. Wichtig ist außerdem das Feld KEEP COPIES OF OUTGOING MAIL, wenn Sie automatisch Kopien aller ausgehenden E-Mails speichern möchten.

Der Unterpunkt REPLYING enthält einige leicht verständliche Optionsfelder, die für die REPLY-Funktion von Eudora wichtig sind. Unter ATTACHMENTS können die bevorzugte Kodierungsmethode (MIME oder BinHex) und das Verzeichnis ausgewählt werden, in dem Eudora Attachments automatisch speichert. Im Unterpunkt FONTS & DISPLAY schließlich können Einstellungen vorgenommen werden, die die Bildschirmanzeige betreffen. Wirklich wichtig ist hier nur das Optionsfeld SCREEN FONT, in dem die Schriftart zur Darstellung der E-Mails eingestellt werden kann. Um Tabellen und ähnliche Formatierungen originalgetreu darzustellen, sollte hier eine Nicht-Proportionalschrift, z.B. Courier, eingestellt sein.

Die Konfiguration von Netscape Messenger und Outlook Express verläuft nach einem ähnlichen Muster. Auch bei diesen Programmen sollten Sie sich für die Einstellungen ein wenig Zeit nehmen. Dadurch erleichtern Sie sich die Arbeit mit dem Programm und können sich vor unangenehmen Überraschungen schützen.

Vor- und Nachteile

Das kostenlos als Download erhältliche Programm Eudora Light beschränkt sich als reines E-Mail-Programm auf die wesentlichen Funktionen zum Verarbeiten elektronischer Post. Deshalb belegt es im Vergleich zu anderen E-Mail-Programmen wie Outlook Express oder Netscape Messenger mit 3 MByte nur sehr wenig Speicherplatz.

Es ist möglich, in Eudora eine hierarchische Ordnerstruktur einzurichten. Die Trennung in Sammelordner (Folder) und Ordner (Mailbox) erhöht dabei die Übersicht (Nachrichten findet man nur in Ordnern, Ordner nur in Sammelordnern). Allerdings lassen sich nur Ordner mit Drag-and-drop in Sammelordner verschieben, bei Sammelordnern ist das nicht möglich.

Über das kontext-sensitive Hilfesystem kann Hilfe zu einer bestimmten Schaltfläche oder einem Symbol angefordert werden. Um den Hilfetext zu einem bestimmten Thema anzuzeigen, müssen Sie nur das Symbol mit dem Pfeil und dem Fragezeichen am rechten Rand der Werkzeugleiste anklicken, den Cursor auf den betreffenden Punkt führen und erneut klicken. Allerdings sind viele der Hilfetexte nicht sehr aussagekräftig und entsprechend wenig hilfreich. Bei vielen Punkten erscheint außerdem die traurige Nachricht »Diesem Eintrag ist kein Hilfethema zugeordnet«.

Das Filterwerkzeug von Eudora kann im Vergleich mit den entsprechenden Funktionen der anderen besprochenen Programme als herausragend gelten. Zwei Bedingungen können über eine Reihe von Operatoren verknüpft und Ausdrücke wie *beginnt mit* oder *enthält nicht* verwendet werden. Außerdem können Sie mehrere Aktionen definieren und sowohl ein- als auch ausgehende Nachrichten automatisch oder manuell filtern.

Das Adreßbuch ist sehr einfach gehalten. Je nach Geschmack können Sie das positiv oder negativ bewerten. Die Übernahme von Adressen aus Nachrichten ist jedenfalls möglich, und zwar über den Menüpunkt SPECIAL – MAKE ADDRESS BOOK ENTRY. Eine praktische Funktion für das Einfügen von Adressen ist die *Recipient-List*, mit der problemlos häufig gebrauchte E-Mail-Adressen in die *To:*-Zeile eingetragen werden können.

Eudora Light besitzt auch einige Besonderheiten. So eröffnet die Funktion EDIT – MESSAGE PLUG-INS viele interessante Formatierungsmöglichkeiten, z.B. das Konvertieren in Groß- bzw. Kleinbuchstaben (UPPER CASE bzw. LOWER CASE), das Sortieren innerhalb einer Nachricht (SORT) und das Aufheben der Zeilenumbrüche (UNWRAP TEXT). Allerdings können mit Eudora Light keine HTML-Nachrichten erstellt werden. Die Darstellung von HTML-Formatierungen (farbige Schrift, Fettdruck etc.) in empfangenen Nachrichten ist dagegen möglich. Als einziges der vorgestellten Programme verfügt Eudora außerdem über die Möglichkeit, zwei verschiedene Signaturdateien für unterschiedliche Zwecke zu erstellen.

Mit dem Plug-In *Pure Voice* können Tondateien erstellt und anschließend als Attachments verschickt werden. So können Sie Ihren Freunden auch gesprochene Nachrichten übermitteln – sofern Sie über ein Mikrofon verfügen. Aufgerufen werden kann Pure Voice über MESSAGE – ATTACH – PURE VOICE.

Da Eudora Light im Gegensatz zu Outlook Express und Netscape Messenger nicht über eine direkte Verbindung zu einem Web-Browser verfügt, können Bilddateien und WWW-Seiten nicht direkt dargestellt werden. Nach einen Doppelklick auf das Attachment oder die URL öffnet Eudora Light aber automatisch die eingestellten Programme zur Darstellung der jeweiligen Datei bzw. einen Web-Browser. Die fehlende Verbindung muß sich also nicht unbedingt störend bemerkbar machen. Ebenso ist es nicht möglich, von Eudora aus E-Mail-Adressen von Personen im Internet zu suchen. Auch dazu muß man den Umweg über einen Web-Browser wählen.

Ein weiterer Nachteil ist, daß Eudora nur von einem Benutzer verwendet werden kann, mehrere E-Mail-Konten können nicht eingerichtet werden. Wenn Sie die einzige Person sind, die mit Eudora auf E-Mail zugreift, wird Sie das nicht weiter stören. Wird Ihr Computer aber auch von Familienangehörigen oder Freunden genutzt, die eigene E-Mail-Accounts haben, müßten Sie bei jedem Zugriff auf einen der Mail-Server in Eudora die Einstellungen ändern. Das ist nicht unbedingt komfortabel.

Fazit

Eudora Light ist aufgrund seiner Übersichtlichkeit und der Beschränkung aufs Wesentliche für Einsteiger bestens geeignet. Als eigenständiges E-Mail-Programm, das nicht mit einem Web-Browser verbunden ist, ist Eudora erheblich kleiner als seine Konkurrenten Netscape Messenger und Microsoft Outlook Express. Es sind allerdings auch einige Nachteile damit verbunden, vor allem bei der Anzeige von Bildern und Web-Seiten. Große Vorteile dieses Programms sind sein hervorragendes Filterwerkzeug, und die Tatsache, daß es kostenlos erhältlich ist.

4.2 Netscape Messenger

Der Messenger ist Teil des Communicator-Pakets von Netscape. Sein Aufbau ähnelt dem von Eudora: der Bildschirm ist aufgeteilt in Menüzeile, Werkzeugleiste, Ordner-Fenster und Text-Fenster. Durch einen Doppelklick auf eine der Nachrichten kann diese auch in einem separaten Fenster dargestellt werden.

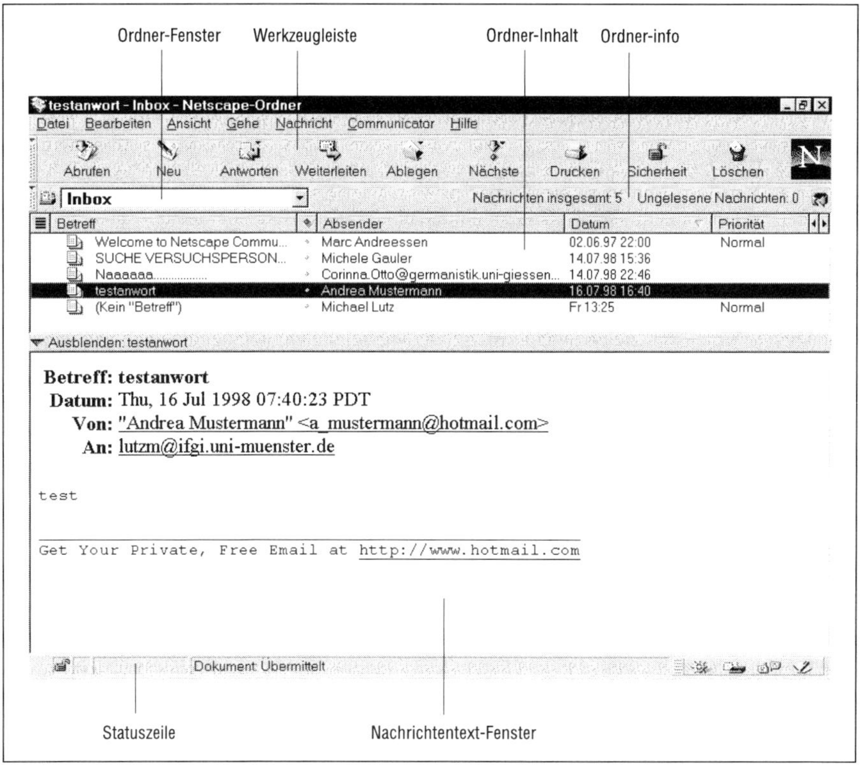

Abbildung 4-5: Der Aufbau des Netscape-Messenger-Bildschirms

Konfiguration

Konfiguriert werden kann der Messenger über die Menüoption BEARBEITEN – EINSTELLUNGEN. Es öffnet sich das Einstellungsfenster für das gesamte Communicator-Paket, in dem Sie natürlich vor allem der Punkt MAIL UND FOREN interessieren sollte. Zwei wichtige Einstellungen verbergen sich allerdings auch unter ERWEITERT – SPEICHERPLATZ. Hier kann eingestellt werden, ab welcher Größe Ordner automatisch komprimiert werden und wie groß Nachrichten maximal sein dürfen, um noch vom Server heruntergeladen zu werden.

Die sechs Punkte im Menü MAIL UND FOREN sind zum größten Teil selbsterklärend. Neben der Überschrift jedes Einstellungspunktes im rechten Teil des Fensters erscheint eine kurze Erklärung der Einstellungen, die vorgenommen wer-

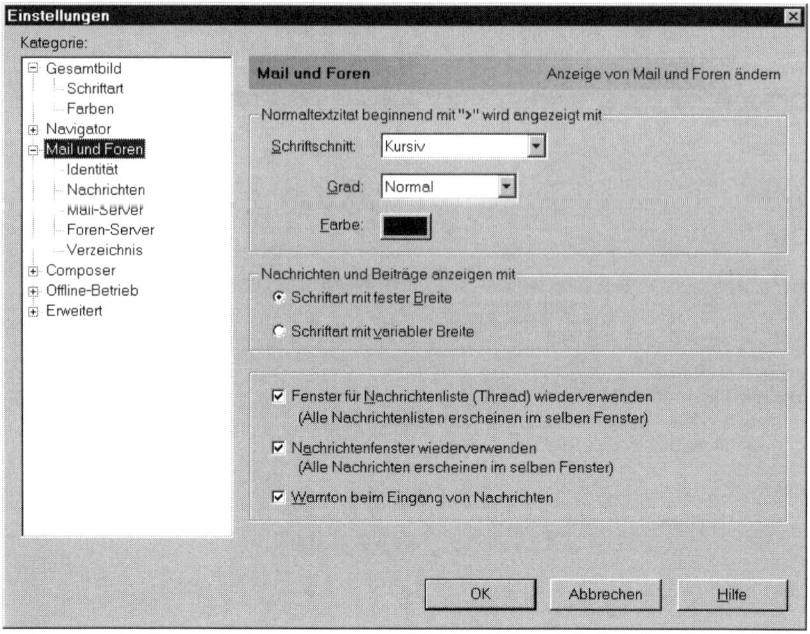

Abbildung 4-6: Das Dialogfenster EINSTELLUNGEN zur Konfiguration von Netscape Messenger

den können. Besondere Beachtung verdienen die Schaltflächen WEITERE OPTIONEN der Punkte NACHRICHTEN und MAIL SERVER, da sich hinter ihnen wichtige Einstellungen verbergen. Unter NACHRICHTEN – WEITERE OPTIONEN finden Sie Einstellungen zum Umgang mit HTML-Mails und Sonderzeichen und zur Darstellung von E-Mail-Adressen. In den WEITEREN OPTIONEN des Punktes MAIL SERVER kann z.B. eingestellt werden, in welchem Verzeichnis Mitteilungen gespeichert und wie oft Mails abgefragt werden sollen.

Vor- und Nachteile

Die Standardversion des Communicator-Pakets kann ebenso wie Eudora kostenlos aus dem Internet heruntergeladen werden. Die Pro-Version kostet dagegen 29 US-Dollar. Auch wenn Sie dafür bezahlen, ist der Messenger als Teil dieses Programmpakets im Prinzip eine kostenlose Beigabe. Falls Sie allerdings nur ein E-Mail-Programm suchen, lohnt sich die Anschaffung nicht, da Sie für Funktionen bezahlen, die Sie eigentlich gar nicht benötigen. Ebenso belegt das gesamte Communicator-Paket im Vergleich zu einem reinen E-Mail-Programm mit ca. 20 MByte viel Speicherplatz.

Die Verbindung mit dem Web-Browser Netscape Navigator hat allerdings auch ihre Vorteile. So können E-Mail-Adressen in fünf verschiedenen Adreßverzeichnissen des WWW gesucht und HTML-Nachrichten und Bild-Attachments direkt im Nachrichtentext-Fenster dargestellt werden. HTML-Mitteilungen können darüber hinaus auch einfach erstellt werden. Dafür steht eine Reihe von Symbolen in der Werkzeugleiste für die Formatierung zur Verfügung. Das erinnert an eine Textverarbeitung. Stehen WWW-Adressen im Nachrichtentext, so sind diese hervorgehoben und werden beim Anklicken im Netscape Navigator dargestellt.

Im Gegensatz zu Eudora können beim Netscape Messenger sogenannte Benutzerprofile eingerichtet werden. Der Zugriff auf verschiedene E-Mail-Accounts stellt also kein Problem dar. Die Einrichtung erfolgt über das Netscape-Hilfsprogramm Profil-Manager.

Eine hierarchische Ordnerstruktur kann problemlos erstellt und verändert werden. Ordner können Sie durch Drag-and-drop in andere Ordner verschieben. Klicken Sie dazu auf LOKALE MAIL-NACHRICHTEN im Ordner-Fenster, um die Netscape-Nachrichtenzentrale zu öffnen.

Wie Eudora verfügt der Netscape Messenger außerdem über ein leistungsfähiges Filterwerkzeug, bei dem beliebig viele Bedingungen miteinander verknüpft werden können. Allerdings hat dieses Werkzeug einige Nachteile: Verknüpfungen sind auf *und* beschränkt, es läßt sich nur eine Aktion definieren, nachfolgende Filter können nicht ausgelassen werden, Filter gelten nur für eingehende Nachrichten, und manuelles Filtern ist nicht möglich.

Jeder Eintrag im Adreßbuch enthält relativ viele Informationen, ist aber trotzdem sehr übersichtlich. E-Mail-Adressen werden in Mitteilungen hervorgehoben und können durch Anklicken einfach ins Adreßbuch übernommen werden.

Ein Nachteil des Netscape Messenger ist sein Hilfesystem. Es ist sehr schwerfällig und braucht lange, um eingegebene Begriffe im Index zu finden. Zudem ist oft auch gängigen Hilfethemen kein Eintrag zugeordnet.

Fazit

Der Messenger von Netscape ist ein rundum überzeugender E-Mail-Client, der sowohl gute Leistungen im reinen E-Mail-Bereich als auch – unterstützt vom

»großen Bruder« Netscape Navigator – bei der Darstellung von Bildern und WWW-Dokumenten erbringt. Wer allerdings ein Programm ausschließlich für die E-Mail-Kommunikation sucht, muß bei Netscape Messenger den Rest des Communicator-Pakets als unnötigen Ballast in Kauf nehmen. Für alle, die aber sowieso überlegen, sich einen Web-Browser anzuschaffen, ist das Netscape-Paket sicherlich keine schlechte Wahl.

4.3 Microsoft Outlook Express

Schon beim Aufruf von Outlook Express fällt auf, daß hier einiges anders ist als bei den bisher vorgestellten Programmen. Die Startseite präsentiert sich im Stile eines WWW-Dokuments mit einem Rahmenformat, in dessen Hauptfenster die wichtigsten Funktionen als farbige Symbole dargestellt sind. Die meisten davon sind darüber hinaus in der Werkzeugleiste vertreten und treten auch in der Menüzeile noch einmal auf.

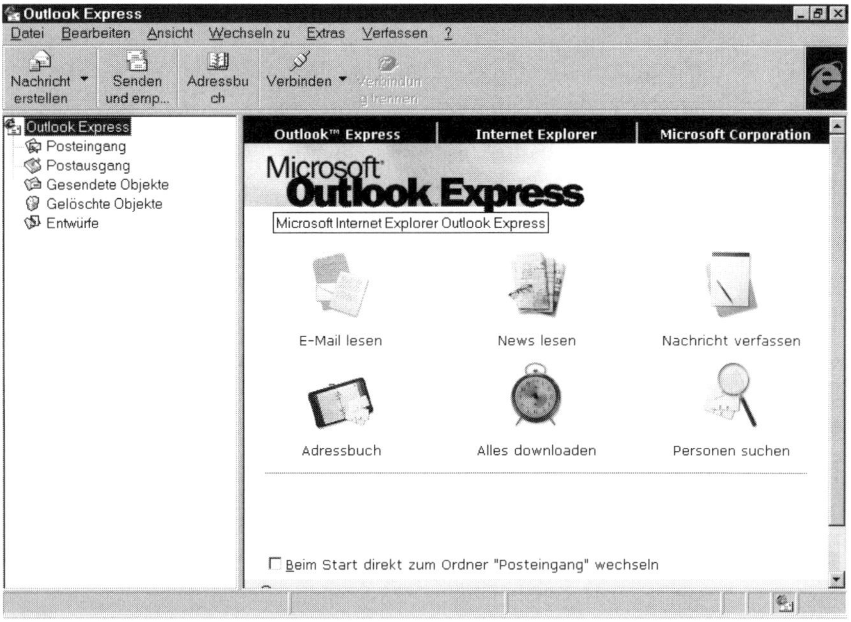

Abbildung 4-7: Die Outlook-Express-Startseite

Nachdem man einen der bunten Punkte ausgewählt hat, präsentiert sich Outlook Express allerdings genauso bieder wie die anderen Programme. Der Aufbau wird in Abbildung 4-8 erläutert.

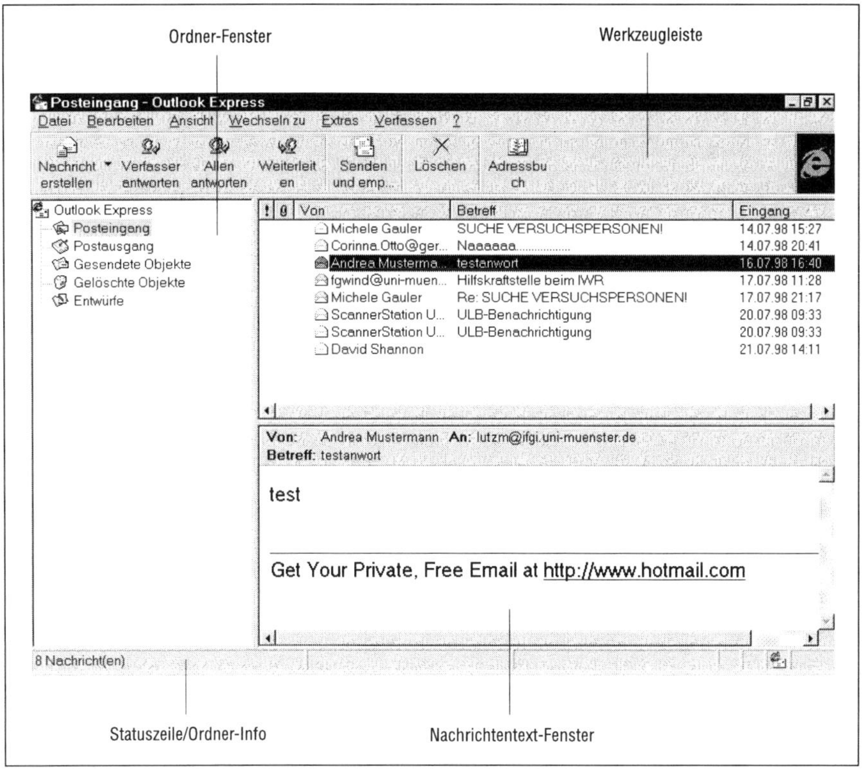

Abbildung 4-8: Der Aufbau von Outlook Express

Konfiguration

Auch die Konfiguration unterscheidet sich ein wenig von der der anderen Programme. Sie ist auf die drei Unterpunkte KONTEN, BRIEFPAPIER und OPTIONEN verteilt, die sich alle im Menüpunkt EXTRAS befinden. Im Menüpunkt KONTEN können sowohl Konten für E-Mail und Newsgruppen eingerichtet als auch die Eigenschaften von E-Mail-Verzeichnissen bearbeitet werden.

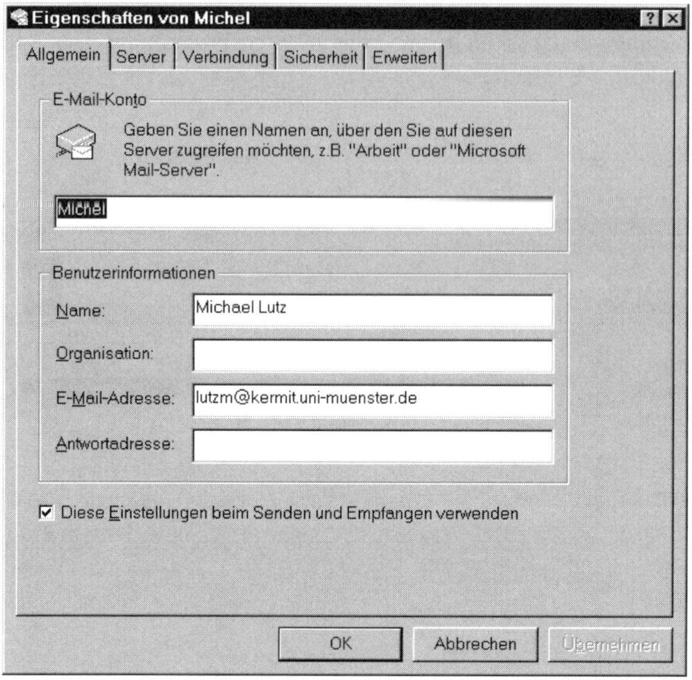

Abbildung 4-9: Das Dialogfenster EIGENSCHAFTEN, *in dem E-Mail-Adresse und Server eingestellt werden können*

Um ein E-Mail-Benutzerkonto einzurichten oder zu bearbeiten, wählen Sie zunächst die Registerkarte E-Mail an, in der die vorhandenen Konten angezeigt werden. Über die Schaltfläche HINZUFÜGEN können Sie ein neues Konto erstellen, über EIGENSCHAFTEN ein vorhandenes bearbeiten. Im Dialogfenster EIGENSCHAFTEN können die grundlegenden Einstellungen des jeweiligen Nutzers angegeben werden. Dazu zählen unter anderem Name, E-Mail-Adresse, Mail-Server, Benutzername und Angaben zum Aufbau der Verbindung und zum Abruf von Nachrichten.

Unter BRIEFPAPIER können Schriftart, Signatur und Briefpapier eingestellt und bearbeitet werden. Im Unterpunkt BRIEFPAPIER kann man ein Hintergrundmuster oder einen Grußkarten-Vordruck auswählen, mit dem neu erstellte Nachrichten versehen werden. Die Möglichkeiten reichen dabei vom schlichten Karomuster bis zur Weihnachtskarte oder Verkaufsanzeige.

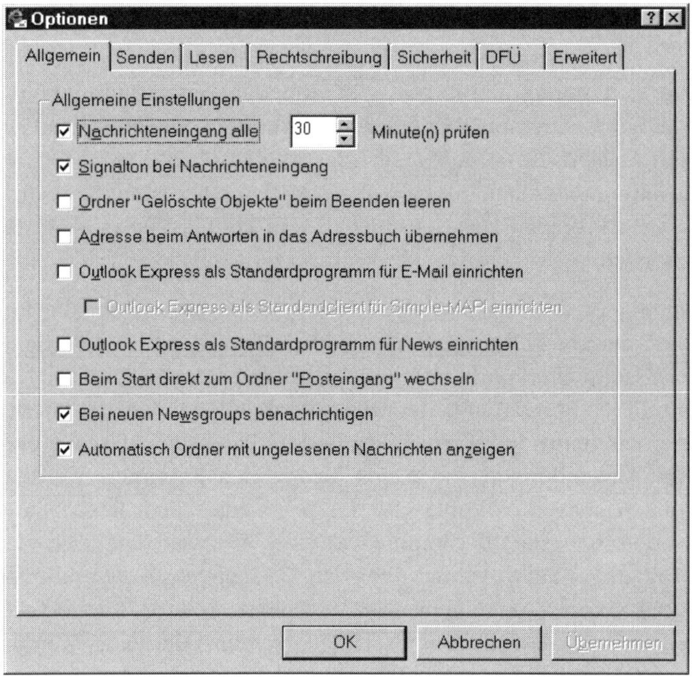

Abbildung 4-10: Das Dialogfenster OPTIONEN zur weiteren Konfiguration von Outlook Express

Bei den OPTIONEN findet man sieben Registerkarten, von allgemeinen Einstellungen über den Umgang mit ein- oder ausgehenden Nachrichten bis zum Thema Sicherheit.

Vor- und Nachteile

Outlook Express ist im Paket von Windows 98 enthalten, somit für Nutzer dieses Betriebssystems kostenlos und muß noch nicht einmal gesondert installiert werden.

Outlook Express hat wie der Netscape Messenger den Vorteil, mit einem Web-Browser verbunden zu sein, was die direkte Darstellung von Bild-Attachments, HTML-Mails und WWW-Seiten ermöglicht. Auch die Suche von E-Mail-Adressen im Netz ist kein Problem. Unter dem Menüpunkt BEARBEITEN – PERSONEN SUCHEN finden Sie unter anderem die folgenden Suchdienste: *Yahoo! People Search*, *Bigfoot*, *InfoSpace*.

Außerdem ist über den Menüpunkt EXTRAS – KONTEN die Einrichtung mehrerer Benutzerkonten möglich. Auch bei Outlook Express können also mehrere Personen auf unterschiedliche E-Mail-Accounts zugreifen bzw. eine Person kann mehrere Konten getrennt voneinander verwalten. Auch die Erstellung von Ordnerstrukturen ist kein Problem. Das Verschieben von Ordnern ist einfach mit Drag-and-drop möglich.

Ein großer Pluspunkt ist das hervorragende Hilfesystem, das sowohl die Eudora- als auch die Netscape-Hilfe um Längen schlägt. Einzigartig ist außerdem, daß Adreßbücher, Nachrichten und Einstellungen über die Menüoption DATEI – IMPORTIEREN aus anderen Programmen importiert werden können. Adreßbücher und Nachrichten können aus dem Format von Eudora Pro/Light, Netscape und diversen Microsoft-Anwendungen sowie aus Textdateien importiert werden. Einstellungen können unter dem Punkt EINSTELLUNGEN FÜR E-MAIL-KONTEN aus Eudora Light/Pro und Netscape übernommen werden. Wie wahrscheinlich von Microsoft beabsichtigt, vereinfacht Ihnen dies den Umstieg von Netscape oder Eudora auf Outlook Express ungemein. Darüber hinaus können Nachrichten und Adreßbücher über DATEI – EXPORT exportiert werden. Allerdings werden hierbei nur wenige (Microsoft-)Formate unterstützt.

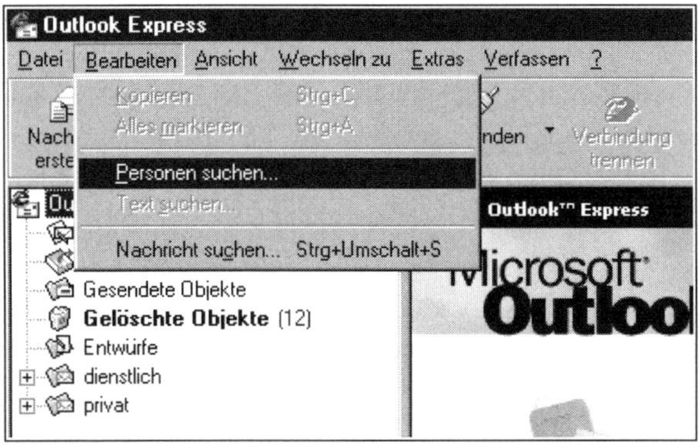

Abbildung 4-11: Der Menüpunkt BEARBEITEN *bei Programmstart*

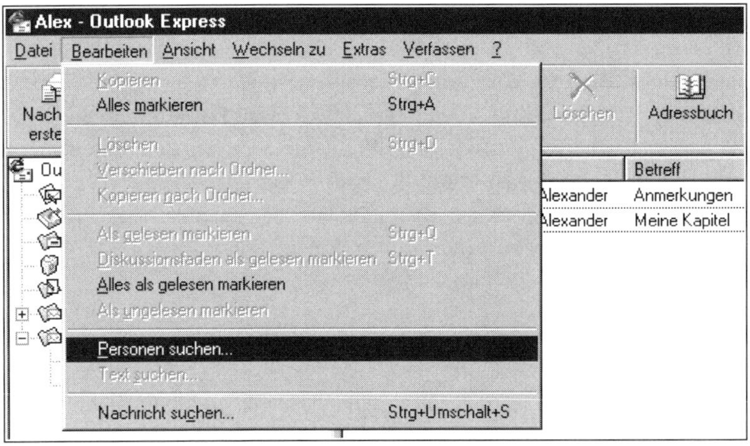

Abbildung 4-12: Der Menüpunkt BEARBEITEN, *wenn ein Ordner geöffnet ist*

Etwas gewöhnungsbedürftig ist, daß sich der Inhalt der Menüpunkte verändert, je nachdem, an welcher Stelle man sich im Programm befindet. Wenn Sie sich z. B. auf der Startseite befinden und nach Personen suchen möchten, präsentiert sich der Menüpunkt BEARBEITEN wie in Abbildung 4-11 dargestellt. Dieses Bild verändert sich erheblich, wenn bei Aufruf des Menüpunktes ein Ordner geöffnet ist. Das Menüfenster umfaßt plötzlich zwölf statt fünf Punkte, und der Unterpunkt PERSONEN SUCHEN ist von der dritten auf die zehnte Stelle nach unten gerutscht. Daß überflüssige Menüoptionen an manchen Stellen gar nicht dargestellt werden, soll sicherlich zur Übersichtlichkeit beitragen. Da es aber zu allem Überfluß trotzdem noch grau unterlegte (d. h. momentan nicht anwählbare) Menüpunkte gibt, hat uns diese Gestaltung eher verwirrt.

Mit dem POSTEINGANGS-ASSISTENTEN besitzt Outlook Express außerdem nur ein sehr einfaches Filterwerkzeug. Es besteht keine Möglichkeit, mehrere Filterregeln zu verknüpfen, Ausdrücke wie *beginnt mit* oder *enthält nicht* anzugeben, ausgehende Nachrichten zu filtern oder das Filtern manuell vorzunehmen.

Fazit

Outlook Express ist für ältere E-Mail-Hasen mit Sicherheit etwas gewöhnungsbedürftig. Für alle, die Windows 98 verwenden, wird die eigenwillige Aufmachung (die stark an die Oberfläche eben dieses Betriebssystems angelehnt ist) dagegen nicht so stark ins Gewicht fallen. Nach dem vielgehaßten Exchange hat

Microsoft mit diesem Produkt Anschluß an seine beiden Hauptkonkurrenten Netscape Messenger und Eudora gefunden. Ebenso wie der Messenger von Netscape hat Outlook Express Vorteile bei der direkten Darstellung von Bildern und WWW-Seiten. Dagegen sind einige typische E-Mail-Funktionen wie z.B. das Filterwerkzeug noch unterentwickelt. Wenn Sie sich an den Eigenheiten dieses Programms nicht stören, ist Outlook Express eine gute Wahl, da es auch für Einsteiger einfach zu bedienen ist. Und falls Sie sich mit Umstiegsgedanken tragen sollten – der Wechsel wird Ihnen durch die von Microsoft clever erdachten Importfunktionen sehr einfach gemacht.

4.4 Pine

Pine (Program for Internet News and E-Mail) ist anders als die Mail-Programme, die Sie bisher kennengelernt haben. Vor allem im Aussehen unterscheidet es sich grundlegend von Programmen wie Eudora. Pine besitzt keine graphische Benutzeroberfläche, Befehle werden statt per Mausklick per Tastendruck gegeben. Auf den ersten Blick wirkt es sicher archaisch und erinnert an ein Reptil aus den Anfängen des Computerzeitalters. Lassen Sie sich aber nicht täuschen. Unter der altmodischen Oberfläche verbirgt sich ein leistungsfähiger E-Mail-Client, der trotzdem leicht zu bedienen ist.

Besonders interessant könnte dieses Programm vor allem für all jene sein, die von unterschiedlichen Rechnern auf ihre E-Mail zugreifen möchten. Alle anderen, die sich vielleicht auch schon für eines der bisher beschriebenen Programme entschieden haben, können dieses Unterkapitel ruhigen Gewissens überspringen.

Pine wurde 1989 an der Universität von Washington in Seattle entwickelt und war von Anfang an als einfach zu bedienendes Mail-Programm konzipiert. Auch Neulinge sollten es ohne Angst vor Fehlern benutzen können. Deshalb beschränkte sich die ursprüngliche Version auf wenige, gut ausgesuchte Funktionen und verzichtete auf unnötigen Schnickschnack.

Über die Jahre hat sich Pine allerdings zu einem sehr leistungsfähigen Mail-Programm gemausert, das seinen Konkurrenten in kaum etwas nachsteht. Trotz aller Neuerungen, die im Laufe der Zeit dazugekommen sind, präsentiert sich Pine immer noch im gleichen Gewand und ist auch für Einsteiger einfach zu bedienen. Wer eine graphische Benutzeroberfläche gewohnt ist, dem wird die Umstellung auf Pine vielleicht schwerfallen. Nach einer Eingewöhnungszeit läßt sich Pine aber ebenso schnell und komfortabel bedienen wie eines der bereits vorgestellten Programme. Für welches Sie sich letztlich entscheiden, hängt vom *Look-and-Feel* ab, davon, ob Sie sich mit einem Programm »wohlfühlen«.

Obwohl Pine ursprünglich als Unix-Mail-Programm entworfen wurde, existieren inzwischen auch PC-Versionen, sowohl für DOS als auch für Windows. Diese Entwicklung wurde vorangetrieben, um es auch PC-Nutzern zu ermöglichen, Dateien direkt im Dateisystem des eigenen Rechners zu speichern. Damit erübrigte sich der bis dahin notwendige und überaus lästige Datenaustausch zwischen dem eigenen PC und dem Unix-System, auf dem Pine lief. Trotz allem ist Pine weiterhin vor allem auf Unix-Plattformen verbreitet.

Im Sommer 1998 ist die bisher neueste Pine-Version, 4.00, erschienen, die gegenüber den älteren 3.9x-Versionen einige Neuerungen beinhaltet. Auch PC-Pine 4.00 ist in der Bearbeitung, war aber zu dem Zeitpunkt, als dieses Buch entstand, noch nicht erschienen.

Der Aufbau von Pine

Nachdem Sie eine Verbindung zu dem Server aufgebaut haben, auf dem Pine installiert ist, können Sie das Programm mit der Eingabe `pine` starten. Wie Sie eine solche Verbindung aufbauen können, erfahren Sie im Abschnitt *Wie Sie mit Telnet Ihre Mail lesen können* in Kapitel 3. Nach dem Start von Pine landen Sie zunächst einmal im Hauptmenü. Das Fenster, das Sie vor sich haben, sollte dann in etwa so aussehen:

In der *Kopfzeile* wird angezeigt, welche Version von Pine Sie gerade verwenden, wo im Programm Sie sich gerade befinden und welcher Ordner oder welche Nachricht gerade ausgewählt ist.

Die beiden Zeilen am unteren Bildschirmrand sind die *Befehlszeilen*. Hier werden die im momentanen Bildschirm möglichen Befehle und die zugehörigen Tasten angezeigt. Ein dem Buchstaben vorangestelltes ^ bedeutet, daß die Taste zusammen mit der gehaltenen Strg-Taste gedrückt werden muß. ^C bedeutet also Strg+c. Lassen Sie sich nicht durch den Befehl ^^ verwirren, der im *Composer* auftaucht. Auch hier ist alles ganz logisch. Diese Anzeige bedeutet nämlich Strg+^.

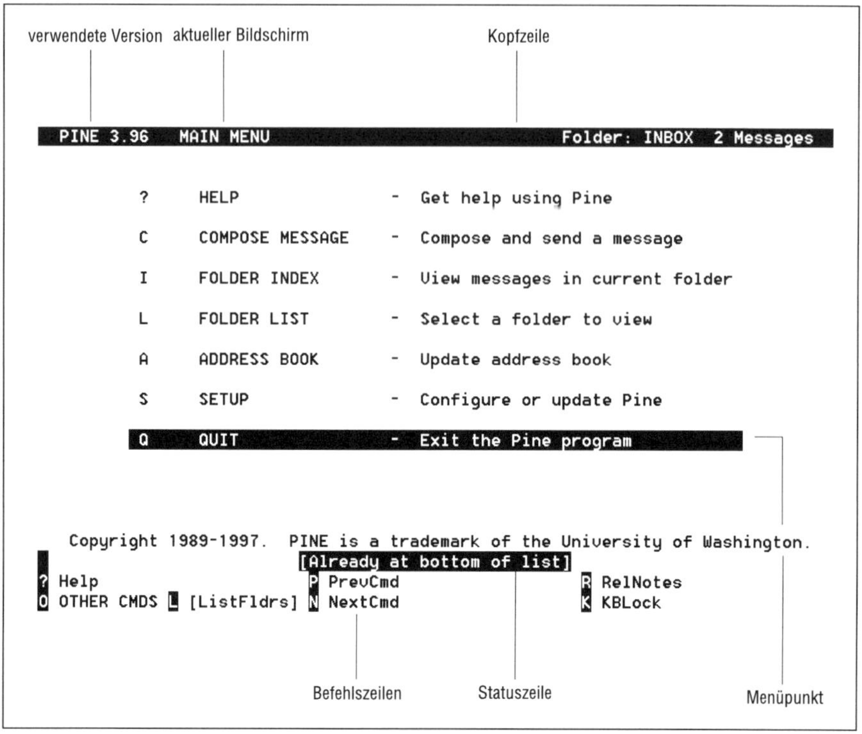

Abbildung 4-13: Aufbau eines Pine-Bildschirms

In der darüberliegenden *Statuszeile* werden Informationen angezeigt und abgefragt. Sie ist nicht immer sichtbar, sondern erscheint, wenn Fehler angezeigt werden oder Eingaben vom Benutzer gefordert sind. Es empfiehlt sich deshalb, immer ein Auge auf diese Zeile zu haben, da hier mitunter wichtige Entscheidungen abgefragt werden.

Wenn Sie einen der Menüpunkte aufrufen, ändert sich die Anzeige. Ein neuer *Bildschirm* öffnet sich. Mit »Bildschirm« (*Screen*) ist bei Pine nicht der Ihrer Computerausstattung gemeint, sondern ein neues »Fenster«, das nach der Anwahl eines Menüpunktes angezeigt wird.

Das Hilfe-System

Pine verfügt über ein leistungsfähiges Hilfe-System. Scheuen Sie sich nicht, es ab und zu aufzurufen, wenn Sie Probleme in der mitunter seltsamen Welt von Pine haben. Die Hilfe kann immer über das ? aufgerufen werden, egal wo Sie sich gerade im Programm befinden. In Situationen, in denen das Fragezeichen auch eine Texteingabe sein könnte (z.B. im Text-Editor), wird es durch die Tastenkombination ^g (für *Get Help*) ersetzt.

Die Hilfe ist kontext-sensitiv, d.h. die angezeigte Hilfe bezieht sich immer auf den aktuellen Bildschirm. Wenn Sie die Hilfe aus dem Hauptmenü heraus aufrufen, wird eine allgemeine Hilfe angezeigt.

Bei Fragen, auf die in der Hilfe keine Antwort zu finden ist, können Sie eine aktuelle FAQ-Liste abrufen, indem Sie eine leere E-Mail an *pine-faq@cac.washington.edu* schicken. Nützliche und interessante Informationen können Sie auch auf der Web-Site der Universität von Washington finden. Die URL lautet:

http://www.washington.edu/pine

Hier befindet sich natürlich ebenfalls die aktuelle FAQ-Liste, und zwar unter:

http://www.washington.edu/pine/QandA

Eine letzte Möglichkeit ist, im Menüpunkt S – SETUP das Untermenü U – UPDATE aufzurufen. Damit gelangen Sie an Informationen der Universität Washington, ohne Pine verlassen zu müssen.

In Pine Befehle geben

Auch hier unterscheidet sich Pine aufgrund der nicht vorhandenen graphischen Benutzeroberfläche grundlegend vom bisher Gewohnten. Befehle werden nicht über Icons oder Pull-down-Menüs gegeben, sondern durch Tastatureingaben. Diese ergeben meistens sogar einen Sinn. Beispielsweise steht C für *Compose* – das Erstellen einer Nachricht. Ein Befehl wird ausgeführt, wenn die entsprechende Taste gedrückt wird. In manchen Bildschirmen können unterschiedliche Tasten für denselben Befehl gebraucht werden. In solchen Fällen geben wir die verschiedenen Möglichkeiten an, getrennt durch einem Schrägstrich.

Wie bereits erwähnt, stehen alle Befehle, die in einem Bildschirm möglich sind, in den beiden unteren Zeilen. Wenn es mehr Befehle gibt, als in die Befehlszeilen passen, taucht der Befehl O – OTHER COMMANDS auf. Wird er aufgerufen, werden die bisher nicht angezeigten Befehle dargestellt. Natürlich können aber alle Befehle jederzeit ausgeführt werden, ob sie gerade angezeigt werden oder nicht. Es ist nicht nötig, erst die O-Taste zu drücken, bevor man einen anderen Befehl eingibt.

Manche Befehle sind nur vorhanden und ausführbar, wenn in den Einstellungen von Pine ein entsprechendes Feld aktiviert ist. Diese Felder nennen sich meist ENABLE-XY-CMD, was soviel heißt wie *ermögliche den Befehl XY*. Bei den Befehlen, für die das gilt, haben wir im folgenden das zugehörige Feld des SETUP-Menüs in Klammern angegeben.

Die Eingabe-Taste entspricht normalerweise einem häufig verwendeten Befehl. Welcher Befehl das auf den einzelnen Bildschirmen ist, wird durch eckige Klammern in den Befehlszeilen angezeigt. In einer Liste entspricht die Eingabe-Taste der Auswahl des aktuellen Objekts. Hätten Sie sich fast gedacht, oder?

Allgemeine Befehle

Einige Befehle können Sie in fast allen Bildschirmen von Pine geben. Das sind natürlich die wichtigsten und am häufigsten gebrauchten. Die meisten davon haben wir deshalb auch bereits erwähnt. Hier finden Sie noch einmal eine Übersicht, die Ihnen bei der Arbeit mit Pine gute Dienste leisten kann.

Taste	Befehl	Bedeutung
?	Help	Ruft das Hilfesystem auf.
O	Other Commands	Zeigt weitere im aktuellen Bildschirm mögliche Befehle an.
M	Main Menu	Ruft das Hauptmenü auf.
C	Compose Message	Ruft den Editor-Bildschirm auf, mit dem Nachrichten verfaßt werden können.
^C	Cancel	Bricht die momentane Aktion ab.
Q	Quit Pine	Beendet Pine.

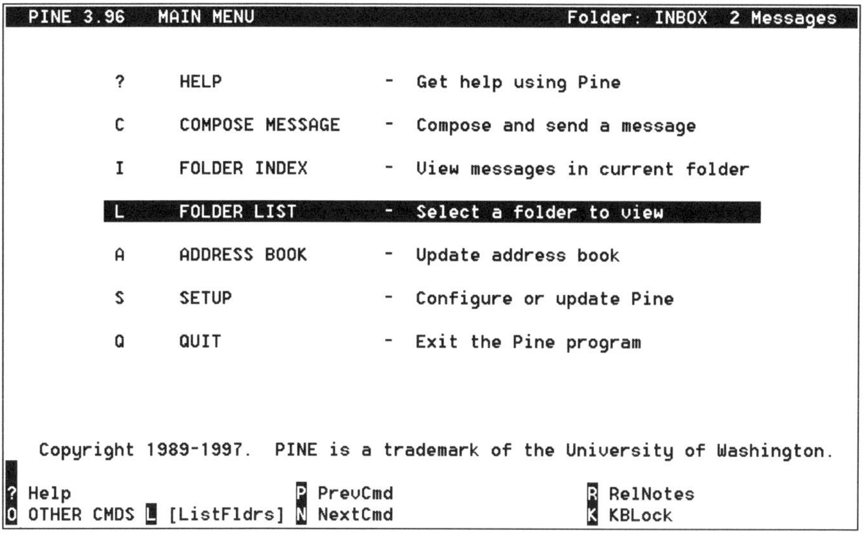

Abbildung 4-14: Das Pine-Hauptmenü

Navigationsbefehle

Eine Neuerung der Version 4.00 ist, daß in ihr die Navigation mit Pfeiltasten ermöglicht wird (sofern das Feld ENABLE-ARROW-NAVIGATION in der Konfiguration aktiviert ist). Ältere Pine-Versionen haben dagegen sehr eigene (oder eigenartige) Navigationsbefehle, die in fast allen Bildschirmen gleich sind. Zwar können Sie sich durch Bildschirme, die Listen enthalten (z. B. im Hauptmenü oder im ORDNER-Bildschirm), trotzdem mit den Pfeiltasten bewegen. Befinden Sie sich aber im Text einer Nachricht, so ist das nicht mehr möglich. Anfangs werden Sie vielleicht nach den richtigen Tasten suchen müssen. Wenn Sie sich aber ein bißchen an Pine gewöhnt haben, wird Ihnen die Navigation sehr leicht von der Hand gehen.

In der folgenden Tabelle werden die Navigationsbefehle am Beispiel des FOLDER-INDEX-Bildschirms erklärt. Was hier für Nachrichten gilt, entspricht in anderen Bildschirmen der Navigation in Ordnern, Newsgruppen etc.

Taste	Befehl	Bedeutung
P	Previous	Wählt die vorherige Nachricht aus.
N	Next	Wählt die nächste Nachricht aus.
- / ^Y	Previous Page	Zeigt die vorherige Seite an.
+ / ^V / Space	Next Page	Zeigt die nächste Seite an.
W ^V / ^W ^V	End of Text	Bewegt den Cursor zum Textende.
W ^Y / ^W ^Y	Beginning of Text	Bewegt den Cursor zum Textanfang.

Das Hauptmenü

Nach dem Start von Pine gelangen Sie zunächst ins Hauptmenü, das Sie ja bereits kennen. Die angezeigten Befehle beziehen sich auf die grundlegenden E-Mail-Funktionen. Obwohl das im Prinzip alles recht einfach aussieht, finden Sie hier eine kurze Erläuterung zu den einzelnen Menüpunkten und Befehlen.

Taste	Befehl	Bedeutung
?	Help	Ruft das Hilfesystem auf.
C	Compose Message	Ruft den EDITOR-Bildschirm auf, mit dem Nachrichten verfaßt werden können.
I	Folder Index	Zeigt den Inhalt des aktuellen Ordners an.
L	Folder List	Zeigt alle (Sammel-)Ordner an.
A	Address Book	Ruft den Adreßbuch-Editor auf.
S	Setup	Ermöglicht die Konfiguration von Pine. Außerdem können hier Signatur und Kennwort geändert und der Drucker eingestellt werden.
Q	Quit	Beendet Pine.

Nachdem Sie einen dieser Befehle ausgewählt haben, gelangen Sie in einen der folgenden Bildschirme.

Der FOLDER-LIST-Bildschirm

Der FOLDER-LIST-Bildschirm ermöglicht es Ihnen, einen der vorhandenen Ordner auszuwählen, um die darin enthaltenen Nachrichten zu bearbeiten. Außerdem können Sie natürlich auch Ordner bearbeiten, d.h. Ordner umbenennen, löschen oder neu erstellen.

Drei Ordner werden automatisch von Pine bereitgestellt: *INBOX* verwaltet die eingehenden Nachrichten, *sent-mail* speichert ausgehende, und in *saved-messages* können bereits bearbeitete Nachrichten abgelegt werden. Diese drei Ordner stehen ganz oben in der Liste. Alle von Ihnen angelegten Ordner stehen in alphabetischer Reihenfolge darunter.

Die wichtigsten Befehle dieses Bildschirms im Überblick:

Taste	Befehl	Bedeutung
A	Add a folder	Einen neuen Ordner erstellen.
D	Delete folder	Löscht den aktuellen Ordner.
R	Rename folder	Benennt den aktuellen Ordner um.
G	Go to	Geht direkt zu einem bestimmten Ordner.
I / V	Folder/View Index	Zeigt die im aktuellen Ordner enthaltenen Nachrichten an.
W	WhereIs	Durchsucht die Ordner nach einem bestimmten Text.
Y	Print	Druckt die Liste der Ordner aus.

Auch das Auswählen eines Ordners kann ganz einfach über die Pfeiltasten geschehen. Ist der gewünschte Ordner hervorgehoben, brauchen Sie nur noch die Eingabe-Taste zu drücken, um dessen Inhalt zu Gesicht zu bekommen.

Wenn Sie mehrere Sammelordner, sogenannte *Folder Collections*, definiert haben, sieht Ihr Ordner-Bildschirm wahrscheinlich ungefähr so aus wie in Abbildung 4-16.

Das Anlegen und Verwalten von Sammelordnern ist in Pine ein bißchen komplizierter als in anderen Mail-Programmen. In Pine entsprechen sie in etwa einem eigenen Verzeichnis in Ihrem Dateisystem. In diesem Verzeichnis können dann verschiedene Ordner angelegt werden. Der erste Sammelordner ist das

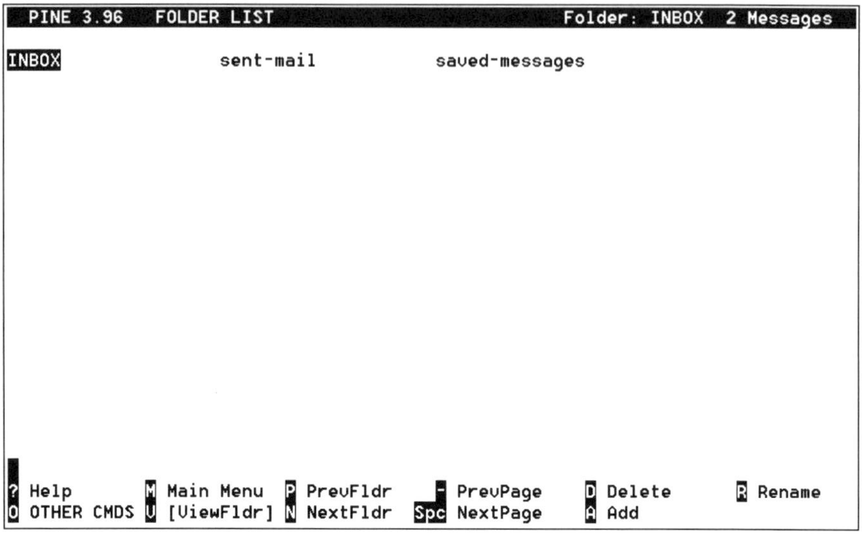

Abbildung 4-15: Der FOLDER-LIST-Bildschirm

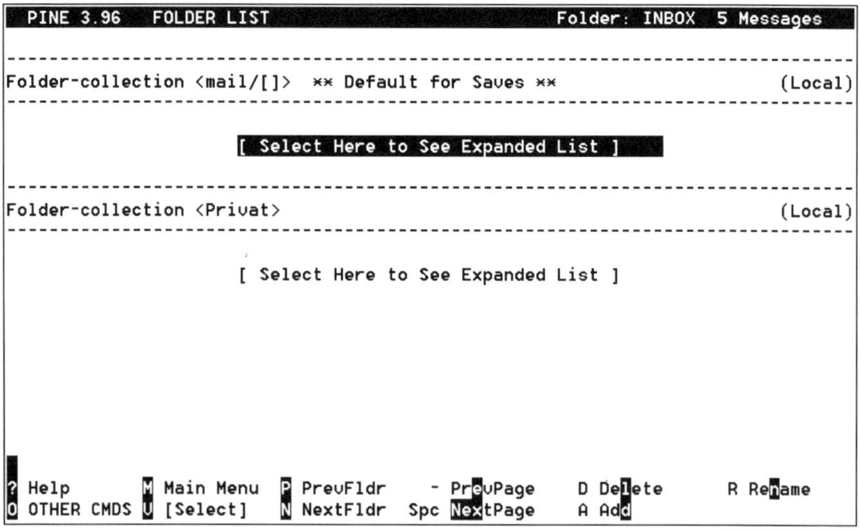

Abbildung 4-16: FOLDER-LIST-Bildschirm mit Sammelordnern

Verzeichnis /mail, in dem anfangs alle Ihre Ordner stehen. Solange es nur diesen einen Sammelordner gibt, besteht natürlich kein Grund, diesen gesondert anzuzeigen.

Das macht Pine erst, wenn Sie weitere Sammelordner anlegen. Dies müssen Sie allerdings in mühseliger Handarbeit tun, da /mail das einzige Verzeichnis ist, das Pine auf Ihrem Rechner selbständig anlegt.

Um einen neuen Sammelordner zu erstellen, legen Sie zuerst unter Unix mit mkdir ein neues Verzeichnis an. Das muß nicht unbedingt den Namen haben, den Sie für den Sammelordner vorgesehen haben. Dieses Verzeichnis müssen Sie nun in den Einstellungen von Pine angeben. Wählen Sie den Punkt FOLDER-COLLECTIONS in der Liste aus (er steht relativ weit oben), und wählen Sie A – ADD VALUE. Wenn die Eingabeaufforderung erscheint, geben Sie das Verzeichnis an, das den neuen Sammelordner darstellen soll. Hier kann auch ein Name angegeben werden, unter dem der Sammelordner in Pine erscheinen soll. Die Syntax ist die folgende:

```
Name-des-Sammelordners {Name-eines-IMAP-Hosts} Verzeichnis-Pfad []
```

Dabei sind alle drei Angaben optional (eine sollten Sie natürlich wenigstens angeben). Und weil sich das alles so furchtbar kompliziert anhört, hier noch ein paar Beispiele:

Gespeicherte-Mails {server.nowhere.de}mail/[]	Remote-Sammelordner (befindet sich auf einem anderen Mail-Server)
E-Mail-Buch buch/[]	Lokaler Sammelordner (Unix)
Private-Mail Privat\[]	Lokaler Sammelordner (PC)

Beenden Sie nach der Eingabe das Einstellungsmenü mit E – EXIT und bestätigen Sie die Änderung mit YES. Der neue Sammelordner wird erst »in Betrieb genommen«, wenn Sie das nächste Mal Pine aufrufen.

Einen Sammelordner auf einem anderen Server können Sie nur angeben, wenn dieser das Protokoll IMAP unterstützt (was das ist, können Sie in Kapitel 5 nachlesen). Ob das bei dem von Ihnen ausgewählten Server der Fall ist, erfahren Sie bei Ihrem Systemadministrator.

Der FOLDER-INDEX-Bildschirm – Nachrichten lesen

Nachdem Sie im FOLDER-LIST-Bildschirm einen Ordner angewählt haben, erscheinen dessen Nachrichten im sogenannten FOLDER-INDEX-Bildschirm. Er dient zum Lesen und Bearbeiten von eingegangenen E-Mails.

Links neben jeder Nachricht wird deren Status angezeigt. Dort können eines oder mehrere der folgenden Kürzel auftauchen:

Kürzel	Status	Bedeutung
D	Deleted	Zu löschende Nachricht
N	New	Neue Nachricht
A	Answered	Beantwortete Nachricht
X	Selected	Markierte Nachricht
+	Direct to You	Direkt an Sie adressierte Nachricht (d. h. Ihre Adresse steht nicht in der Cc:-Zeile und stammt nicht von einer Mailing-Liste)
*	Flagged	Wichtige Nachricht

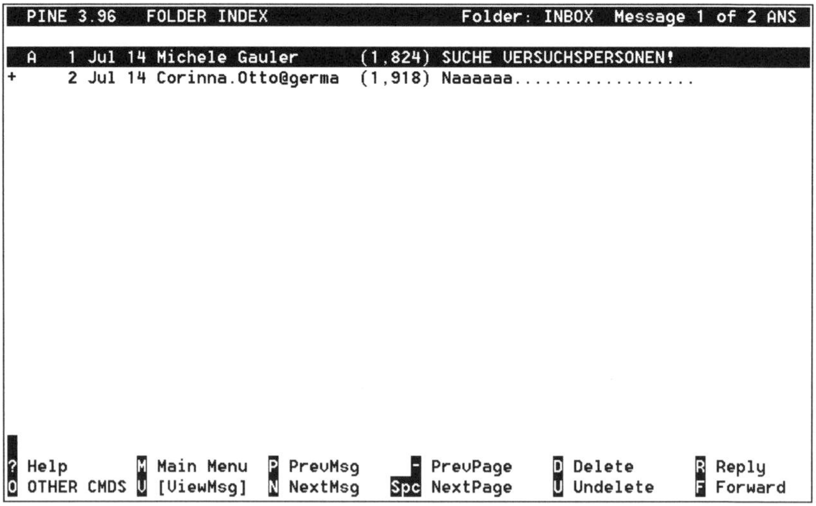

Abbildung 4-17: Der FOLDER-INDEX-Bildschirm

Sie können sich mit Pfeiltasten oder über die Navigationsbefehle in der Liste bewegen. Die jeweils hervorgehobene Nachricht ist aktuell. Auf sie beziehen sich alle Befehle, die Sie eingeben. Es besteht auch die Möglichkeit, einige Nachrichten zu markieren, um diese dann gemeinsam zu bearbeiten. Da der FOLDER-INDEX-Bildschirm neben dem COMPOSE-Bildschirm die Hauptfunktionen des Programms beinhaltet, gibt es eine Vielzahl von Befehlen.

Taste	**Befehl**	**Bedeutung**
V	View	Zeigt die aktuelle Nachricht an.
R	Reply	Beantwortet die aktuelle Nachricht. Damit landet man direkt im Nachrichten-Editor.
F	Forward	Leitet eine Nachricht an einen neuen Empfänger weiter. Eine Bearbeitung der Nachricht vor dem Senden ist möglich.
B	Bounce	Leitet eine Nachricht an einen neuen Empfänger weiter. Eine Bearbeitung der Nachricht ist *nicht* möglich (erscheint nur, wenn ENABLE-BOUNCE-CMD gesetzt ist).
S	Save	Legt die Nachricht in einen Ordner ab.
E	Export	Speichert die Nachricht als Textdatei.
D	Delete	Die aktuelle Nachricht wird gelöscht, wenn Pine beendet oder der Befehl X – EXPUNGE gegeben wird.
U	Undelete	Hebt die Markierung zum Löschen wieder auf.
;	Select	Markiert die aktuelle Nachricht. So kann eine Gruppe von Nachrichten ausgewählt werden, die anschließend gemeinsam bearbeitet werden sollen (siehe A – APPLY und Z – ZOOM).
*	Flag	Die aktuelle Nachricht wird als *wichtig* markiert (erscheint nur, wenn ENABLE-FLAG-CMD gesetzt ist).
Tab	Next New	Springt zur nächsten neuen oder als wichtig markierten Nachricht, in Newsgruppen zum nächsten nicht gelöschten Beitrag.
T	Take Address	Übernimmt eine der Adressen in der Nachricht ins Adreßbuch.
Y	Print	Druckt die Nachricht aus.

Taste	Befehl	Bedeutung
$	Sort	Sortiert die Nachrichten nach einem der in der Befehlszeile angegebenen Attribute.
H	Header Mode	Schaltet zwischen dem kompletten E-Mail-Kopf und der normalen Anzeige hin und her (erscheint nur, wenn ENABLE-FULL-HEADER-CMD gesetzt ist).
X	Expunge/Exclude	Löscht die zum Löschen (mit D) ausgewählten Nachrichten. Bei Newsgruppen, wo ein physisches Löschen nicht möglich ist, werden die Nachrichten nicht mehr angezeigt.
A	Apply	Einer der folgenden Befehle wird auf alle markierten Nachrichten angewendet: D – DELETE, U – UNDELETE, R – REPLY, F – FORWARD, Y -PRINT, T – TAKE ADDRESS, S – SAVE, E – EXPORT, * – FLAG.
Z	Zoom	Es werden nur noch die markierten Nachrichten angezeigt. Durch erneutes Drücken der Z-Taste wird der Zoom wieder aufgehoben.

Der MESSAGE-TEXT-Bildschirm

Haben Sie eine Nachricht im FOLDER-INDEX-Bildschirm ausgewählt, wird deren Text in einem neuen Bildschirm angezeigt. In der oberen rechten Ecke wird der Status der E-Mail angezeigt. Hier steht der Name des Ordners (und eventuell der des Sammelordners), die Nummer der Nachricht, die Anzahl der im aktuellen Ordner enthaltenen Mitteilungen und (als Prozentzahl) die Stelle, an der man sich innerhalb der Mitteilung befindet. Außerdem erscheint *DEL*, wenn die Nachricht zum Löschen markiert worden ist.

Es stehen die gleichen Befehle zur Verfügung wie im FOLDER-INDEX-Bildschirm. Mit den bereits besprochenen Navigationsbefehlen können Sie sich durch die Nachricht bewegen und zu anderen Nachrichten des Ordners springen.

Der COMPOSE-Bildschirm – Nachrichten verfassen

Wenn Sie von einem beliebigen Pine-Bildschirm aus C – COMPOSE wählen, öffnet sich der Pine-eigene Editor *Pico*, soweit Sie keinen alternativen Editor in den Einstellungen angegeben haben.

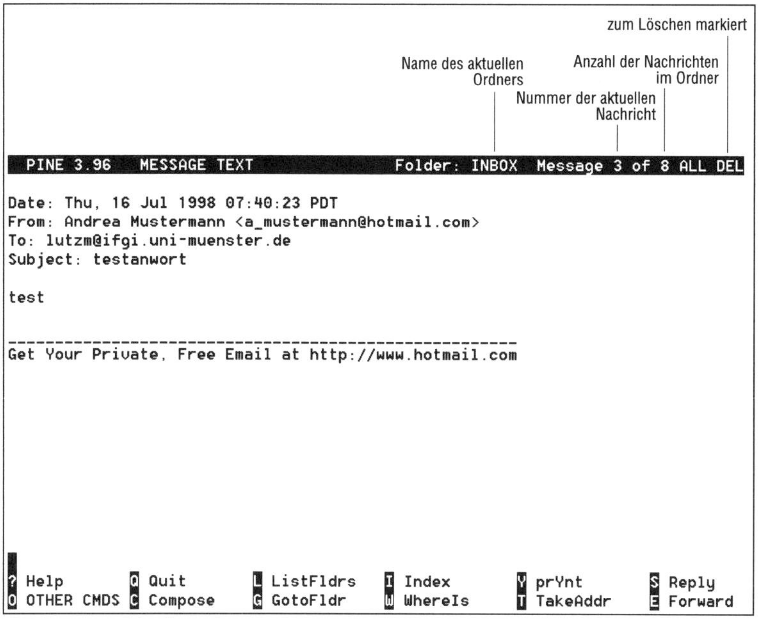

Abbildung 4-18: Der Text einer Nachricht und deren Status

Abbildung 4-19: Der Nachrichten-Editor

Der Aufbau des Editorfensters ähnelt dem der zuvor besprochenen E-Mail-Programme. Auch hier müssen zunächst die Kopfzeilen ausgefüllt werden, bevor der eigentliche E-Mail-Text eingegeben werden kann. Da Tastaturbefehle als Texteingaben interpretiert werden könnten, wird in diesem Bildschirm allen Befehlen die Strg-Taste – dargestellt durch das Zeichen ^ – vorangestellt. Die folgenden Befehle haben in den Kopfzeilen eine andere Bedeutung als im Textteil:

Taste	Befehl	Bedeutung
^J	Attach File	Fügt ein Attachment an die Datei an.
^T	Take Address	Ruft das Adreßbuch auf, aus dem eine oder mehrere Adressen ausgewählt werden können.
^R	Rich Headers	Schaltet zwischen normaler und erweiterter Anzeige der Kopfzeilen hin und her.

Die im folgenden genannten Befehle ermöglichen die Steuerung des Cursors, die Textbearbeitung und Weiterverarbeitung der Datei. Sie können auch im Editor der Signaturdatei verwendet werden.

Cursor-Befehle

Taste	Befehl	Bedeutung
^B / ←	Back Character	Bewegt den Cursor um ein Zeichen nach links.
^F / →	Forward Character	Bewegt den Cursor um ein Zeichen nach rechts.
^P / ↑	Previous Line	Bewegt den Cursor um eine Zeile nach oben.
^N / ↓	Next Line	Bewegt den Cursor um eine Zeile nach unten.
^A	Beginning of Line	Bewegt den Cursor zum Anfang einer Zeile.
^E	End of Line	Bewegt den Cursor zum Ende einer Zeile.
^Y	Previous Page	Zeigt die vorherige Seite an.
^V	Next Page	Zeigt die nächste Seite an.
^@ / Strg+ Leer	Next Word	Bewegt den Cursor zum nächsten Wort.

Textbearbeitungsbefehle

Taste	Befehl	Bedeutung
^D	Delete Character	Löscht das aktuelle Zeichen.
^H / Entf	Delete previous Character	Löscht das Zeichen links vom Cursor.
^ ^	Set a Mark	Markiert den Anfang eines Textblocks.
^K	Cut marked Text / Delete current Line	Markiert das Ende eines Textblocks und schneidet diesen aus. Wenn keine Anfangsmarke gesetzt ist, wird die aktuelle Zeile gelöscht.
^U	Paste Text / Undelete Line / Unjustify	Fügt den ausgeschnittenen Text ein oder stellt die gelöschte Zeile wieder her. Wenn zuvor die Anweisung ^J – JUSTIFY gegeben wurde, werden die veranlaßten Änderungen aufgehoben.
^J	Justify	Formatiert den aktuellen Absatz um. Der Absatz wird von den angrenzenden Absätzen durch eine Leerzeile getrennt und linksbündig formatiert.
^R	Read in File	Fügt eine existierende Textdatei in die Nachricht ein. Diese Datei muß sich auf demselben Rechner befinden wie Pine. Befindet sich die Datei auf dem eigenen PC oder Macintosh, muß sie erst auf den Server übertragen werden.
^T	Spell Check	Ruft eine externe Rechtschreibprüfung auf. Zitierter Text wird dabei nicht überprüft. Standardmäßig ist die Unix-Rechtschreibprüfung eingestellt.
^W	WhereIs	Durchsucht die Nachricht nach einem bestimmten Text.

Dateibefehle

Taste	Befehl	Bedeutung
^C	Cancel	Bricht die Bearbeitung der Nachricht ab.
^O	Postpone	Bricht die Bearbeitung vorübergehend ab, um das Lesen bzw. Verfassen anderer Nachrichten zu ermöglichen. Wird der Composer anschließend wieder aufgerufen, kann die Bearbeitung der Nachricht fortgesetzt werden, indem auf die Frage *Continue postponed composition?* mit *Yes* geantwortet wird. Es können beliebig viele Nachrichten auf später verschoben werden.
^X	Send	Verschickt die Nachricht. Der Befehl muß noch einmal mit *Yes* bestätigt werden. Dabei werden die Kopfzeilen angezeigt, so daß überprüft werden kann, ob die E-Mail richtig adressiert ist. Die Nachricht wird außerdem im FCC-Ordner (File Carbon Copy) gespeichert (mehr dazu im Abschnitt *Pine konfigurieren*).
^_	Alternative Editor	Ruft einen alternativen Texteditor auf, sofern ein solcher in der Konfiguration angegeben wurde.

Das Adreßbuch

Der ADDRESSBOOK-Bildschirm ermöglicht die Bearbeitung Ihres persönlichen Adreßbuches. Sie können es auch verwenden, um die Adresse einer Freundin oder eines Geschäftspartners herauszusuchen. Wird der Composer von diesem Bildschirm aus aufgerufen, so erscheint automatisch die aktuelle Adresse in der *To:*-Zeile.

Ein Eintrag im Pine-Adreßbuch enthält die folgenden Felder:

Nickname:	Ein Aliasname, den Sie anstelle der E-Mail-Adresse verwenden können.
Fullname:	Der vollständige Name der zugehörigen Person.
Address:	Die vollständige E-Mail-Adresse.
FCC:	Der Name des Ordners, in dem automatisch alle an diese Person gerichteten Nachrichten gespeichert werden sollen.
Comments:	Hier können beliebige Informationen stehen, z.B. die Postanschrift oder Telefonnummer der Person.

Normalerweise werden nur die ersten drei Felder auf dem Bildschirm angezeigt. Die beiden anderen Felder können mit dem Befehl V – VIEW/EDIT sichtbar gemacht werden. Das Optionsfeld ADRESSBOOK-FORMATS im Konfigurationsbildschirm ermöglicht es Ihnen, von Anfang an alle Felder auf dem Bildschirm sichtbar zu machen und die Feldbreite zu verändern.

```
  PINE 3.96   ADDRESS BOOK                             Folder: INBOX  5 Messages

--------------------------------------------------------------------------------
Personal AddressBook <.addressbook>
--------------------------------------------------------------------------------

                      [ Select Here to See Expanded List ]

--------------------------------------------------------------------------------
Personal AddressBook <michel1>
--------------------------------------------------------------------------------

iwr  Internationales WIrtschaftsforum Regenerative Energien  iwr@uni-muenster.de

--------------------------------------------------------------------------------
Personal AddressBook <michel2>
--------------------------------------------------------------------------------

                      [ Select Here to See Expanded List ]


? Help         M Main Menu   P PrevEntry   - PrevPage   D Delete      C ComposeTo
O OTHER CMDS V [View/Edit] N NextEntry Spc NextPage   A AddNew      W WhereIs
```

Abbildung 4-20: Der Adreßbuch-Bildschirm

Die folgenden Befehle stehen zur Bearbeitung von Adressen zur Verfügung:

Taste	Befehl	Bedeutung
A	Add Entry	Fügt einen neuen Eintrag ein.
D	Delete Entry	Löscht einen bestehenden Eintrag.
V	View/Edit Entry	Zeigt einen Eintrag an und ermöglicht dessen Bearbeitung.
Y	Print Address Book	Druckt das Adreßbuch aus.
X	Export Entry	Speichert den aktuellen Eintrag als Textdatei im aktuellen Arbeitsverzeichnis.
F	Forward Entry	Der aktuelle Eintrag wird als Attachment (das leider nur von Pine gelesen werden kann) weitergeleitet. Mit diesem Befehl gelangt man in den Composer-Bildschirm, wo ein Kommentar eingegeben werden kann. Der Empfänger der Nachricht kann den Eintrag mit T – TAKE ADDRESS in sein Adreßbuch übernehmen.
T	Take Address	Übernimmt Adressen aus einem Adreßbuch.
E	Exit	Beendet den Adreßbuch-Bildschirm.

Der Befehl T – TAKE ADDRESS verdient besondere Beachtung. Wird er vom Folder-Index- oder Message-Text-Bildschirm aus aufgerufen, so können Adressen aus der aktuellen E-Mail in das Adreßbuch übernommen werden. Dies geschieht im sogenannten TAKE-ADDRESS-Bildschirm. Dagegen öffnet sich beim Aufruf vom COMPOSE- (hier lautet der Befehl ^T) oder ADDRESSBOOK-Bildschirm aus der SELECT-ADRESS-Bildschirm, in dem Adressen aus einem der Adreßbücher in die *To:* -Zeile bzw. in das aktuelle Adreßbuch übernommen werden können.

In beiden Bildschirmen wird zwischen Single- und List-Mode unterschieden. Im Single-Mode kann nur eine Adresse übernommen werden, im List-Mode dagegen mehrere. Durch Anwahl mehrerer bestehender Adressen können z.B. im Adreßbuch-Bildschirm Adreßlisten erstellt werden.

Im SELECT-ADDRESSES-Bildschirm gibt es die folgenden Befehle:

Taste	**Befehl**	**Bedeutung**
S	Select	Wählt die aktuelle Adresse (im Single-Mode) bzw. die markierten Adressen (im List-Mode) aus.
E	Exit Select	Verläßt den SELECT-Bildschirm, ohne eine Adresse auszuwählen.
L	List Mode	Schaltet in den Listenmodus um.
X	Set/Unset	Wählt die aktuelle Adresse aus. Diese wird mit einem Kreuzchen [X] markiert. (Ist nur im List-Mode vorhanden.)

Im TAKE-ADDRESS-Bildschirm haben Sie die folgenden Optionen:

Taste	**Befehl**	**Bedeutung**
T	Take Address	Übernimmt die aktuelle Adresse (im Single-Mode) bzw. die markierten Adressen (im List-Mode).
E	Exit Select	Verläßt den TAKE-ADDRESS-Bildschirm, ohne eine Adresse zu übernehmen.
L	List Mode	Schaltet in den List-Mode um.
S	Single Mode	Schaltet in den Single-Mode um.
X	Set/Unset	Wählt die aktuelle Adresse aus. Diese wird mit einem Kreuzchen [X] markiert. (Nur im List-Mode vorhanden.)
A	Set all Addresses	Wählt alle Adressen aus. (Nur im List-Mode vorhanden.)
U	Unset all Addresses	Hebt die Markierung aller Adressen wieder auf. (Nur im List-Mode vorhanden.)

Pine konfigurieren

Die Konfiguration ist eine Schwachstelle von Pine. Auch wenn man sich mit etwas Mühe in sie einarbeiten kann, so ist sie doch im Vergleich zu den anderen bisher vorgestellten Programmen äußerst umständlich und unkomfortabel. Da

Ihnen aber so manche Einstellung das Leben und die Arbeit mit Pine erleichtern kann, werden wir Ihnen im folgenden die wichtigsten Punkte erläutern. Wenn Sie sich danach immer noch für die restlichen Punkte interessieren, finden Sie Informationen dazu im hervorragenden Hilfe-System.

Wählt man S – SETUP im Hauptmenü, so kann man aus folgenden Untermenüpunkten auswählen:

Kürzel	Menüpunkt	Bedeutung
S	Signature	Bearbeitung der Signaturdatei
N	New Password	Änderung des Kennworts
P	Printer	Einrichtung des Druckers
U	Update	Informationen zu Pine
C	Config	Konfiguration von Pine

```
  PINE 3.96   SETUP CONFIGURATION                         Folder: INBOX  2 Messages

personal-name               = <No Value Set: using "Michael Lutz">
user-domain                 = <Value is Fixed: using "ifgi.uni-muenster.de">
smtp-server                 = <No Value Set>
nntp-server                 = <No Value Set>
inbox-path                  = <No Value Set: using "inbox">
folder-collections          = mail/[]
news-collections            = <No Value Set>
incoming-archive-folders    = <No Value Set>
pruned-folders              = <No Value Set>
default-fcc                 = <No Value Set: using "sent-mail">
default-saved-msg-folder    = <No Value Set: using "saved-messages">
postponed-folder            = <No Value Set: using "postponed-msgs">
read-message-folder         = <No Value Set>
signature-file              = <No Value Set: using ".signature">
global-address-book         = <No Value Set>
address-book                = <No Value Set: using ".addressbook">
feature-list                =
            Set        Feature Name
            ---   ----------------------

? Help        E Exit Config   P Prev      - PrevPage   A Add Value   Y prYnt
              C [Change Val]  N Next    Spc NextPage   D Delete Val  W WhereIs
```

Abbildung 4-21: Die ersten Zeilen des Konfigurationsbildschirms

Die ersten drei Punkte sind selbsterklärend und einfach zu bedienen. Mit U – UPDATE gelangt man direkt zum Server der Universität von Washington. Hier findet sich eine Menge Wissenswertes über Pine, z.B. FAQs und Informationen zur neuesten Version.

Wirklich kompliziert ist nur der Punkt C – KONFIGURATION. Wählt man diesen an, so gelangt man in eine lange und sehr unübersichtliche Liste, in der man die Programmeinstellungen bearbeiten kann. Die Bedeutung jeder Zeile zu erklären würde den Rahmen dieses Buches sprengen. Wir werden deshalb nur die wichtigsten Punkte der Konfiguration herausgreifen.

Optionen

Option	Bedeutung
Inbox-Path	Hier kann ein anderer Name, Pfad oder Ort für Ihren Eingangsordner angegeben werden. Dieser kann sich auch auf einem anderen IMAP-Server befinden (*Remote Inbox*). Ein Eintrag könnte z.B. so aussehen: `{domaene.de}INBOX`
Pruned-folders	Name des Ordners, den Pine vorschlägt, um verschickte Nachrichten am Ende jedes Monats zu archivieren. An den Namen des Ordners wird der jeweilige Vormonat angehängt. Standardeinstellung: *sent-mail*.
Folder-Collections	Hier können Sammelordner definiert werden (siehe FOLDER-LIST-Bildschirm).
Default-FCC	Name des Ordners, in dem ausgehende Nachrichten gespeichert werden sollen (*FCC* steht für *File Carbon Copy*). Standardeinstellung: *sent-mail*.
Default-Saved-Msg-Folder	Name des Ordners, in dem Nachrichten standardmäßig gesichert werden. Standardeinstellung: *saved-messages*.
Read-Message-Folder	Name des Ordners, in dem automatisch alle gelesenen Nachrichten gespeichert werden. Der Eingangsordner enthält so nur wirklich neue Nachrichten, was zur Übersichtlichkeit beitragen kann.
Signature-File	Name der Signaturdatei. Standardeinstellung: `.signature`
Address-Book	Name des persönlichen Adreßbuches. Es können auch zusätzliche Adreßbücher angegeben werden.

Option	Bedeutung
Addressbook-Formats	Format der Adreßbuchanzeige. Hier können die Felder angegeben werden, die angezeigt werden sollen. In Klammern kann die absolute oder prozentuale Breite jedes Feldes angegeben werden. Ein Eintrag könnte z. B. so ausehen: `NICKNAME(20%) FULLNAME(30%) ADDRESS(30%) FCC(20%)`
Sort-Key	Schlüssel, nach dem die Nachrichten innerhalb eines Ordners sortiert werden.
Mail-Check-Interval	Zeitinterval (in Sekunden), nach dem Pine den Eingang von neuer Post überprüft. Das Zeitintervall sollte nicht weniger als 10 Minuten betragen.

Features

Feature	Bedeutung
Enable-full-header-cmd	Ermöglicht das Hin- und Herschalten zwischen normalem und vollständigem Nachrichtenkopf.
Enable-bounce-cmd	Ermöglicht den Befehl B – BOUNCE
Enable-flag-cmd	Ermöglicht den Befehl * – FLAG
Use-function-keys	Befehle werden über die Funktionstasten anstelle von Buchstabenkürzeln gegeben.
Save-will-not-delete	Der Befehl S – SAVE hat nicht automatisch zur Folge, daß die Nachricht im vorherigen Ordner gelöscht wird, nachdem sie in den neuen kopiert wurde.

Fazit

Pine ist einfach zu handhaben und eignet sich deshalb vor allem für Einsteiger. Eingefleischte Computernutzer, die sich an die Vorzüge einer graphischen Benutzeroberfläche gewöhnt haben, dürfte der Umstieg auf ein E-Mail-Programm, das über Tastatureingaben gesteuert wird, allerdings schwerfallen. Außerdem läßt Pine einige wichtige Funktionen vermissen, die in den anderen vorgestellten Programmen vorhanden sind. So vefügt Pine weder über ein Filterwerkzeug noch über die Möglichkeit HTML-Nachrichten darzustellen. Für alle, die E-Mail beruflich nutzen und mit großen Mail-Mengen zu tun haben, ist Pine deshalb wenig geeignet.

Der große Vorteil von Pine ist die E-Mail-Verwaltung direkt auf dem Server, die es für alle interessant macht, die von unterschiedlichen Rechnern aus auf ihre Mail zugreifen.

4.5 E-Mail-Programme im Überblick

Abschließend stellen wir die Eigenschaften der besprochenen Programme in Form einer Tabelle einander gegenüber.

	Eudora Light	Netscape Messenger	MS Outlook Express	Pine
Preis	kostenlos	kostenlos	kostenlos	kostenlos
Benötigter Speicherplatz	3 MByte	Netscape-Paket: 20 MByte	Internet-Explorer-Paket: 16-25 MByte	Meist serverseitig installiert
Mehrere Benutzer		✓	✓	✓
Filterwerkzeug	+	+	✓	
Hilfesystem	✓	–	+	+
Mehrere Signaturen	✓			
HTML-Nachrichten darstellen	✓	✓	✓	
HTML-Nachrichten erstellen		✓	✓	
E-Mail-Adressen suchen	✓	✓	✓	

	Eudora Light	Netscape Messenger	MS Outlook Express	Pine
Grafikdateien direkt anzeigen		✓	✓	
WWW-Links direkt anzeigen		✓	✓	

✓ = vorhanden   + = überdurchschnittlich   – = unterdurchschnittlich

Das Räderwerk der E-Mail

5

In diesem Kapitel werfen wir einen Blick darauf, wie die Kommunikation per E-Mail ermöglicht wird. Eine E-Mail gliedert sich in zwei Teile: in den Mitteilungskopf mit der Absender- und Empfängeradresse und den Körper der Mitteilung. Im folgenden Abschnitt erfahren Sie, wie sich E-Mail-Adressen zusammensetzen. Neben der Adresse finden Sie im Mitteilungskopf zahlreiche andere Informationen – die wichtigsten davon erläutern wir im darauffolgenden Abschnitt. Wie auch andere Daten als einfacher Text per E-Mail verschickt werden können, erfahren Sie anschließend im Abschnitt zu MIME.

Nach dem Verschicken einer E-Mail ist die Arbeit für Sie erledigt – es sei denn, bei der Zustellung geht etwas schief. Wir verfolgen daher den Weg einer E-Mail vom Sender zum Empfänger und geben Ihnen einige Tips, wie man nicht zustellbare E-Mails doch noch an ihr Ziel befördern kann.

Natürlich möchten Sie nicht nur massenweise E-Mails in alle Welt verschicken, sondern auch ab und an selbst Mitteilungen im Briefkasten finden. Wir beschreiben verschiedene Ansätze, wie Sie empfangene Mails Ihren Bedürfnissen entsprechend verwalten können, und stellen Ihnen ein Protokoll zur bequemen E-Mail-Nutzung von unterwegs vor.

5.1 Die E-Mail-Adresse – Ihr Name im Internet

In Ihrer E-Mail-Adresse finden sich sämtliche Informationen, die zur Zustellung einer Mail benötigt werden. Eine Adresse setzt sich aus zwei Bestandteilen zusammen. Der erste Teil der Adresse ist der Benutzername, der zweite wird als Domänenname bezeichnet. Beide Teile sind durch ein @-Zeichen getrennt. Das Zeichen steht für engl. *at*, deutsch *bei*, und manche Leute nennen es auch

Klammeraffe. Auf einer deutschen Tastatur erzeugen Sie dieses Zeichen mit den Tasten AltGr+q.

Benutzername

Der Benutzername Ihrer Adresse, der sich links des @-Zeichens befindet (z.B. ***aschwert****@mail.angel.de*) wird in der Regel von der Person festgelegt, die Ihren E-Mail-Account einrichtet und betreut. Auch Ihre Mailbox auf dem elektronischen Postamt, das Ihren E-Mail-Verkehr abwickelt, trägt den Ihnen zugewiesenen Benutzernamen. Einige Internet-Provider erlauben Ihnen, den Benutzernamen frei zu wählen, doch meist folgt die Vergabe dieser Namen einem vom Provider festgelegten Schema. Heute wird gern eine Kombination aus Vornamen, Nachnamen oder Initialen gewählt, die mit einem Punkt oder Unterstrich getrennt werden. Mein Benutzername könnte so aussehen:

Alexander.Schwertner
Alexander_Schwertner
aschwertner
schwertner
alexanders

Oft trägt man als Benutzernamen auch nur einen kurzen Spitznamen wie *aschwert* oder *michel*. Das ist alles sehr komfortabel, denn noch vor ein paar Jahren mußte man mit kryptischen Zahlenfolgen vorliebnehmen, die man kaum im Gedächtnis behalten konnte.

Hinter dem Benutzernamen kann sich nicht nur die Adresse einer Einzelperson verbergen, sondern auch die einer ganzen Empfängergruppe. Die Adressen von Mailing-Listen erkennt man z.B. an einem Bindestrich im Benutzernamen: ein Diskussionsforum zu »Akte X« könnte den Namen *X_FILES-discuss* tragen (mehr zu Mailing-Listen erfahren Sie in Kapitel 9).

Die Person, die für die Betreuung eines Mail-Servers verantwortlich ist und an die Sie sich bei Problemen mit Ihrer Mail-Zustellung wenden können, trägt in den meisten Fällen den Benutzernamen *postmaster*. Das Programm, das den E-Mail-Verkehr auf dem Mail-Server abwickelt, hat den eigenen Benutzernamen *mailer-daemon*.

E-Mail-Adressen dürfen weder Leerzeichen noch Sonderzeichen wie ä, ö, ü oder ß enthalten, da diese bei der Zustellung von E-Mail nicht verarbeitet werden. Sie können Ihrer E-Mail-Adresse einen Kommentar anfügen (z.B. Ihren echten Namen), oft geschieht dies automatisch. Enthält die E-Mail-Adresse einen Kommentar, ist entweder die eigentliche Adresse in spitze Klammern gesetzt, oder der Kommentar steht in Anführungszeichen oder runden Klammern.

Alexander Schwertner <aschwert@mail.angel.de>

Eigentlich ist das überflüssig, denn Mail-Programme erkennen die E-Mail-Adresse auch ohne weitere Hilfsmittel am @-Zeichen in einer Zeichenkette. Hat eine Mail mehrere Empfänger, so werden die einzelnen Adressen mit Kommata getrennt – weshalb in der Adresse selbst oder im Kommentar kein Komma auftauchen darf. Auch die Zeichen !, /, :, ; und = sollten im Kommentar vermieden und ansonsten in Anführungsstriche gesetzt werden.

Domänenname

Rechts des @-Zeichens steht in einer E-Mail-Adresse der Domänenname mit den durch Punkte getrennten Subdomänen. Die Domäne ersten Grades (*Top-Level-Domain*) ganz rechts in der Adresse (*aschwert@mail.angel.**de***) verrät etwas über den Ort oder die Art der Domäne. Der Ländercode *de* steht für Deutschland, *uk* steht für Großbritannien, *fr* für Frankreich und so weiter. Statt des Ländercodes mit zwei Buchstaben kann als Domäne ersten Grades auch ein Zonencode mit drei Buchstaben angegeben sein. Die Einteilung in Zonen gilt jedoch schwerpunktmäßig für Domänen in den USA. Kommerzielle Organisationen wie AOL oder Unternehmen findet man in der Zone *com* (für *commercial*), Bildungseinrichtungen unter *edu* (für *educational*) oder Netzwerkeinrichtungen unter *net* (für *network*).

Links neben dem Ländercode oder der Zone folgt, durch einen Punkt getrennt, der Domänenname Ihres Internet-Providers, Ihres Unternehmens oder Ihrer Universität (*aschwert@mail.**angel**.de*). Als zusätzlicher Teil des Domänennamens kann der Name des Mail-Servers angegeben sein, auf dem Ihr E-Mail-Account verwaltet wird (*aschwert@**mail**.angel.de*).

E-Mail-Adressen können zwar keine Gewißheit über die Identität eines Absenders geben, aber man kann ihnen immerhin ein paar Hinweise entnehmen. Eine Person mit der Adresse *kstorch@anglistik.uni-giessen.de* heißt wahrscheinlich Storch mit Nachnamen und arbeitet an der Universität Gießen im Fachbereich Anglistik. *A_mustermann@greenpeace.org* könnte die Adresse von Alexandra oder Andrea Mustermann sein, die wahrscheinlich bei der Organisation (*.org*) Greenpeace arbeitet.

5.2 Kopfinformationen

Die E-Mail-Adressen der Empfänger und des Absenders einer E-Mail sind wohl die wichtigsten Informationen, die in den Kopfzeilen einer jeden E-Mail enthalten sind. Darüber hinaus finden sich jedoch zahlreiche weitere Informationen, die man nicht immer zu Gesicht bekommt.

Kopfzeilen sind Datenfelder, die bestimmte, standardisierte Informationen über die Mitteilung, ihren Absender und den Weg der Zustellung enthalten (das Format wird im RFC-Dokument 822 beschrieben). Ihr E-Mail-Client zeigt in der Voreinstellung nur einige wenige Kopfzeilen an; um alle Kopfzeilen einzusehen, müssen Sie zunächst die entsprechende Option aktivieren. In Eudora geschieht das über die Schaltfläche BLAH, BLAH, BLAH, die Sie sehen, wenn Sie eine Mitteilung zum Lesen in einem eigenen Fenster geöffnet haben. Beim Netscape Messenger wählen Sie den Menübefehl ANSICHT – KOPFZEILEN – ALLE. In Outlook Express können Sie die Kopfzeilen einsehen, indem Sie mit der rechten Maustaste auf eine Mitteilung klicken, aus dem Kontextmenü EIGENSCHAFTEN wählen und im dann erscheinenden Dialogfeld die Registerkarte DETAILS anwählen.

Die folgende Tabelle gibt einen Überblick über die Bedeutung einiger wichtiger Kopfzeilen. Nicht jede Mitteilung enthält alle diese Zeilen, da viele zum Verschicken einer E-Mail nicht unbedingt notwendig sind.

Kopfzeile	**Bedeutung**
From:	Der Absender der E-Mail
To:	Der Empfänger der E-Mail
Subject:	Das Thema einer Mitteilung
Date:	Datum und Uhrzeit, als die Mitteilung verschickt wurde. Außerdem wird die Zeitzone angegeben, aus der die Mail stammt.
Organisation:	Name des Unternehmens oder der Organisation, der der Absender angehört.
Reply-To:	Hier ist die Adresse angegeben, an die eine Antwort auf die Mitteilung geschickt werden soll. Dieses Feld wird vom Absender der Mitteilung festgelegt. Wenn Sie auf die Schaltfläche REPLY oder ANTWORTEN klicken, wird automatisch diese Adresse verwendet.

Tabelle 5-1: Kopfzeilen und ihre Bedeutung

Kopfzeile	**Bedeutung**
Return-path:	Dieses Feld wird von dem Host eingefügt, der die Mail an Sie zustellt. Zweck dieses Feldes ist es, einen gesicherten Weg zurück zum Empfänger anzugeben. In den meisten Fällen ist der Eintrag in dieser Zeile identisch mit der Zeile *From:*.
Received:	Gibt an, auf welchem Weg die Mail zu Ihnen gefunden hat. Diese Zeile hat das Format *Received from* [Name des Sender-Hosts] *by* [Name des Empfänger-Hosts] *with* [Name des verwendeten Protokolls] *id* [vom Empfänger-Host vergebene Mitteilungs-ID] *for* [E-Mail-Adresse des Empfängers] *date* [Zeitpunkt des Empfangs]. Jeder Host, der die Mail weiterleitet, fügt der Mitteilung eine eigene *Received*-Zeile hinzu.
CC:	Dieses Feld enthält die Adressen weiterer Empfänger dieser Mitteilung.
Message-ID:	Diese Zeile gibt die eindeutige ID dieser Version der Mitteilung an, anhand derer sich Mitteilungen eindeutig identifizieren lassen. Message-IDs werden vom Host des Absenders vergeben.
References:	In dieser Zeile ist die Message-ID einer früheren Mitteilung angegeben, auf die mit der aktuellen Mitteilung geantwortet wird. Mit dieser Information lassen sich Briefwechsel dauerhaft verfolgen.
MIME-Version:	Hier wird die vom Absender verwendete MIME-Version angegeben; anhand dieses Feldes wird erkannt, ob die Mitteilung nach dem MIME-Standard oder ohne diesen Standard verfaßt wurde (mehr zu MIME im folgenden Abschnitt).
Content-Type:	Nach dem MIME-Standard sind verschiedene Inhalte einer Mail wie Text, Grafiken oder Dateien in bestimmte Kategorien unterteilt worden. Der Eintrag in diesem Feld gibt an, welche Art von Inhalt die Mitteilung enthält.
Content-Transfer-Encoding:	Hier ist angegeben, welche Kodierungsmethode verwendet wurde, um den Inhalt der Mail, der über Standard-ASCII-Text hinausgeht, zu übertragen (siehe MIME).
X-	Sämtliche Felder, die mit X- beginnen, sind benutzerdefiniert und daher optional.

Tabelle 5-1: Kopfzeilen und ihre Bedeutung (Fortsetzung)

Kopfzeile	Bedeutung
X-Mailer	Gibt den Namen des Mail-Clients an, mit dem die E-Mail erstellt wurde.
X-Priority	Weist der Mail eine Priorität zu; je nach Einstellung Ihres E-Mail-Clients wird eine so gekennzeichnete Mail gesondert hervorgehoben.
X-Confirm-Reading-To:	Ist dieser Eintrag vorhanden, so wird Ihr E-Mail-Programm nach dem Öffnen der Mail eine Empfangsbestätigung an den Absender schicken, falls diese Funktion im Programm vorgesehen ist.

Tabelle 5-1: Kopfzeilen und ihre Bedeutung (Fortsetzung)

Einige der obengenannten Kopfzeilen tauchen zuweilen auch mit dem Präfix *Resent-* auf. Dies deutet darauf hin, daß die Mail weitergeleitet wurde. Beim Weiterleiten der Mitteilung wird den Kopfzeileninformationen des Weiterleitenden ein *Resent-* vorangestellt.

5.3 MIME

Wenn Sie schon eine Weile mit E-Mails arbeiten, haben Sie sicher festgestellt, daß E-Mails ein vielseitiges Transportmedium darstellen. Nach wie vor bestehen die meisten E-Mails aus einfachem ASCII-Text – schließlich dient E-Mail ja vor allem dem schriftlichen Gedankenaustausch. Bei der Arbeit am Computer spielen neben Text jedoch zahlreiche andere Elemente eine wichtige Rolle: Dateien Ihrer Textverarbeitung, Grafiken, Tabellen, Audio- und Video-Clips, Archivdateien und viele mehr. Diese lassen sich als Teile einer E-Mail im MIME-Format verschicken.

MIME steht für Multipurpose Internet Mail Extensions und wird in den RFC-Dokumenten 2045 bis 2049 beschrieben. Mit Hilfe des MIME-Standards ist es möglich,

- im Mitteilungsteil einer E-Mail andere Zeichensätze als den US-ASCII-Zeichensatz zu verwenden. Damit können auch deutsche Umlaute und Sonderzeichen in Mails korrekt dargestellt werden,
- eine Vielzahl verschiedener Formate für die Übertragung nicht-textlicher Inhalte per E-Mail zu verwenden,

- in einer E-Mail verschiedene Inhalte zu verschicken, d.h. eine einzige E-Mail kann gleichzeitig einen Textteil, eine Grafik und eine Audio-Datei enthalten.

Der ursprüngliche E-Mail-Standard war darauf ausgelegt, ausschließlich Text im ASCII-Zeichensatz mit einer Kodierungsbreite von 7 Bit zu übertragen. Sämtliche Zeichensätze mit besonderen Schriftzeichen europäischer oder asiatischer Sprachen, die über den normalen 7-Bit-Zeichensatz hinausgehen, können damit nicht dargestellt werden, da sie eine 8-Bit-Kodierung erfordern. Außerdem sind die meisten Dateien in 8-Bit-Breite kodiert und scheiden damit zunächst von einer Übertragung per E-Mail aus.

Mittels MIME können sowohl 8-Bit-Zeichensätze als auch sämtliche Dateien (Text, Grafik, Audio, Video, Anwendungen etc.) in ein E-Mail-fähiges 7-Bit-Format übertragen und anschließend verschickt werden. Beim Empfänger werden sie wieder in den ursprünglichen Zustand übertragen und können korrekt dargestellt werden.

Um die jeweils passende Behandlung der kodierten Daten zu gewährleisten, wurden verschiedene Kategorien, sogenannte *Content-Types*, festgelegt. Der Content-Type ist in den Kopfzeilen einer E-Mail enthalten. An ihm kann der Mail-Client erkennen, um welche Art von Inhalt es sich bei den empfangenen Daten handelt und wie er mit ihnen verfahren soll. Außerdem ist eine Reihe von Kodierungsmethoden festgelegt. Im Feld CONTENT-TRANSFER-ENCODING sehen Sie, welche Kodierungsmethode jeweils verwendet wurde.

Falls Sie mit einem MIME-fähigen E-Mail-Client arbeiten (z.B. Netscape Messenger oder Outlook Express), werden die verschiedenen MIME-Bestandteile einer Mail automatisch richtig umgesetzt: Bilder können angezeigt oder Audio-Clips abgespielt werden. Via MIME können Sie zudem Mitteilungen im HTML-Format versenden – dem Format, in dem Web-Seiten im World Wide Web geschrieben sind (mehr dazu in Kapitel 2).

5.4 In 80 Sekunden um die Welt – E-Mail-Zustellung

Das Spannende an der Kommunikation per E-Mail ist der kurze Zeitraum, in dem eine Mitteilung vom Absender zum Empfänger transportiert wird. Die Vorgänge, die den Transport von E-Mail ermöglichen, spielen dabei für Sie meist kaum eine Rolle – solange beim Verschicken Ihrer Mails alles gutgeht. Da jedoch des öfteren Probleme bei der Mail-Zustellung auftauchen, verfolgen wir einmal den Weg, den eine E-Mail von Ihnen zum Empfänger nimmt, so daß Sie die Fehlermeldungen nachvollziehen können.

Sie haben mit Ihrem E-Mail-Client eine neue Mitteilung verfaßt und eine E-Mail-Adresse angegeben, an die die Mitteilung geschickt werden soll. Ein Klick auf die Schaltfläche SENDEN, und Ihr Computer beginnt zu arbeiten. Um die Mail zu verschicken, muß er zunächst Kontakt mit Ihrem elektronischen Postamt herstellen. Dazu werden drei Protokolle benötigt: SMTP, TCP und IP.

Unter einem Protokoll versteht man in der Computerwelt eine formale Beschreibung der Formate von Mitteilungen und der Regeln, die zwei oder mehrere Computer befolgen müssen, um diese Mitteilungen austauschen zu können. Jedesmal, wenn wir mit einem anderen Computer in Kontakt treten möchten, benötigen wir Protokolle – sie sind gewissermaßen die Sprache, mit der sich Computer unterhalten können. Im Internet werden aufeinander aufbauend mehrere Protokolle verwendet, jedes mit seiner eigenen Funktion. Die meisten Protokolle sind frei zugänglich und werden durch RFCs definiert.

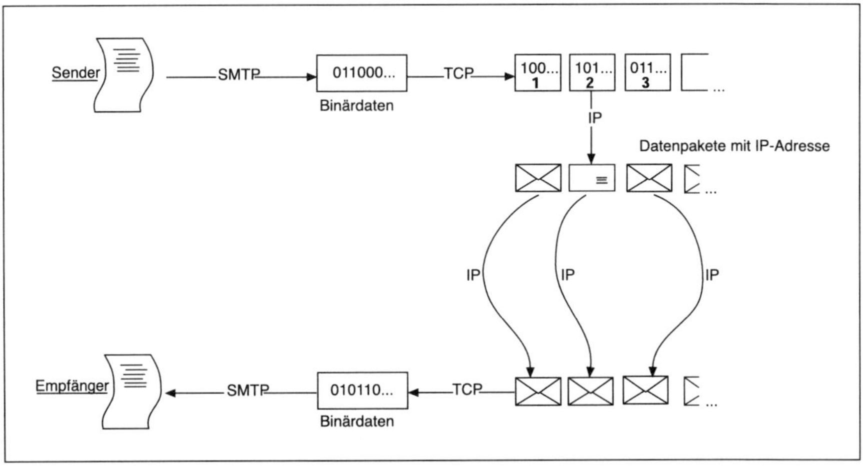

Abbildung 5-1: Der Weg einer E-Mail vom Sender zum Empfänger

Die Grundlage jeglicher Datenübertragung im Internet bilden die Internet-Protokolle TCP/IP. Obwohl die beiden Protokolle meist in einem Atemzug genannt werden, handelt es sich dennoch um zwei Protokolle mit unterschiedlichen

Aufgaben. Für die eigentliche Übertragung von Daten zwischen verschiedenen Hosts im Internet ist das IP-Protokoll zuständig (definiert in RFC 791). Dieses Protokoll kann allerdings nur kleine Datenpakete verarbeiten. Um auch größere Datenmengen im Internet verschicken zu können, werden die Daten deshalb durch TCP, das *Transport Control Protocol* (definiert in RFC 793), in zahlreiche kleine IP-taugliche Pakete zerteilt. IP steckt diese Pakete anschließend in einen Umschlag, versieht sie mit der vollständigen Adresse des Empfängers und schickt sie einzeln, mitunter auf verschiedenen Wegen, auf die Reise zum Empfänger. Die IP-Adresse besteht aus vier Segmenten, die durch Punkte getrennt sind und jeweils Werte zwischen 0 und 255 annehmen können (z.B. *234.20.3.127*). Jede IP-Adresse ist im ganzen Internet nur ein einziges Mal vorhanden und daher eindeutig.

Das IP-Protokoll kümmert sich allerdings nicht darum, ob unterwegs Pakete verlorengehen. Da das häufiger der Fall ist, organisiert und überwacht TCP den Transport der Datenpakete und prüft, ob alle Pakete beim Empfänger angekommen sind. Dazu werden die Pakete durchnumeriert, um sie beim Empfänger wieder in der richtigen Reihenfolge zusammensetzen zu können. Gegebenenfalls veranlaßt TCP, daß verlorene Daten nochmals geschickt werden – so lange, bis wirklich alles vollständig übertragen ist.

Nachdem nun für die Grundstruktur des Datenaustauschs gesorgt ist, übernimmt eine Reihe weiterer Protokolle die eigentlichen Aufgaben wie FTP (Dateiübertragung), Telnet oder HTTP (Übertragung von Web-Seiten). Beim Verschicken von Mail hat SMTP diese Funktion (siehe Abbildung 5-1). SMTP ist eine Abkürzung für *Simple Mail Transport Procotol* und wird im RFC 821 definiert. Es kommt beim Verschicken Ihrer ausgehenden E-Mail-Nachrichten zum Einsatz.

Nachdem Ihr Mail-Client Ihre Mitteilung an SMTP übergeben hat, fragt SMTP mittels TCP/IP zunächst bei Ihrem Mail-Server an, ob dieser überhaupt Mail an die gewünschte Adresse verschicken kann. Dazu wird überprüft, ob für die in der Adresse angegebene Domäne eine IP-Adresse existiert. Ist dies der Fall, kann der Mail-Server die Mail mit der numerischen IP-Adresse adressieren. Er versucht, eine Verbindung mit dem Mail-Server des Empfängers herzustellen und schickt die Mail wiederum mit SMTP und TCP/IP auf den Weg. Nachdem die Mail vollständig übertragen wurde, wird die Verbindung zwischen beiden Servern beendet, und die Mail verbleibt so lange in der Mailbox des Empfängers, bis dieser sie abruft.

5.5 Dämonische Nachrichten

E-Mail macht nur Spaß, wenn die abgeschickten Mitteilungen auch tatsächlich beim gewünschten Empfänger ankommen. Das ist leider nicht immer der Fall, und anstatt einer freundlichen Antwort des Kollegen landet dann manchmal eine maschinenerzeugte Mitteilung mit einer Kopie Ihrer Mail in Ihrem Briefkasten. Als Absender dieser Mitteilung erscheint meist der *mailer-daemon* – ein Programm, das sich um die Abwicklung Ihres E-Mail-Verkehrs kümmert. Es gibt eine Reihe typischer Fehlermeldungen, denen sie relativ leicht entnehmen können, was bei der Übertragung schiefgelaufen ist.

Eine der am häufigsten auftretenden Fehlermeldungen lautet in etwa so:

```
This Message was undeliverable due to the following reason:
<kschulz@sympatico.ca>... User unknown
```

In diesem Fall ist die Mitteilung bis zum Mail-Server *sympatico.com* des beabsichtigten Empfängers vorgedrungen. An diesem Server gibt es aber keinen Benutzer mit dem Namen *kschulz*, der einen E-Mail-Account hat. Deshalb wurde die Mail an Sie zurückgeschickt.

Eine andere vielfach auftretende Fehlermeldung lautet fast identisch:

```
This Message was undeliverable due to the following reason:
<kscholz@sympatic.ca>... Host unknown
```

Hier ist die Mitteilung schon eine Stufe früher steckengeblieben. Nachdem die Mail per SMTP zu Ihrem Mail-Server übertragen wurde, überprüft dieser, ob die darin angegebene IP-Adresse existiert. Ist dies nicht der Fall, schickt Ihr Mail-Server die Mitteilung postwendend mit dem Vermerk `Host unknown` an Sie zurück.

Die häufigste Ursache dieser Fehlermeldungen sind schlichte Tippfehler in der Adresse. Überprüfen Sie, ob Sie die Adresse vollständig eingegeben haben und ob der Domänenname einen Sinn ergibt. Der letzte Teil der Adresse hinter dem letzten Punkt sollte entweder ein zweistelliger Ländercode (z.B. *.de*) oder ein dreistelliger Zonencode (z.B. *.com*) sein. Achten Sie darauf, daß Sie keine ungewöhnlichen Satzzeichen, Leerzeichen oder Umlaute in der Adresse verwendet haben.

Oft haben E-Mail-Accounts unterschiedliche Adressen zum Versenden und Empfangen von Mails. So kann als Absenderadresse *kscholz@sympatico.ca* angegeben sein, doch für Rückantworten gilt die Adresse *kscholz@athena.sympatico.ca*. Falls Sie zur Beantwortung von Mails die Schaltfläche ANTWORTEN oder REPLY Ihres Mail-Clients verwenden, wird automatisch die richtige Adresse eingesetzt (siehe den Abschnitt zu Kopfzeilen in diesem Kapitel). Wenn Sie die Adresse an den Empfänger selbst eingetragen und daraufhin eine Fehlermeldung erhalten haben, sollten Sie es nochmals über die Schaltfläche ANTWORTEN oder REPLY versuchen. Führt das zu keinem Ergebnis, schauen Sie nach, ob eine der Mails des Empfängers am Fuß des Textes eine Signatur mit einer E-Mail-Adresse enthält – wenn ja, verwenden Sie diese.

Gelingt es noch immer nicht, Ihre Mitteilung erfolgreich abzusetzen, oder haben Sie noch keine Mitteilung des Empfängers erhalten, auf die Sie antworten könnten, so haben Sie wahrscheinlich die falsche E-Mail-Adresse. Versuchen Sie, mit der Person auf anderem Wege in Kontakt zu treten, um die Adresse zu überprüfen. Eventuell finden Sie den Empfänger über eine der Suchmaschinen für E-Mail-Adressen (siehe Kapitel 2, Abschnitt *E-Mail-Adressen* suchen).

Falls Sie die Fehlermeldung `User unknown` erhalten haben und alle sonstigen Versuche fehlgeschlagen sind, bleibt als letzte Hoffnung eine Anfrage an den Postmaster des Empfänger-Hosts. Jeder Mail-Host sollte unter der Adresse *postmaster* einen Ansprechpartner für Mail-Probleme haben (z. B. *postmaster@sympatico.ca*). Hinter dieser Adresse verbergen sich meist freundliche, aber vielbeschäftigte Netzwerkadministratoren. Auf eine höfliche Anfrage hin (am besten auf Englisch, wenn die Domäne nicht sicher in Deutschland ist) kann Ihnen der Postmaster unter Umständen den korrekten Benutzernamen des gewünschten Empfängers liefern. Sie sollten sich jedoch nur dann an den Postmaster wenden, wenn wirklich keine andere Lösung des Problems in Frage kommt und die zu verschickende Mitteilung tatsächlich wichtig ist.

In anderen Fällen liegt die Fehlerursache nicht an einer falschen Adresse, sondern an Problemen im Netz. Der Mail-Server des Empfängers kann vorübergehend abgeschaltet oder überlastet sein und deshalb keine Mails in Empfang nehmen. Die folgende Fehlermeldung ist charakteristisch für diese Situation:

```
This message was undeliverable due to the following reason:
Attempting to deliver following mail to recipient (s):
<schuman@edina.conwy.ac.uk>
IHTG3.ANGEL.DE unable to connect for 2 days to recipient host.
Delivery will be attempted for a total of 5 days.
```

Aus dieser Meldung geht hervor, daß versucht wird, dem Empfänger die Mail zuzustellen. Sie erfahren, welcher Sender-Host mit der Aufgabe befaßt ist (*ihtg3.angel.de*), wie lange die Zustellung bereits versucht wird (zwei Tage) und wie viele Tage der Server insgesamt probieren wird, die Mitteilung abzuschicken. Senden Sie die Mitteilung nicht vor Ablauf dieser Frist nochmals ab, da sie ebenso in der Warteschlange landen wird.

Manchmal sieht diese Fehlermeldung etwas anders aus:

```
This message was undeliverable due to the following reason:
sirocco.CC.McGill.CA unable to deliver following mail to recipient (s):
<kchans@po-box.mcgill.ca>
sirocco.CC.McGill.CA unable to connect for 4 days to recipient host.
```

Auch hier konnte eine Mitteilung innerhalb einer bestimmten Zeitspanne nicht zugestellt werden. Anders als im vorhergehenden Beispiel wird hier jedoch nicht angegeben, ob weiterhin versucht wird, die Mail zuzustellen. Daher sollten Sie die Mitteilung, falls sie immer noch aktuell ist, nochmals losschicken. Sie können nur hoffen, daß sie diesmal bis zum Empfänger durchkommt.

5.6 Protokolle zum E-Mail-Management

Der Zugriff auf empfangene Mitteilungen gestaltet sich ebenso einfach wie das Abschicken einer E-Mail. An Sie gerichtete E-Mails werden vom Mail-Server in Empfang genommen und anschließend in Ihrer Mailbox verwahrt, bis sie von Ihnen abgerufen werden. Falls Sie einen Unix-E-Mail-Client wie Pine verwenden, müssen Sie gar nichts tun, um Ihre Mails abzurufen. Da Sie sich direkt an einem Rechner im System des Mail-Servers anmelden, greift Pine automatisch auf die neuen Mitteilungen in Ihrer Server-Mailbox zu. Bei Windows-basierten Clients ist das anders. Hier muß Ihr E-Mail-Programm zunächst in der Mailbox auf dem Mail-Server nach neuen Mitteilungen Ausschau halten und diese herunterladen, bevor Sie sie einsehen können. (Beachten Sie, daß wir die tatsächliche Sachlage hier so vereinfacht darstellen, wie sie sich in der Regel auch dem Anwender darbietet.)

Drei Wege zum Glück

Für den Zugriff auf eine Mailbox bei Ihrem Provider existieren drei Ansätze. Am weitesten verbreitet ist der *Offline*-Ansatz. Im Offline-Betrieb stellt der PC- oder Workstation-Benutzer periodisch eine Verbindung zum Mail-Server her und lädt alle anstehenden Mitteilungen auf den Client-Rechner herunter. Danach werden die Mitteilungen auf dem Server gelöscht, und die Verbindung wird getrennt, so daß die Mail-Verwaltung ausschließlich lokal auf dem Computer stattfindet, auf dem das E-Mail-Programm installiert ist.

Eine Alternative dazu ist der *Online*-Ansatz. Hier verbleiben die Mitteilungen permanent auf dem Server und werden nicht auf dem eigenen Computer gespeichert. Der Mail-Client stellt auch hier eine Verbindung zum Mail-Server her, diese bleibt aber während der ganzen Bearbeitungsphase bestehen. Die Mail-Verwaltung einschließlich der Anlage von Ordnern findet komplett auf einem Rechner des Mail-Systems statt, so daß der Mail-Client nur für den Zugriff auf den Server benötigt wird.

Eine dritte Variante, der *Disconnected*-Ansatz, ist eine Mischform der beiden anderen Ansätze. Im Disconnected-Betrieb stellt der Mail-Client eine Verbindung zum Mail-Server her, fertigt eine Kopie ausgewählter Ordner und Mitteilungen an und unterbricht danach die Verbindung. Der Benutzer kann dann die Mitteilungen bearbeiten und anschließend wieder eine Verbindung zum Server herstellen, um die Ordner und Mitteilungen auf dem Server mit den Bearbeitungen zu aktualisieren. Der Unterschied zum Offline-Ansatz besteht darin, daß die Mitteilungen auf dem Server und nicht auf dem Client-Computer gespeichert sind. Anders als beim Online-Ansatz ist jedoch keine dauerhafte Verbindung zum Server notwendig, um Nachrichten bearbeiten zu können.

Sie fragen sich sicher, warum es überhaupt bedeutsam ist, ob man Mail auf dem Server oder auf dem eigenen Computer verwaltet. In zahlreichen Fällen macht es tatsächlich kaum einen Unterschied, und oftmals bleibt aufgrund des Leistungsangebots des Mail-Servers gar keine andere Möglichkeit als der Offline-Ansatz. Dieser eignet sich hervorragend, wenn Sie Ihre E-Mail nur von *einem* Computer aus verwalten möchten. Greifen Sie dagegen von mehreren verschiedenen Computern aus auf Ihren E-Mail-Account zu, erweist sich der Offline-Ansatz als unbrauchbar, da Ihre E-Mails schnell über verschiedene Computer verstreut sind und kein sinnvolles E-Mail-Management mehr möglich ist. Im folgenden nehmen wir Einsatzbereiche, Vor- und Nachteile und die entsprechenden Protokolle der drei Ansätze unter die Lupe.

POP3 – die Standardlösung

Die überwiegende Mehrzahl der E-Mail-Benutzer verwaltet ihre Mitteilungen auf dem eigenen Computer, nachdem sie einmal vom Server heruntergeladen sind. Dieser Offline-Ansatz ist vor allem in PC-Umgebungen seit langem die Standardlösung für den Zugriff auf Mail-Server, denn bisher greifen die meisten Anwender lediglich von einem einzigen Computer auf ihren Mail-Account zu. Ein großer Teil dieses Buches befaßt sich daher mit der Organisation und Verwaltung von E-Mail auf Ihrem eigenen Computer.

Für den Zugriff nach dem Offline-Ansatz wird meist das *POP3-Protokoll* verwendet; POP3 steht für *Post Office Protocol Version 3* und wird im RFC-Dokument 1725 beschrieben. Der Funktionsumfang von POP3 beschränkt sich im wesentlichen auf die Anmeldung an einem POP3-fähigen Mail-Server, das Herunterladen der wartenden neuen Mails und das anschließende Löschen der Mails in der Server-Mailbox. Die nachfolgende Organisation und Bearbeitung der Mitteilungen erfolgt unabhängig von POP3 allein durch den Mail-Client auf Ihrem Computer. Zum Versenden Ihrer Mails wird dagegen ausschließlich SMTP verwendet.

POP3 eignet sich hervorragend zum Zugriff auf Ihre Mail, wenn Sie zum Herunterladen neuer Mitteilungen immer vom gleichen Computer aus auf den Mail-Server zugreifen und jeweils nur vorübergehend eine Verbindung zum Server herstellen (z.B. über Modem). Auf diese Weise stehen Ihnen jederzeit sämtliche gespeicherten Mails zur Verfügung, ohne daß Sie sich immer zuvor am Mail-Server einwählen und anmelden müßten. Nahezu alle Mail-Server und eine große Anzahl von E-Mail-Programmen unterstützen POP3.

Greifen Sie dagegen häufiger auch von anderen Orten als dem eigenen PC zu Hause oder auf der Arbeit auf den Mail-Server zu, kann der Zugriff mit POP3 schnell unattraktiv werden. Die neuen Mitteilungen werden mit POP3 jeweils auf einen anderen Computer heruntergeladen, so daß Ihre Mails bald auf allen möglichen Computern verstreut sind – eine zentrale Mail-Organisation ist kaum mehr möglich.

POP3 kann das Löschen der Mails nach dem Herunterladen allerdings auch unterbinden. Dabei kann es bei Benutzung des Mail-Clients unter Netscape 2.x allerdings zu Problemen kommen. Ab Version 3.x funktioniert dies fehlerlos. Auf diese Weise bleiben sämtliche Mails, die Sie jemals empfangen haben, in Ihrer einen Mailbox auf dem Server – was einem Pseudo-Online-Betrieb entspricht. Ein echter Online-Betrieb ist jedoch nicht möglich, da Sie Ihre Server-Mailbox nicht bearbeiten können. Zwar werden nicht jedesmal sämtliche Mails in der Mailbox heruntergeladen, da POP3 jeder Mitteilung einen eindeutigen Identifizierungscode anheftet und so bereits heruntergeladene Mails erkennen kann. Die Informationen über bereits geladene Mails werden jedoch vom Mail-Client auf Ihrem Computer und nicht vom Server gespeichert. Falls Sie nun Ihre Mails einmal von unterwegs mit einem anderen Mail-Programm abrufen, kann dieses natürlich nicht wissen, welche Mails Sie schon längst gelesen haben, und lädt den gesamten Inhalt Ihrer Server-Mailbox herunter – und wenn Sie Pech haben, löscht der Client danach alle Mitteilungen in der Mailbox, bevor Sie auch nur eine Chance haben, das zu verhindern. Für den Mail-Zugriff von unterwegs ist POP3 daher alles andere als eine ideale Lösung.

Unterwegs mit IMAP

Ein wachsender Anteil der E-Mail-Benutzer hat einen Computer auf der Arbeit, einen anderen zu Hause und womöglich einen Laptop für unterwegs. Von allen drei Computern greifen diese Leute auf den gleichen Mail-Server zu. In dieser Situation bietet sich für den Mail-Zugriff der Online- oder der Disconnected-Ansatz an: Alle Mails bleiben auf dem Server und werden nur zur Bearbeitung vorübergehend auf den Client-Computer heruntergeladen. Natürlich möchte man dabei nicht auf den Komfort verzichten, den die Mail-Clients bieten, z.B. Organisation der Mitteilungen in Ordnern oder Mail-Kennzeichnung mit Statusflaggen. Zu diesem Zweck wurde *IMAP* entwickelt, das *Internet Message Access Protocol* (Version 4 wird im RFC-Dokument 1730 beschrieben).

IMAP bietet zusätzlich zu den Funktionen von POP3 die Möglichkeit, verschiedene Ordner auf dem Mail-Server zu verwalten, dort verzweigte Ordner-Hierarchien anzulegen oder auch auf andere Daten als E-Mail zuzugreifen, z.B. auf Newsgruppen-Artikel oder Textdokumente. Auf diese Weise steht Ihnen von verschiedenen Einwählpunkten, sei es zu Hause, im Hotel oder im Internet-Café, immer Ihre vollständige Mail-Verwaltung zur Verfügung, wie Sie sie von POP3 auf Ihrem eigenen Computer kennen. Sie können einzelne Mails gezielt herunterladen und lesen, löschen oder in Ordnern ablegen, zwischengespeicherte Mails weiterbearbeiten oder Mitteilungen einen Status wie »Gesendet« oder »Beantwortet« zuweisen. Bei bestehender Verbindung werden Sie automatisch auf neu eintreffende Mitteilungen hingewiesen.

Mit IMAP läßt sich zudem der Datenverkehr zwischen Client und Server beträchtlich reduzieren, indem zunächst nur die Kopfzeilen der Mitteilungen übertragen werden und der Textteil der Mail erst auf Anforderung folgt. Falls eine Mitteilung mehrere MIME-Bestandteile enthält (siehe dazu den Abschnitt *MIME* in Kapitel 6), ist es möglich, nur bestimmte Teile herunterzuladen. Das ist ein großer Vorteil, wenn Ihnen jemand eine Mail mit zwei Zeilen Text und einem 10-MByte-Video-Clip schickt: Falls Sie gerade unterwegs sind, können Sie so lange mit dem Herunterladen des Video-Clips warten, bis Sie ihn wirklich benötigen oder eine ausreichend schnelle Verbindung haben. Mit POP3 würde direkt die gesamte Mail heruntergeladen. Auch Suchanfragen in Ihren gespeicherten Mitteilungen lassen sich über IMAP auf dem Server ausführen, ohne alle Mitteilungen herunterladen zu müssen.

Einer der größten Nachteile von IMAP ist die Tatsache, daß zur Zeit noch ein relativ kleines Angebot an IMAP-fähiger Software verfügbar ist. Von den in diesem Buch besprochenen Clients sind Netscape Messenger, Outlook Express und Pine IMAP-fähig. Doch nicht nur der Zirkel der IMAP-Software ist exklusiv, auch der Kreis der Internet-Provider, die einen IMAP-E-Mail-Account anbieten, ist derzeit noch beschränkt. Der Trend geht jedoch eindeutig hin zu IMAP, da die Mobilität der E-Mail-Nutzer bereits stark zugenommen hat und daher eine entsprechende Nachfrage besteht.

Ein weiterer Nachteil von IMAP ist, daß individuelle Einstellungen Ihres Mail-Clients wie das Adreßbuch, Mail-Filter oder die bevorzugte Bildschirmdarstellung trotz IMAP weiterhin nur auf Ihrem Stammcomputer zu Hause oder auf der Arbeit verfügbar sind. Dieses Problem ist den Entwicklern in der Branche bewußt – und die Lösung steht natürlich längst parat. Mit dem *Application Configuration Access Protocol* (*ACAP*, beschrieben in RFC 2044), das auf IMAP aufbaut, und entsprechender ACAP-fähiger Software ist es möglich, die persönlichen Konfigurationseinstellungen Ihres Mail-Clients (und auch anderer Programme) auf einem Server zu speichern. Beim Einwählen am Server von einem beliebigen Computer aus werden diese Einstellungen abgefragt, und der gerade verwendete Mail-Client exakt an Ihre Bedürfnisse angepaßt. Auf diese Weise stehen Ihnen Adreßbuch, Lesezeichendatei, Mail-Filter oder Signaturdatei von überall zur Verfügung.

Auch wenn IMAP und ACAP heute noch längst nicht so verbreitet sind wie POP3 und nicht alle Nutzer davon profitieren können, bieten die beiden Protokolle in vielen Situationen die bessere Lösung für den Mail-Zugriff. Fragen Sie Ihren Systemadministrator oder Internet-Provider nach IMAP – möglicherweise steht Ihnen längst ein IMAP-E-Mail-Account zur Verfügung.

Attachments – Dateien per E-Mail verschicken 6

Am Anfang war das Wort. Auch in der E-Mail-Welt war das zunächst so – doch es ist nicht lange dabei geblieben. Sicher liegt die Hauptfunktion von E-Mail immer noch in der Kommunikation mittels normaler Texte. Man kann über E-Mail aber auch alle möglichen Binärdateien, also z. B. Bilder, Ton oder Filme, versenden. Diese werden einfach an die normale Text-Datei angehängt. Im Computer-Jargon werden diese Datei-Anhängsel *Attachments* genannt (engl. attach = anhängen).

Das Verschicken von Attachments ist ein ungemein praktischer Weg, um mit Kollegen oder Freunden Dateien auszutauschen. Viele Einsteiger trauen sich allerdings nicht so recht, diese Erweiterung von herkömmlicher E-Mail zu nutzen. Denn obwohl es im Grunde wirklich einfach ist, Attachments zu verschicken, haben sie zugegebenermaßen auch einige Tücken.

Wie Attachments prinzipiell funktionieren, wie Sie Attachments senden, empfangen und speichern bzw. anschauen können, und wo Ihnen besagte Tücken begegnen können, möchten wir Ihnen in diesem Kapitel erläutern.

Die beiden wichtigsten Punkte, auf die Sie beim Verschicken von Attachments achten sollten, werden Sie allerdings schon jetzt nachvollziehen können:

- Der Adressat soll die Datei empfangen können. Stellen Sie daher sicher, daß er mit der Größe Ihrer Datei keine Probleme bekommt, etwa durch eine Beschränkung von seiten des Providers.

- Der Adressat soll die Datei einsehen können. Klären Sie also vor dem Verschicken ab, ob er über die hierzu benötigten Programme verfügt.

6.1 Dateien verschicken – ganz einfach?

Im Prinzip ist es wirklich sehr einfach, Attachments zu verschicken. Geben Sie zunächst Ihre normale Textnachricht ein. Anschließend wählen Sie einfach nur die Attachment-Schaltfläche an, die meist durch eine Büroklammer am Briefumschlag dargestellt wird, oder den Attachment-Menübefehl. In Eudora finden Sie diesen unter MESSAGE – ATTACH FILE.

In der Regel öffnet sich dann ein Fenster, in dem Sie gefragt werden, welche Datei Sie anhängen wollen. Wenn Sie den genauen Dateinamen samt Verzeichnis nicht wissen, können Sie wie beim Öffnen einer Datei unter Windows in Ihren Datei-Ordnern stöbern. Sie können natürlich mehrere Dateien gleichzeitig mitschicken. Dafür müssen Sie den Vorgang einfach noch mal wiederholen.

Das hört sich alles zu einfach an, um wahr zu sein, denken Sie sich? Sie haben natürlich recht. Oft funktioniert das zwar alles ohne Probleme, aber manchmal eben auch nicht. Dann erscheinen oft unlesbare Buchstabenmonster auf dem Bildschirm des Empfängers. Das ist auch der Grund, warum viele Benutzer sich davor scheuen, Atttachments zu verschicken.

Damit es Ihnen nicht ebenso ergeht, wollen wir Sie in die Tricks und Geheimnisse beim Umgang mit Attachments einweihen. Riskieren wir also einen Blick hinter die Kulissen.

6.2 Wie Attachments funktionieren

Herkömmliche Mails bestehen nur aus den ersten 128 Zeichen des ASCII-Zeichensatzes. Diese sind plattformübergreifend auf allen Rechnern gleich und enthalten die Groß- und Kleinbuchstaben, Zahlen und Punktierungszeichen. Ab Nummer 129 unterscheiden sich die Zeichen mitunter enorm. Dieses Problem ist uns ja bereits bei den deutschen Umlauten begegnet. Die Zeichen ab Nummer 129 müssen verschlüsselt werden, um sie per E-Mail versenden zu können. Verschlüsseln oder kodieren heißt in diesem Fall, eine Datei in lesbare ASCII-Zeichen umzuwandeln und *nicht*, sie für Dritte unlesbar zu machen. (Wie das funktioniert, erfahren Sie in Kapitel 7.)

Auch Binärdateien enthalten andere als die ersten 128 Zeichen des ASCII-Zeichensatzes. Also müssen auch sie erst umgewandelt werden, bevor sie über E-Mail verschickt werden können. Ist das geschehen, können sie wie normale

Text-Mails verschickt werden. Beim Empfänger muß die Nachricht dann nur noch in eine Binärdatei zurückverwandelt werden. Ganz einfach! Oder doch nicht?

Es stellen sich natürlich sofort einige Fragen: Welche Möglichkeiten der Kodierung gibt es? Hat der Empfänger überhaupt das entsprechende Dekodierungsprogramm? Welche Probleme können sonst noch auftreten?

Es gibt zwar eine Reihe verschiedener Umwandlungsstandards, zum Glück aber nicht allzuviele. Auf welche davon Ihr Gegenüber zugreifen kann, sollten Sie am besten herausfinden, bevor Sie ihm eine verschlüsselte Datei schicken. Sonst könnte bei ihm besagtes Buchstabenchaos auf dem Bildschirm erscheinen.

Am gebräuchlichsten wird in Zukunft sicher der Standard *MIME (Multi-purpose Internet Mail Extension)* sein, der heute schon von den meisten Mail-Programmen unterstützt und automatisch verwendet wird. Aus diesem Grund führt die simple Methode aus dem ersten Abschnitt trotz aller Probleme oft zum Erfolg.

Daneben gibt es noch zwei weitere gängige Kodierungsmethoden: *UUcode* (auch *Uuencode* genannt) und *BinHex*. Wie sie funktionieren und welche Vor- und Nachteile sie haben, erfahren Sie in den nächsten Abschnitten.

MIME

Die Idee hinter der Entwicklung von MIME war nicht, das herkömmliche Mail-Übertragungsprotokoll SMTP zu ersetzen, sondern es zu ergänzen und auch im Zeitalter von Multimedia lebensfähig zu halten. Wenn sowohl Sie als auch Ihr Gegenüber über einen MIME-fähigen E-Mail-Client verfügen, sollte MIME die erste Wahl bei der Verschlüsselung sein. Solche Programme wandeln die verschlüsselten Dateien automatisch um, wodurch Ihnen viel Handarbeit erspart wird. MIME ist die von Eudora Light standardmäßig unterstützte Kodierungsmethode und wird durch eine Theatermaske (engl. Mime = Schauspieler) dargestellt.

Wie bereits bei den deutschen Umlauten erwähnt, wird die MIME-Kodierung *Quoted Printable Encoding* verwendet, um Sonderzeichen darzustellen. Bei Binärdateien dagegen wird die sogenannte *Base64-Kodierung* verwendet. Wenn das Mail-Programm Ihres Gegenübers auch MIME unterstützt, sollten keine Probleme auftreten, und die verschickte Datei müßte automatisch in das ursprüngliche Dateiformat umgewandelt werden. Viele E-Mail-Clients bieten sogar die Möglichkeit, sich das Attachment sofort anzuschauen. Dazu mehr im Abschnitt *Dateien empfangen*.

Eine MIME-Mail können Sie in der Regel daran erkennen, daß im Kopfteil die unterschiedlichen Typen von Attachments erscheinen.

Typ	Funktion
text	für normalen Text
image	für Bilder
audio	für Tondateien
video	für Filmdateien
message	für (Teile von) Nachrichten
multipart	für sonstige oder gemischte Dateien

Tabelle 6-1: Verschiedene MIME-Typen

Die Datei vergrößert sich durch die Umwandlung natürlich leicht. Diese Vergrößerung läßt sich auch mit anderen Kodierungsmethoden nicht vermeiden. In einem Texteditor sichtbar gemacht, sieht eine mit MIME/Base64 kodierte Datei in etwa so aus:

```
Content-Type: application/octet-stream; name="Code"
Content-Transfer-Encoding: Base64
Content-Disposition: attachment; filename="Code"

U28gc2VoZW4gTmFjaHJpY2h0ZW4gdW5nZWbkaHIgYXVzLCB3ZW5uIFNpZSBz
aWUgbWl0IE1pbWUsIFVVY29kZSBvZGVyIEJpbkhleCB2ZXJzY2hs/HNzZWxu
Lg==
```

UUcode

Obwohl auch Pine inzwischen MIME-fähig ist, empfiehlt es sich, über das in der UNIX-Welt weit verbreitete UUcode Bescheid zu wissen. Wenn Sie nicht wissen, über welches (De-)Kodierungsprogramm Ihr Gegenüber verfügt, ist UUcode die beste Wahl, da Programme für diese Kodierungsmethode leicht erhältlich sind. Leider beherrscht nur Eudora Pro die (De-)Kodierung mit UUcode. Als Benutzer der Light-Version müssen Sie auf die automatische Umwandlung durch Eudora leider verzichten.

Anhand des Programms *Fastcode 32 v3.5*, das unter

http://trailerpark.com/phase1/next/fileutil.html

frei erhältlich ist, wollen wir Ihnen veranschaulichen, wie eine Kodierung mit UUcode von Hand vonstatten geht. Dieses kleine Programm beherrscht außerdem noch die Kodiermethoden MIME, Xxcode, AtoB und BinHex. BinHex-Dateien können allerdings nur dekodiert werden, eine Kodierung kann nicht vorgenommen werden.

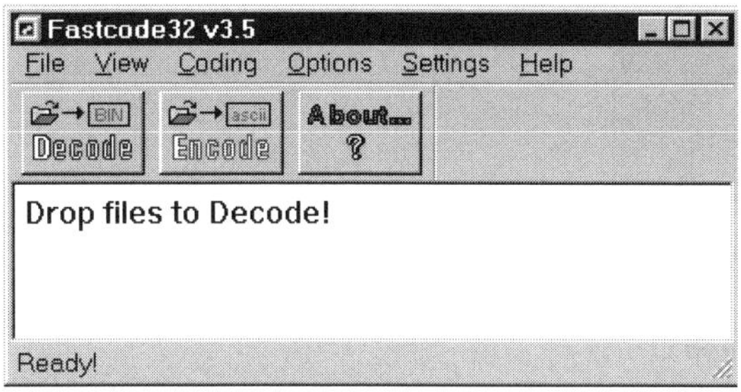

Abbildung 6-1: Das Programm Fastcode zur Kodierung und Dekodierung von Binärdateien

Eine Kodierung ist denkbar einfach. Nach dem Anklicken des Symbols ENCODE oder der Schaltfläche FILE – ENCODE öffnet sich ein Fenster, mit dem Sie die betreffende Datei aussuchen können. Welches Format zur Kodierung verwendet werden soll, können Sie im Menüpunkt CODING einstellen.

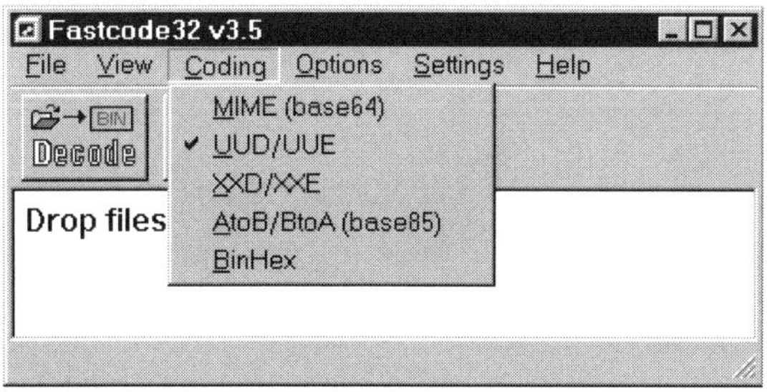

Abbildung 6-2: Einstellung der Kodiermethode

Fastcode unterstützt auch Drag-and-drop, d.h. Sie können auch einfach Dateien aus Ihrem Dateimanager auf das Fastcode-Fenster ziehen. Diese werden dann automatisch kodiert bzw. dekodiert. Was von beidem geschieht, können Sie unter OPTIONS einstellen. Hier kann ebenfalls die Dekodiermethode eingestellt werden.

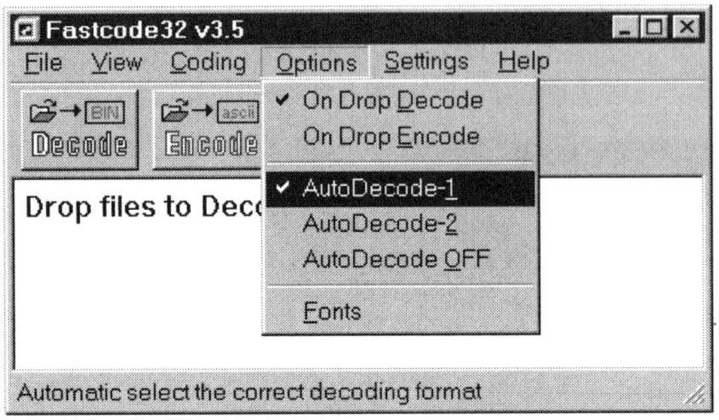

Abbildung 6-3: Das Fastcode-Menü OPTIONS

Ein kleiner Fehler sei noch erwähnt. Fastcode speichert kodierte Dateien automatisch unter einem neuen Namen. Dieser besteht aus dem alten Namen, der um drei Buchstaben (*mme* für MIME, *uue* für UUcode) erweitert wird. Dateierweiterungen wie `.mme` ode `.uue` werden nicht vergeben. Wenn Sie für Ihre kodierten Dateien statt Dateinamenerweiterungen lieber Dateierweiterungen haben möchten, deaktivieren Sie die Option USE DEFAULT FILENAME unter SETTINGS und geben, wenn Fastcode Sie nach dem Dateinamen fragt, noch den zusätzlichen Punkt ein.

Eine mit UUcode kodierte Datei wird im Texteditor ungefähr so dargestellt:

```
begin 644 Code
M4V\@<V5H96X@3F%C:')I8VAT96X@=6YG96;D:'(@875S+"!W96YN(%-I92!S
M:64@;6ET($UI;64L(%558V]D92!09&5R($)I;DAE>"!V97)S8VAL_'-S96QN
!+@
'
end
```

BinHex

BinHex ist erste Wahl, wenn Sie ein Attachment an einen Mac-User verschicken wollen. In anderen Sphären ist es eher ungebräuchlich, weshalb Sie sonst besser darauf verzichten sollten. Neben MIME wird auch BinHex von Eudora Light unterstützt und automatisch kodiert und dekodiert. Für etwas Verwirrung könnte die Dateierweiterung von BinHex-Dateien sorgen. Diese lautet `.hqx`, und nicht, wie vielleicht erwartet, `.bhx`.[1]

Eine mit BinHex kodierte Datei sieht folgendermaßen aus:


```
(This file must be converted with BinHex 4.0)
:#b&aG@pdC63ZG(Kd!&4&@&4YC'pc!*!%!3m!N!5$NdKP)(GSEb"VEQphFb"ZEh3
JB@jN)'YZEhGc)'j[G#"SC5"VEQphFb"ZEh3Z)%KP)'Pc)'%JCQp[E#dJ8fKeEL"
SD@dZ$3SJ5'8JGfK[)'YZEhGc)'j[G#"KEQ3JDfj[Gh-JD'8JDfj[Gh-JEQpd,L"
)C5"TFb"cD@e'E'8Y)&4PB@0S)'KTE5i0#L!J5'8JGfK[)'YZEhGc)'&ZC#"VEQp
hFb"ZEh3JD'8JDfj[Gh-Z)#")C5"TFb"KFfaPCA!Y)%&hB@YPEL"SD@dZ$3SJN!0
)C5"hD'mJDfj[Gh-JB@jN)'YZEhGc)(4SBA3JD'8JDfj[Gh-Z)%KP)'Pc)(GTFf8
Y)%C[E'a[Gb"SD@dZ$3Um03!!:
```


Leider ist BinHex relativ ineffizient und auf anderen Betriebssystemen weitgehend unüblich. Verwenden Sie also bei der Kommunikation mit Nicht-Mac-Usern besser eines der beiden anderen Verfahren.

Dateiformate

Die Frage nach dem richtigen Dateiformat erscheint vielleicht ziemlich banal, sie kann aber trotzdem zu Problemen führen. Was hilft es Ihnen (und Ihrem Empfänger), wenn er zwar die Datei problemlos dekodieren kann, ihm aber das entsprechende Programm fehlt, um die Datei zu lesen?

Ein Beispiel dafür sind Textverarbeitungsprogramme. Vielleicht arbeiten Sie mit *Microsoft Word*, Ihr Gegenüber aber mit *Corel WordPerfect*. Zwar ist normalerweise die Konvertierung von einem Textverarbeitungsprogramm ins andere kein Problem, zumindest, wenn beide Programme weit verbreitet sind. Schwierig wird es aber, wenn unterschiedlich aktuelle Versionen verwendet werden.

---

1 Einige Verwirrung gibt es auch um die Programme, die den Namen *BinHex* tragen. Das Originalprogramm zur Umwandlung von Binärdateien heißt *BinHex 4.0*. Vom selben Autor gibt es allerdings inzwischen auch das Programm *BinHex 5.0*. Die vermeintlich aktuellere Version 5.0 wandelt Dateien aber nicht ins Textformat um.

Und das kann dann schon bei ein und demselben Programm zum Verhängnis führen. Zwar kann z.B. *Word 97 Word-7.0*-Dokumente öffnen, umgekehrt klappt das aber leider nicht.

Ähnliche Probleme können bei Bilddateien auftreten. Für die gibt es jede Menge Dateiformate, und nicht jedes Grafik-Programm kann mit jedem Format etwas anfangen. Die gängigsten Formate sind `.gif`, `.jpg` und `.bmp`. Fragen Sie aber zur Sicherheit lieber Ihr Gegenüber, welches Format bevorzugt wird.

Dateigröße und Komprimierung

Vielleicht haben auch Sie schon einmal eine Mail mit einem riesigen Attachment bekommen und sich gewundert (und geärgert), daß das Herunterladen Ihrer Nachrichten so lange dauert. Vor allem bei Einwählverbindungen mit langsamen Modems können große Attachments extrem lange Ladezeiten verursachen. Denken Sie daran, daß normale Text-Mails nur wenige Kilobyte groß sind. Dagegen verschlingen schon kleine Attachments oft ein Vielfaches an Speicherplatz.

Neben den teuren Telefongebühren gibt es auch noch einen anderen Grund, auf die Dateigröße zu achten. Viele Internet-Provider stellen Ihren Kunden nur einen begrenzten Umfang an Speicherplatz auf ihrem Server zu Verfügung. Wird dieser überschritten, fallen oft zusätzliche Gebühren an. Bei manchen Anbietern ist außerdem die maximale Größe einer Nachricht begrenzt. Überschreitet eine E-Mail diese Grenze, wird sie zurückgewiesen. Wenn Sie also sichergehen möchten, daß eine E-Mail auch wirklich bei Ihrem Gegenüber ankommt und es sich mit Ihren Freunden und Kollegen nicht verderben wollen, achten Sie lieber auf die Größe der von Ihnen verschickten Dateien. Und überlegen Sie zweimal, ob Sie einem Bekannten, wenn Sie ihm per E-Mail ein großes Software-Paket zuschicken, wirklich eine Freude bereiten. Als allgemeine Verhaltensregel kann gelten: Schicken Sie möglichst kein Attachment, das die Gesamtgröße Ihrer E-Mail auf über 100 kByte anwachsen läßt.

Es gibt auch Möglichkeiten, große Dateien zu komprimieren, also kleiner zu machen. Die allermeisten Dateien enthalten eine große Menge redundanter, d.h. sich wiederholender Informationen, wie z.B. die vielen Leerzeichen oder Tabulatoren in Dokumenten einer Textverarbeitungssoftware. Komprimierungsprogramme nützen dies aus und können Dateien auf auf Bruchteile ihrer ursprünglichen Größe verkleinern.

Zu den größten Redundanzen kommt es bei Grafikdateien. Viele Grafikformate komprimieren Bilddateien deshalb automatisch. `.jpg`- und `.gif`-Dateien beispielsweise erreichen selbst bereits hohe Komprimierungsraten. Bei ihnen hat eine weitere Komprimierung wenig Sinn. `.bmp`-Dateien dagegen sind unkomprimiert und können deshalb noch stark verkleinert werden.

Die Handhabung von Komprimierungsprogrammen ist denkbar einfach. Um Dateien zu komprimieren, muß zunächst ein sogenanntes Archiv erstellt werden. Ein solches Archiv kann eine oder mehrere komprimierte Dateien enthalten. Sie können dem Archiv nach und nach Dateien hinzufügen oder ihm wieder Dateien entnehmen. Um komprimierte Dateien eines Archivs zu dekomprimieren (was auch als Entpacken bezeichnet wird), öffnen Sie es und wählen die entsprechenden Dateien aus. Wählen Sie anschließend die Schaltfläche oder die Menüoption an, die das Entpacken veranlaßt. Bei den meisten Komprimierungsprogrammen nennt sich diese Schaltfläche oder Menüoption EXTRACT (engl. für entpacken). Wenn Sie ein Komprimierungsprogramm auf Ihrem Computer installiert haben, wird dieses beim Anwählen eines Archivs in der Regel automatisch aufgerufen, und die in ihm enthaltenen komprimierten Dateien werden angezeigt. Abbildung 6-4 zeigt die wichtigsten Komprimierungsfunktionen am Beispiel des weit verbreiteten Programms WinZip. Andere gängige Komprimierungsprogramme finden Sie in Tabelle 6-2.

Programm	**Betriebssystem**	**erhältlich unter:**
WinZip	für Windows	*http://www.winzip.com*
PkZip	für Windows und DOS	*http://www.pkware.com*
StuffIt	für Apple/Macintosh	*http://www.aladdinsys.com/*
gzip	für Unix	*ftp://ftp.informatik.tu-muenchen.de/pub/comp/os/unix/gnu/gzip/*

Tabelle 6-2: Komprimierungsprogramme für unterschiedliche Betriebssysteme

Probleme können auftauchen, wenn Sie eine E-Mail an jemanden verschicken wollen, der mit einem anderen Betriebssystem arbeitet als Sie selbst. Auch wenn Sie wissen, welches Betriebssystem Ihr Gegenüber verwendet, sollten Sie ihn fragen, ob er über das Komprimierungsprogramm verfügt, das Sie benutzen möchten.

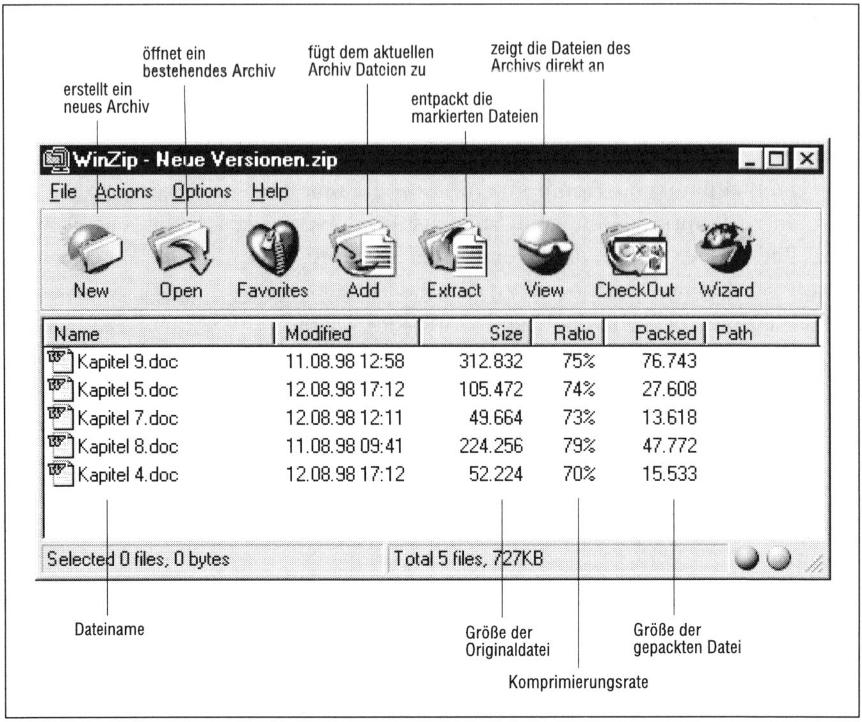

Abbildung 6-4: Die wichtigsten Funktionen des Komprimierungsprogramms WinZip

6.3 Dateien empfangen

Jetzt, wo Sie die Geheimnisse und Tricks beim Umgang mit Attachments kennen, sollten Sie auch keine Probleme beim Empfangen von Attachments haben. Das meiste erledigt auch hier der E-Mail-Client für Sie.

Wenn Sie eine E-Mail mit Attachment empfangen, wird das im Mail-Programm sofort angezeigt. Bei Eudora erscheint in der Ordner-Übersicht ein Symbol, das ein Blatt Papier darstellt, links von der Absenderadresse im Feld A (wie Attachment). Wenn Sie die Mail aufrufen, wird der Dateiname am Ende der Textnachricht angezeigt.

Das Attachment kann nun sofort angezeigt werden. Dazu brauchen Sie nur den Dateinamen am Ende der Mail einmal anzuklicken (wenn Sie mit der Maus darüberfahren, verwandelt sich der Mauszeiger wie bei einem Hyperlink in eine Hand). Das funktioniert natürlich nur, sofern Sie das entsprechende Programm auf Ihrem Rechner installiert haben.

Aber auch wenn Sie sich das Attachment nicht gleich ansehen, ist es nicht verloren. Hier offenbart sich eine schöne Eigenschaft von Eudora. Attachments werden nämlich automatisch in einem Verzeichnis gespeichert, das bei den Einstellungen angegeben werden kann. Standardmäßig ist das Unterverzeichnis `\attach` eingestellt. Andere Programme, wie z.B. Netscape Messenger, fragen bei Eingang eines Attachments, was damit geschehen soll. Es kann sofort geöffnet oder erst einmal gespeichert werden.

6.4 Ansteckungsgefahr durch E-Mail-Kontakt?

Sicherheit ist ein wichtiger Punkt beim Thema Attachments. Beim Datenaustausch mit anderen Rechnern besteht immer die Gefahr, daß der eigene Rechner mit Computerviren infiziert wird. Die können recht harmlose Späße beinhalten, aber auch ernsthaften Schaden anrichten.

Reine Text-Mails sind sehr sicher, weil nur ASCII-Zeichen übertragen werden. Viren können auf diese Weise nicht übertragen werden. Da aber als Attachments alle möglichen Dateien verschickt werden können, ist damit auch Viren Tür und Tor geöffnet. Es werden zwar weiterhin nur ASCII-Zeichen versendet, aber die Kodierung durch eines der oben beschriebenen Verfahren wirkt in diesem Fall wie ein Trojanisches Pferd. Eine harmlos aussehende E-Mail kann sich beim Dekodieren in einen bösartigen Virus verwandeln.

Deshalb gelten für den Empfang von Dateien per E-Mail die gleichen Sicherheitsregeln wie für Daten, die Sie auf anderem Wege erhalten:

- Öffnen Sie die Datei nicht sofort, sondern speichern Sie sie erst ab. Konfigurieren Sie gegebenenfalls Ihr Mail-Programm so, daß es nicht sofort das zur Datei passende Programm startet.
- Prüfen Sie die Datei mit einem Viren-Scanner. Sollte sie mit einem Virus infiziert sein, löschen Sie die Datei.
- Aktualisieren Sie diesen Viren-Scanner regelmäßig. Wenn möglich sollten Sie das monatlich tun, zumindest aber vierteljährlich. Der wohl bekannteste

und am weitesten verbreitete Viren-Scanner wird von McAfee produziert und regelmäßig auf den neuesten Stand gebracht. Er ist unter *http://www.mcafee.com/* erhältlich.

- Benutzen Sie zum Einsehen von Textdateien gegebenenfalls einen sogenannten Viewer ohne Makro-Funktion. Ein solcher Viewer ist z.B. auf der Windows 95-CD-ROM enthalten oder kann von der Microsoft-Web-Site heruntergeladen werden.

Besonders mißtrauisch sollten Sie bei Dateien sein, die Ihnen Unbekannte unaufgefordert zuschicken. Aber auch Freunde können unwissentlich infizierte Dateien weiterverschicken. Eine reale Gefahr stellen sogenannte Word-Makro-Viren dar, die sich in Makros von Microsoft Word-Dateien verstecken. Wenn Sie Word-Dateien erhalten, deren Absender Ihnen nicht als vertrauenswürdig bekannt ist, sollten Sie diese mit einem Viren-Scanner prüfen, der auch Makro-Viren erkennt.

Schließlich können auch Mails im HTML-Format schädliche Aktionen auslösen. Viren, die in solchen Nachrichten versteckt sind, machen sich die ActiveX-, Java- oder JavaScript-Funktionalität von Web-Browsern zunutze. Sie können deshalb nur übertragen werden, wenn sie über ein Mail-Programm gelesen werden, das in einen Browser eingebettet ist. Eine Infektion können Sie dennoch verhindern, indem Sie die entsprechenden Optionen in Ihrer Browser-Konfiguration deaktivieren (was Sie aus Sicherheitsgründen sowieso tun sollten).

Wegen all dieser Warnungen brauchen Sie aber nicht in Panik zu geraten. Es wird viel über Viren geredet. Und wie das bei Gerede oft der Fall ist, ist nicht alles davon wahr. Zum Beispiel wandert seit einigen Jahren eine Virenwarnung durchs Internet und verschreckt viele Mitglieder der Internet-Gemeinde. Die Nachricht warnt vor einem Virus, der sich *Good Times* nennt und angeblich durch herkömmliche Textnachrichten übertragen werde, die eben diesen Titel in der Betreff-Zeile tragen. Wenn die Nachricht geöffnet wird, so die Warnung, passierten fürchterliche Dinge wie das Löschen der Festplatte. Die Warnung schließt, einem Kettenbrief nicht ganz unähnlich, mit der Aufforderung, die Warnung an möglichst viele Freunde und Bekannte weiterzugeben, um eine weitere Infektion mit diesem furchtbaren Virus zu verhindern.

Das hört sich in der Tat furchtbar an, ist aber alles nur Humbug. Wie gesagt, Viren können nur durch Attachments und *nicht* durch reine Textnachrichten übertragen werden.[2] Wenn Sie eine solche Nachricht in Ihrer Mailbox findet, können Sie sicher sein, daß einige Tage später ein (leicht entnervter) Systemadministrator Entwarnung gibt. Daß dieser *Hoax* (wie *Enten* im Internet oft genannt werden) so lange überlebt hat und immer wieder auftaucht, ist ein Zeichen dafür, wie sehr sich viele Benutzer vor Viren ängstigen. Auf Attachments verzichten müssen Sie deshalb natürlich nicht. Wenn Sie die oben genannten Vorsichtsmaßnahmen ergreifen, sollten Sie vor Viren relativ sicher sein.[3]

---

2 Ältere Versionen von Outlook und Netscape Messenger sind in diesem Punkt allerdings durchaus anfällig und bilden eine Ausnahme. Wenn Sie eine der aktuellen Programmversionen verwenden, besteht für Sie aber keine Gefahr.

3 Z.B. unter *http://www.symantec.de/avcenter/hoax.html* finden Sie eine Aufstellung der aktuellen Hoax-Virusmeldungen.

E-Mail-Sicherheit

7

Sie haben sich sicher schon gefragt, wie sicher die Daten, die Sie per E-Mail verschicken, vor dem Zugriff durch Dritte geschützt sind. Die traurige Antwort lautet: so gut wie überhaupt nicht. Wer alles mitlesen kann und darf, wie das geschehen kann und wie Sie sich gegen solche unerwünschten Lauscher und Mitleser schützen können, erfahren Sie in diesem Kapitel.

7.1 Wie sicher ist E-Mail?

»E-Mails sind generell unsicher« – so die Auskunft des Sicherheitsbeauftragten eines Rechenzentrums. Auf unsere Nachfrage »So ungefähr wie bei Postkarten?« gab er die erschreckende Antwort: »Ich würde sagen: schlimmer!«

Wie in Kapitel 5 beschrieben, legen E-Mails auf ihrer Reise vom Sender zum Empfänger mitunter lange Wege über viele verschiedene Rechner zurück. Sowohl auf jedem dieser Knotenpunkte als auch auf den weiten Wegen dazwischen können Daten prinzipiell abgefangen werden, und das ist denkbar einfach. Es muß nur ein Kabel angezapft und abgehört werden. Im Gegensatz zur herkömmlichen Postkarte, die nur von Mitarbeitern der Post gelesen werden kann, ist bei E-Mails ein viel größerer Personenkreis dazu in der Lage.

Wer jetzt denkt, daß die eigenen Nachrichten im großen Datenstrom unbemerkt mitschwimmen würden, selbst wenn die elektronische Kommunikation irgendwo abgehört wird, sei gewarnt. Mit Hilfe von Computern lassen sich leicht aus einem scheinbar unübersichtlichen Datenchaos gesuchte Informationen herausfiltern. Viele Menschen, die tagtäglich das Internet zur Kommunikation und zum Datenaustausch benutzen, wiegen sich also in falscher Sicherheit.

Sie stehen den Lauschern und Hackern allerdings keineswegs hilflos gegenüber. Um die eigenen E-Mails vor dem Zugriff durch Dritte zu schützen, können diese verschlüsselt werden. Dafür gibt es eine Reihe von *Verschlüsselungsmechanismen*. Darüber hinaus können Sie Ihrem Gegenüber mit der sogenannten *digitalen Signatur* zweifelsfrei versichern, daß eine E-Mail tatsächlich von Ihnen stammt und auf dem Übertragungsweg nicht von einem Dritten verändert wurde. In diesem Kapitel widmen wir uns den beiden am weitesten verbreiteten Programmen, mit denen Nachrichten verschlüsselt und mit einer digitalen Signatur versehen werden können: *Pretty Good Privacy* (*PGP*, engl. für ziemlich gute Privatsphäre) und *S/MIME (Secure MIME)*.

7.2 Warum man seine Mail verschlüsseln sollte

Zugegebenermaßen sitzt nicht an jeder Ecke im Internet jemand, der auf Datenjagd ist und es auf Informationen aus Ihrer Kommunikation abgesehen hat. Man sollte aber trotzdem vorsichtig sein und kein unnötiges Risiko eingehen. Es gibt eine Reihe von Situationen, in denen Sie es sicher vorziehen würden, wenn Ihre E-Mail nicht von Dritten gelesen oder gar veröffentlicht würde. Oft würden Sie vielleicht auch gern wissen, ob eine Nachricht wirklich vom angeblichen Absender stammt oder Ihrem Gegenüber glaubhaft versichern, daß wirklich Sie die Nachricht geschrieben haben.

Mitteilungen zu verschlüsseln oder sie mit einer digitalen Signatur zu versehen könnte beispielsweise ratsam sein,

- wenn Sie gerade eine politische Kampagne planen,
- wenn Sie jemanden über persönliche medizinische Details informieren,
- wenn Sie über Ihr Einkommen reden,
- wenn Sie sich mit einem Kollegen über ein vertrauliches Projekt austauschen,
- wenn Sie eine Affäre geheimhalten möchten,
- wenn Sie über etwas diskutieren möchten, was Ihrer Meinung nach zu Unrecht illegal ist, oder
- wenn Sie Daten versenden möchten, die unter das Datenschutzgesetz fallen.

Aber auch wenn keine dieser Situationen auf Sie zutreffen sollte, ist es lohnenswert, sich ein paar Gedanken zum Thema »Verschlüsselung von E-Mail« zu machen. Denn warum sollte man gerade bei diesem unsicheren Medium auf den Schutz verzichten, den man beim Verschicken von »normaler Post« in Form von Briefumschlägen ganz selbstverständlich in Anspruch nimmt? Die aktuelle Debatte um die grundsätzliche Zulässigkeit und die verschiedenen Formen von Verschlüsselungsverfahren läßt leicht übersehen, daß es hier auch um Ihren Anspruch auf Wahrung des Briefgeheimnisses geht.

Würde die Mehrzahl der E-Mail-Anwender Verschlüsselungsverfahren einsetzen, wäre dieser Vorgang von der gleichen Selbstverständlichkeit wie das Benutzen eines Briefumschlags (und mit Hilfe der entsprechenden Software ebenso einfach). Die Verschlüsselung von Daten, die auf elektronischem Wege verschickt werden sollen, wäre somit keine konspirative Handlung per se, sondern eine nachvollziehbare Reaktion auf die Bedingungen des Mediums Internet. Wie das genau funktioniert, erfahren Sie in den folgenden Abschnitten.

7.3 Pretty Good Privacy (PGP)

Pretty Good Privacy (PGP), was zu deutsch soviel wie *ziemlich gute Privatsphäre* bedeutet, ist ein Programm zur Verschlüsselung von elektronischen Nachrichten. Es ist für viele unterschiedliche Betriebssysteme erhältlich, z.B. für Windows, DOS, Macintosh, Unix oder Atari. Es ist kein Problem, eine Nachricht in einem Betriebssystem zu verschlüsseln und sie auf einem anderen wieder lesbar zu machen.

Geschrieben wurde PGP 1991 von Phil Zimmermann in den USA als Reaktion auf eine Gesetzesinitiative des US-Senats, die die Hersteller von sicheren Kommunikationssystemen verpflichten sollte, »Hintertürchen« für die amerikanische Regierung einzubauen, um das Abhören von Kommunikation zu ermöglichen. Schon im Vorfeld der Entwicklung von PGP, vor allem aber danach, gab es Spannungen zwischen amerikanischen Regierungsstellen und Entwicklern kryptographischer Algorithmen und Software – die Entstehungsgeschichte von PGP liest sich wie ein Krimi.

Ein kurzer geschichtlicher Abriß

Die Voraussetzungen für PGP wurden bereits früh geschaffen: Im Jahre 1976 entwickelten Diffie und Hellman das Public-Key-Verfahren zur Verschlüsselung von Daten, das die Basis für PGP darstellt. (Was es mit Public Keys auf sich hat, erfahren Sie im Abschnitt *Die Funktionsweise von PGP*) Im darauffolgenden Jahr wurde am Massachussets Institute of Technology (MIT) das RSA-Public-Key-Verfahren entworfen (benannt nach seinen Erfindern Rivest, Shamir, Adleman) und trotz Intervention der National Security Agency (NSA) publiziert. Schließlich entwickelten Lay und Massey in Zürich IDEA – die neben RSA zweite Kodiermethode, die von PGP verwendet wird.

Die eigentliche Geburtsstunde von PGP schlug dann im Jahre 1991, als sich Philipp Zimmerman vor dem Hintergrund der oben erwähnten Gesetzesinitiative entschloß, mit PGP ein Kryptographie-Programm für die breite Öffentlichkeit zu entwerfen. Der rasche Erfolg dieser Software blieb zunächst jedoch auf die USA beschränkt, denn der Export von kryptographischer Software wird durch das US-amerikanische Waffenausfuhr-Gesetz untersagt. Als PGP über das Internet dennoch allmähliche Verbreitung auch in der übrigen Welt fand, wurde Zimmerman der Beihilfe zum Bruch des Waffenausfuhr-Gesetzes angeklagt, allerdings ist das Verfahren mittlerweile eingestellt worden.

Um in den folgenden Jahren eine internationale und legale PGP-Version entwickeln zu können, mußte man das US-amerikanische Waffenausfuhr-Gesetz durch einen Kniff umgehen: Man faßte den Quellcode in Buchform, die nicht den Exportbeschränkungen unterlag. Im Ausland wurde der Quellcode dann eingescannt, kompiliert und bildete die Grundlage für die internationale PGP-Version, die fortan durch ein »i« hinter der letzten Versionsnummer gekennzeichnet war.

Es existieren also jeweils zwei völlig legale PGP-Versionen, eine für die Einwohner der Vereinigten Staaten und eine für den Rest der Welt.

Eine ausführlichere Darstellung der aufregenden Geschichte von PGP, gespickt mit zahlreichen Seitenhieben auf die amerikanische Regierung und ihre Behörden, finden Sie unter *http://www.dcs.ex.ac.uk/~aba/timeline/*.

Die Funktionsweise von PGP

Vielleicht haben auch Sie sich als Kind Verschlüsselungsmethoden ausgedacht, den Schlüssel an Freunde weitergegeben und anschließend kodierte Nachrichten ausgetauscht. Prinzipiell kann man diese Methode auch bei E-Mails anwenden. Sie wird als symmetrische oder *Secret-Key-Verschlüsselung* bezeichnet, da bei ihr derselbe (geheime) Schlüssel für das Ver- und Entschlüsseln verwendet wird. Die Funktionsweise des Secret-Key-Verfahrens wird in Abbildung 7-1 schematisch dargestellt.

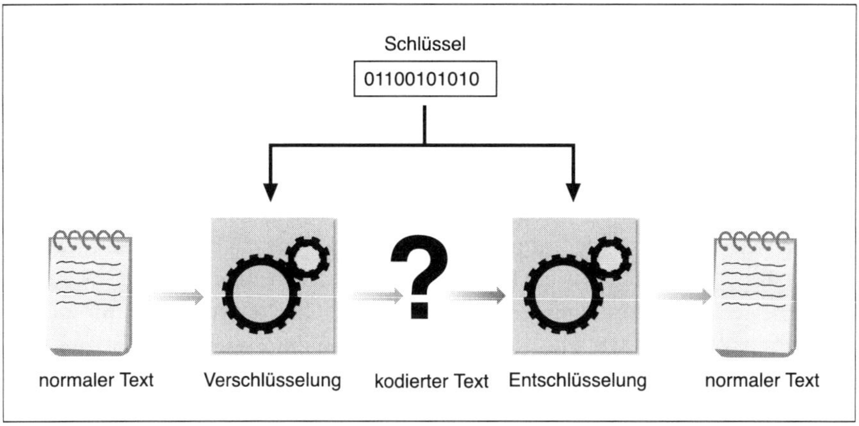

Abbildung 7-1: So funktionieren (symmetrische) Secret-Key-Verfahren

Allerdings tauchen bei dieser Methode einige Probleme auf: Wie tauscht man den Schlüssel aus, ohne sich dabei der Gefahr auszusetzen, belauscht zu werden? Gerät der Schlüssel in falsche Hände, nützt auch der komplizierteste Mechanismus nichts mehr. Sicher könnte man Freunden den Schlüssel persönlich oder am Telefon übergeben. Was ist aber, wenn man mit Unbekannten kommunizieren möchte?

Öffentliche und private Schlüssel

Das Problem, für den Austausch des geheimen Schlüssels über einen abhörsicheren Kanal verfügen zu müssen, wird beim sogenannten *Public-Key-Verfahren* umgangen. Dieses Verfahren bezeichnet man auch als asymmetrisch, da es zwei verschiedene Schlüssel verwendet. Bei der Verschlüsselung bedient es sich des sogenannten *Public Key* (des öffentlichen Schlüssels), entschlüsselt werden die Nachrichten anschließend mit Hilfe des *Secret Key* (des privaten Schlüssels). Beim Signieren einer Nachricht findet genau der umgekehrte Vorgang statt: Verschlüsselt wird hier mit dem Secret Key, entschlüsselt mit dem Public Key.

Der private Schlüssel kann dabei idealerweise nicht aus dem öffentlichen berechnet werden. Die mit PGP erzeugten Schlüssel kommen diesem Ideal sehr nahe und können deshalb gefahrlos übertragen werden.[1]

Signatur

Darüber hinaus besteht die Möglichkeit, eine Nachricht mit einer Signatur zu versehen, d.h. sie zu »unterschreiben«. Wie im richtigen Leben dient die Unterschrift dazu, die Echtheit des Absenders zu bestätigen. Mit Signatur ist in diesem Fall nicht die in Kapitel 2 vorgestellte Signaturdatei gemeint, sondern vielmehr das Kodieren der Nachricht mit dem privaten Schlüssel. Wenn es dem Empfänger gelingt, die E-Mail mit Ihrem öffentlichen Schlüssel zu dekodieren, kann er davon überzeugt sein, daß die Nachricht wirklich von Ihnen stammt. Natürlich können Sie beides kombinieren, also die Nachricht verschlüsseln, um zu verhindern, daß sie von Dritten gelesen wird, und sie unterschreiben, um zu bestätigen, daß die Nachricht wirklich aus Ihrer Feder stammt.

Verschlüsselungsalgorithmen

Bei PGP wird zusätzlich zur asymmetrischen Verschlüsselung ein symmetrisches Verfahren verwendet, da Public-Key-Methoden in der Regel erheblich langsamer arbeiten. Bei jeder Verschlüsselung generiert PGP mit einem Zufallsgenerator einen symmetrischen Schlüssel, der nur für eine einzige *Sitzung*, d.h. nur für eine Verschlüsselung verwendet wird. Dieser *Sitzungsschlüssel* wird dann mit dem öffentlichen Schlüssel des Empfängers kodiert und in die (mit dem Sitzungsschlüssel kodierte) Nachricht eingefügt.

Dem Zufallsgenerator kommt dabei eine wichtige Funktion zu. PGP erzeugt Zufallszahlen aus wirklich zufälligen Daten wie der Bewegung der Maus, der Geschwindigkeit, mit der Sie tippen oder aus der Uhrzeit. Der Zufallsgenerator wird mit diesen Daten bei jeder neuen Verschlüsselung einer Nachricht neu initiiert. Trotzdem sollten Sie darauf achten, daß die Datei `randseed.bin`, die die Zufallsdaten enthält, nicht in falsche Hände gerät, um das Risiko eines Angriffs auf Ihren privaten Schlüssel zu minimieren. Richten Sie es wenn möglich so ein, daß diese Datei nur von Ihnen gelesen werden darf.

---

1 Beachten Sie dabei, daß es bei den von PGP erzeugten Schlüsseln versionsbedingte Inkompabilitäten geben kann. So kann die PGP-Version 2.6 nichts mit den Schlüsseln der Versionen 5.x anfangen.

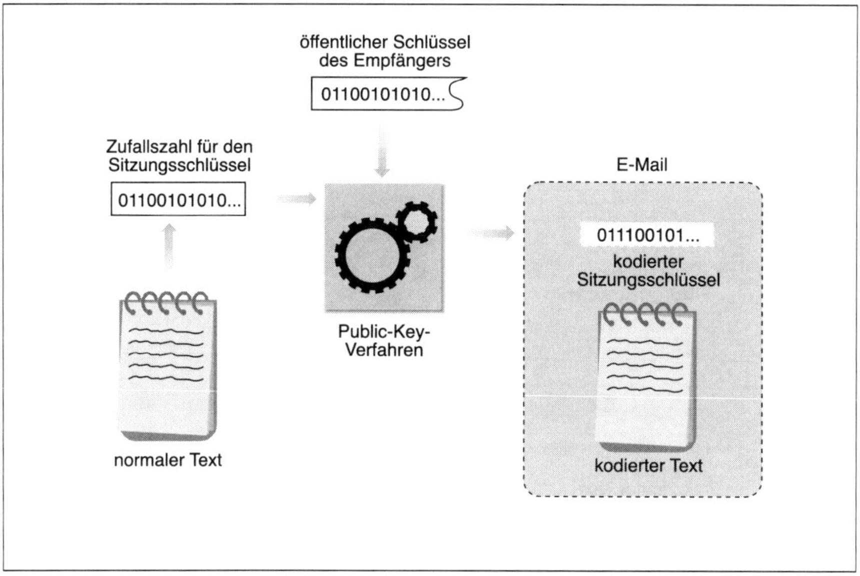

Abbildung 7-2: Die Verschlüsselung einer Nachricht in PGP

Der Empfänger kann mit seinem privaten Schlüssel den Sitzungsschlüssel anschließend wiederherstellen und damit die Nachricht dekodieren. Auf diese Weise nutzt PGP sowohl die Schnelligkeit symmetrischer als auch die Abhörsicherheit asymmetrischer Methoden. Für den Anwender ist dieser Vorgang allerdings nicht sichtbar.

Es gibt eine Reihe von Algorithmen, die bei PGP für die Verschlüsselung mit dem Secret- bzw. Public-Key-Verfahren verwendet werden. Für die Erzeugung des öffentlichen und des privaten Schlüssels kann zwischen Diffie-Hellman/DSS- (DH/DSS) und RSA-Schlüsseln gewählt werden. Diffie-Hellman-Schlüssel werden in Zukunft die älteren RSA-Schlüssel ablösen, da sie noch wenig untersucht und prinzipiell sicherer sind. Außerdem unterstützen manche der neueren Versionen von PGP weder die Erzeugung von RSA-Schlüsseln noch das Kodieren oder Dekodieren mit dieser Methode. Wenn Sie deshalb keinen guten Grund haben, einen RSA-Schlüssel zu verwenden, wählen Sie bei der Schlüsselerzeugung einen DH-Schlüssel.

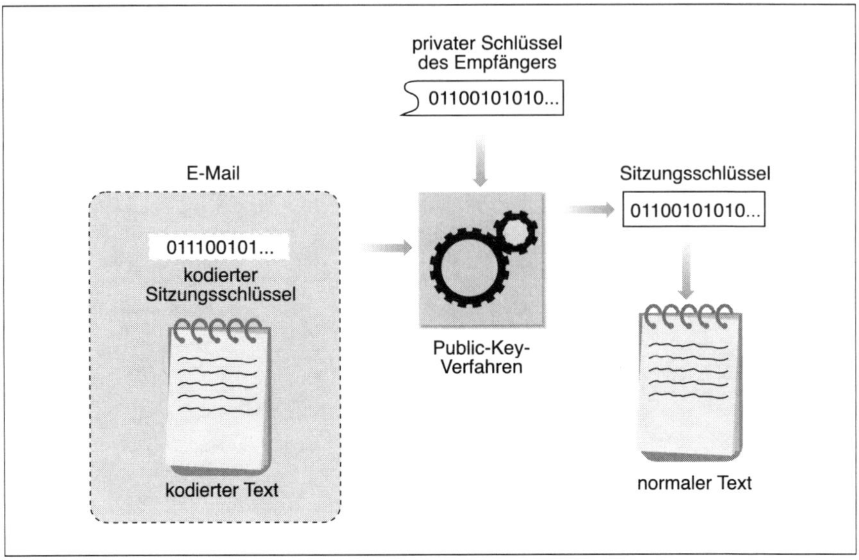

Abbildung 7-3: Die Entschlüsselung einer mit PGP kodierten Nachricht

Für die Secret-Key-Verschlüsselung kann bei DH/DSS-Schlüsseln zwischen drei Algorithmen gewählt werden: IDEA, CAST und Triple-DES. IDEA und CAST haben Schlüssellängen von 128 Bit, Triple-DES-Schlüssel sind 168 Bit lang. Alle drei Methoden werden als sehr sicher angesehen, wobei Triple-DES als älteste Methode bisher am besten untersucht worden ist. Sicherheitsmängel sind bei diesem Verfahren deshalb so gut wie auszuschließen. Es ist jedoch auch die langsamste Methode. Bei PGP ist CAST voreingestellt. Für RSA-Schlüssel gibt es nur die Möglichkeit, IDEA zu verwenden.

Falls Sie sich näher für die Algorithmen interessieren, finden Sie Informationen zu RSA und IDEA unter *http://www.foebud.org/~christopher/pgp/pgp_2_6.htm*. Zu IDEA, CAST und Triple-DES gibt es weitere Informationen in der Dokumentation zu PGP, die unter *http://www.pgpi.com/docs/* zu finden ist.

Vor der Verschlüsselung komprimiert PGP die zu kodierende Nachricht, da sich wiederholende (redundante) Informationen eine Möglichkeit darstellen, den privaten Schlüssel herauszufinden. Die Kompression erhöht deshalb die Sicherheit. Wichtig ist, daß Nachrichten, wenn sie einmal verschlüsselt sind, nicht mehr komprimiert werden können. PGP erkennt gängige Kompressionsverfahren und versucht nicht, bereits komprimierte Dateien weiter zu komprimieren.

Beim Unterschreiben wird aus der Nachricht eine 128 bzw. 160 Bit lange Prüfsumme errechnet (zur Veranschaulichung: eine 160-Bit-Zahl liegt zwischen 1 und $2^{160} = 1{,}46 \cdot 10^{48}$). Wenn die Nachricht verändert wird, ändert sich natürlich auch diese Prüfsumme. Deshalb können Sie über die Signatur feststellen, ob die Nachricht wirklich vom Absender stammt und ob sie verändert wurde oder nicht. Auch für die Signatur können unterschiedliche Algorithmen verwendet werden. MD5 (MD steht für *message digest*) ist das ältere Verfahren und nicht sonderlich sicher. Es wurde und wird zusammen mit RSA-Schlüsseln verwendet und ist deshalb auch in neueren Versionen von PGP noch enthalten. Das neuere und sicherere Verfahren heißt *DSS* (*Digital Signature Standard*) und wird zusammen mit dem DH-Schlüssel verwendet. Es basiert auf einer Entwicklung der NSA, dem sogenannten *Secure Hash Algorithm* (*SHA*), und wird von Fachleuten als sehr sicher angesehen.

Die praktische Arbeit mit PGP 5

Nach all diesen theoretischen Ausführungen wollen Sie sicher wissen, wie PGP konkret funktioniert. Wir werden Ihnen das am Beispiel der Version 5.5.3i für Microsoft Windows demonstrieren. Wie bereits erwähnt, gibt es PGP jedoch auch für fast jedes andere Betriebssystem. Herunterladen können Sie das Programm unter *http://www.pgpi.com/download/*.[2]

Sie können während der Installation auch Plug-Ins für Eudora und Outlook einrichten. Wenn Sie eines dieser Programme für Ihre E-Mail-Kommunikation verwenden, installieren Sie diese Plug-Ins – sie erleichtern die Arbeit später ungemein.

Während der Installation wird bereits Ihr erstes Schlüsselpaar erzeugt. Dabei betreut Sie ein leicht verständlicher *Key Generation Wizard*. Besondere Bedeutung kommt der Kennformel (engl. *Passphrase,* auch *Mantra* genannt) zu. Sie schützt Ihren privaten Schlüssel vor dem Zugriff durch Dritte und stellt deshalb ein Sicherheitsrisiko dar. Mit sogenannten Wörterbuch-Angriffen, bei denen au-

2 Beachten Sie allerdings, daß Sie PGP nur für private Zwecke frei verwenden dürfen. Den Vertrieb der kommerziellen PGP-Version innerhalb von Deutschland hat die Network Associates GmbH in 82110 Germering übernommen.

tomatisch sämtliche Wörterbucheinträge ausprobiert werden, können einfache Kennformeln (solche, die nur aus einem Wort bestehen) leicht geknackt werden. Wählen Sie deshalb eine mindestens acht Zeichen lange Kombination von Zahlen, Buchstaben, Leer- und Sonderzeichen. Einem Balken im Eingabefenster können Sie entnehmen, wie sicher der bisher eingetippte Text ist.

Ein Dilemma, das Sie sicher schon von normalen Kennwörtern her kennen, taucht bei Kennformeln in verschärfter Form auf: Wie wähle ich eine komplizierte (und daher sichere) Kennformel, die ich trotzdem behalten kann? Den einzigen Tip, den wir Ihnen hier geben können, ist, keine spontane Idee als Kennformel zu verwenden, sondern etwas, was sich schon in Ihrem Langzeitgedächtnis befindet. Aufschreiben sollten Sie die Kennformel *auf keinen Fall* – jede noch so gut ausgedachte Kennformel ist wertlos, wenn man sie irgendwo nachlesen kann.

Die Installation von PGP bewirkt einige kleine Veränderungen bei Microsoft Windows. Am rechten Rand der Statuszeile (neben der Uhrzeit) befindet sich jetzt ein kleines Symbol, auf dem ein Schlüssel und ein Briefumschlag dargestellt sind: das sogenannte *PGPtray*. Wenn Sie es mit der rechten Maustaste anklicken, öffnet sich ein Kontextmenü (Abbildung 7-4). Es bieten sich folgende Möglichkeiten:

- Ver- und Entschlüsseln und Signieren über die Zwischenablage (CLIPBOARD)
- Ver- und Entschlüsseln und Signieren von Dateien mit der Werkzeugleiste PGPTOOLS (siehe Abbildung 7-5)
- Schlüsselerzeugung und -verwaltung mit dem Programm PGPKEYS
- Änderung der Einstellungen (PREFERENCES)
- Hilfe zu PGP

Auch im Windows Explorer machen sich Veränderungen bemerkbar. Das Kontextmenü, das sich bei einem rechten Mausklick öffnet, beinhaltet nun den Unterpunkt PGP. Darüber lassen sich im Explorer sehr einfach Dateien ver- und entschlüsseln, unterschreiben und mit WIPE vollständig löschen (siehe den Abschnitt *Dateien löschen mit Wipe*). Sollten Sie das Plug-In für Eudora installiert haben, wird sich auch dessen Aussehen leicht verändern (mehr dazu im Unterpunkt *PGP und Eudora*).

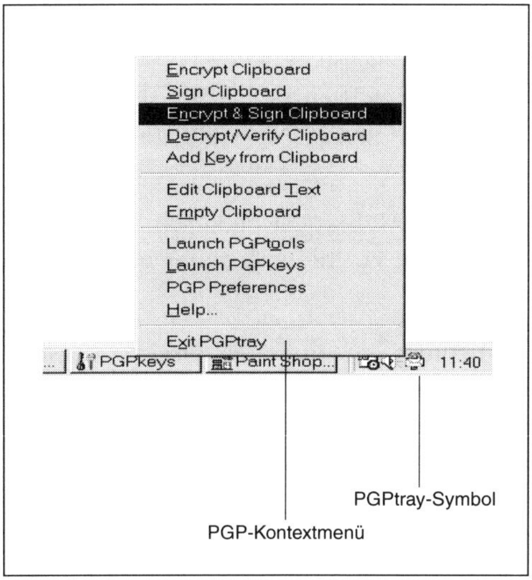

Abbildung 7-4: Das Kontextmenü PGPTRAY

PGP-Einstellungen

Es ist lohnenswert, sich ein wenig Zeit für die PGP-Einstellungen zu nehmen. Sie beinhalten einige Punkte, die für die Arbeit mit PGP und die E-Mail-Sicherheit sehr bedeutsam sind.

General

ALWAYS ENCRYPT TO DEFAULT KEY: Ist dieses Feld angewählt, wird eine Nachricht nicht nur mit dem öffentlichen Schlüssel des Empfängers kodiert, sondern zusätzlich auch mit dem privaten Schlüssel des Absenders.

CACHE DECRYPTION/SIGNING PASSPHRASE: Für die eingestellte Zeitdauer wird die Kennformel im Arbeitsspeicher behalten. Wählen Sie diesen Punkt an, aber setzen Sie die Zeit sicherheitshalber auf eine Sekunde, um der Reproduktion der Kennformel aus dem Arbeitsspeicher vorzubeugen.

FASTER KEY GENERATION: Sollte ausgeschaltet sein, da sonst bei der Erzeugung von DH-Schlüsseln bereits vorher berechnete Primzahlen verwendet werden.

DISPLAY WIPE CONFIRMATION DIALOG: Wird Wipe aufgerufen, erscheint vor dem Löschen der Datei ein Dialogfenster, in dem der Befehl bestätigt werden muß.

Files

Hier müssen die Verzeichnisse angegeben werden, in denen sich der öffentliche und der private Schlüssel (`pubring.skr` und `secring.skr`) sowie die Datei mit den Zufallszahlen (`randseed.bin`) befinden. Für das Speichern der Schlüssel bieten sich drei Möglichkeiten:

- Beide Schlüssel auf der Festplatte aufzubewahren ist praktisch, aber relativ unsicher, weil so jede Person, die Zugang zu Ihrem Rechner hat, auch an Ihren privaten Schlüssel gelangen kann.
- Beide Schlüssel auf einem Wechselmedium (z.B. auf einer Diskette) zu speichern ist sicherer, hat aber einen großen Nachteil. Wegen der bereits erwähnten Verbindung mit PGP führt jeder Dateizugriff im Windows Explorer zu einem Zugriff auf das Diskettenlaufwerk, die Diskette mit den Schlüsseln müßte also ständig eingelegt sein.
- Befindet sich der private Schlüssel auf Diskette, der öffentliche aber auf der Festplatte, ist der private Schlüssel vor unerlaubtem Zugriff relativ sicher, und nur der Aufruf des Punktes PGP im Explorer-Kontextmenü führt zum Zugriff auf das Diskettenlaufwerk.

E-Mail

USE PGP/MIME WHEN SENDING EMAIL: Anfangs war PGP nur für reine Textnachrichten konzipiert. Mit PGP/MIME können nun auch MIME-Nachrichten sicher verschickt werden – sofern Ihr E-Mail-Client und der Ihres Gegenübers PGP/MIME unterstützen. Leider ist es nicht möglich, mit älteren PGP-Versionen Nachrichten zu dekodieren, die mit PGP/MIME verschlüsselt wurden. Wie beim Kodieren von Attachments mit MIME sollten Sie sich deshalb informieren, ob der Empfänger mit PGP/MIME verschlüsselte Nachrichten lesen kann oder nicht.

WORD WRAP CLEAR-SIGNED MESSAGES AT COLUMN: Hier kann eingestellt werden, wie viele Zeichen eine Zeile enthalten soll. Probleme können bei Programmen auftauchen, die die Zeilen erst beim Absenden umbrechen, wenn die Nachricht zuvor per Hand verschlüsselt wurde. Wird der verschlüsselte Text dadurch zerstückelt, kann er vom Empfänger nicht entschlüsselt werden. Am besten stellen Sie hier den Wert ein, den Sie auch in Ihrem E-Mail-Programm verwenden.

ENCRYPT/SIGN NEW MESAGES BY DEFAULT: Beim Absenden werden E-Mails automatisch verschlüsselt (wenn der öffentliche Schlüssel des Empfängers vorhanden ist) bzw. unterschrieben. Dies funktioniert nur bei Programmen, die PGP/MIME unterstützen oder für die PGP-Plug-Ins installiert sind.

AUTOMATICALLY DECRYPT/VERIFY WHEN OPENING MESSAGES: Eine verschlüsselte Nachricht wird automatisch entschlüsselt. Dies funktioniert nur bei Programmen, die PGP/MIME unterstützen bzw. für die PGP-Plug-Ins installiert sind.

Server

Hier kann der Standardserver eingestellt werden, auf dem der eigene öffentliche Schlüssel veröffentlicht werden soll. Auf diesem Server wird auch nach anderen Schlüsseln gesucht, und an ihn werden gegebenenfalls auch Rückzugsmeldungen geschickt. Mehr über die sogenannten *Key-Server* und das Veröffentlichen und Suchen von Schlüsseln erfahren Sie im Abschnitt *Key-Server – Schlüssel veröffentlichen, suchen und zurückziehen*.

Advanced

Unter ENCRYPTION kann eingestellt werden, welche Algorithmen für die Secret-Key-Verschlüsselung verwendet werden können und welcher davon bevorzugt wird.

DISPLAY MARGINAL VALIDITY LEVEL: Marginal gültige Schlüssel werden farblich dargestellt, wenn diese Option aktiviert ist. Der Sinn marginal gültiger Schlüssel ist sicher fragwürdig – entweder ist ein Schlüssel gültig oder er ist es nicht. Diese Gültigkeitsstufe tritt auf, wenn ein Schlüssel von jemandem unterschrieben wurde, für den die Vertrauensstufe »marginal trust« (die ebenso unsinnig ist) eingestellt ist (siehe Abschnitt *Web of Trust*). Unser Rat: Verzichten Sie auf die Vertrauensstufe »marginal trust«, dann tauchen auch keine »halbgültigen« Schlüssel auf.

TREAT MARGINALLY VALID KEYS AS INVALID: Marginal gültige Schlüssel werden als ungültig betrachtet.

WARN WHEN ENCRYPTING WITH KEYS WITH AN ADK: *Additional Decryption Keys (ADKs)* ermöglichen es Sicherheitsbeauftragten von Firmen oder Behörden, unter bestimmten Umständen, Nachrichten zu dekodieren. Sollte der Schlüssel, den Sie verwenden möchten, einen ADK enthalten, öffnet sich ein warnendes Dialogfenster, wenn Sie dieses Feld aktiviert haben.

Schlüssel erzeugen und verwalten mit PGPkeys

Das Programm, das die Verwaltung von Schlüsseln übernimmt, heißt *PGPkeys* und kann entweder über LAUNCH PGPKEYS im Kontextmenü des PGPtray oder über die PGP-Programmgruppe im Menü START aufgerufen werden. Es öffnet sich ein Fenster, in dem Ihr *Schlüsselbund* angezeigt wird. Das ist eine Liste aller öffentlichen Schlüssel, die Sie von Freunden und Bekannten bereits erhalten haben. Außerdem befindet sich hier auch Ihr eigenes Schlüsselpaar (wenn Sie dieses während der Installation bereits erzeugt haben), sowie einige weitere Schlüssel von Personen, die mit PGP in Verbindung stehen (z.B. die von Phil Zimmermann und Stale Schumacher). Wundern Sie sich also nicht, wenn Ihr Schlüsselbund schon beim ersten Aufruf voller Schlüssel ist.

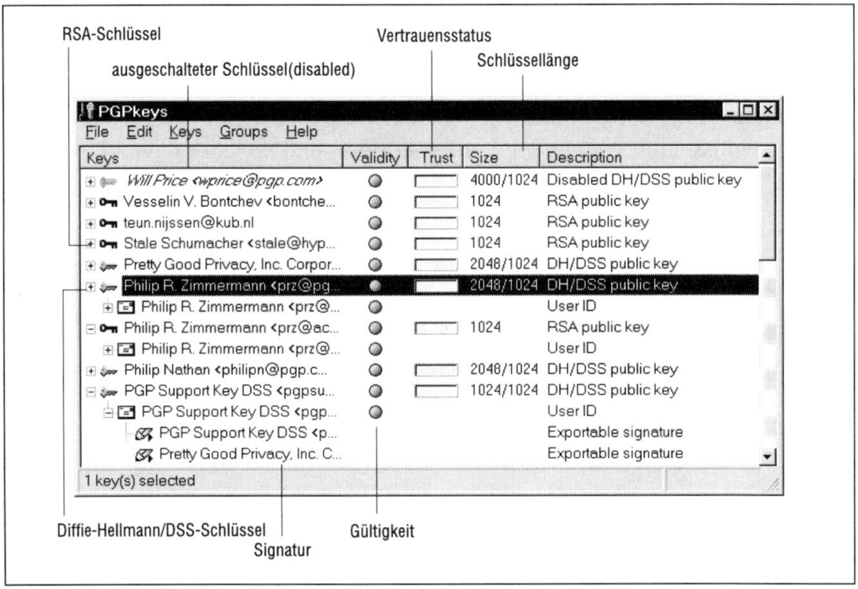

Abbildung 7-5: Darstellung eines Schlüsselbunds im Programm PGPkeys

Für jeden Schlüssel kann eine Reihe von Eigenschaften angezeigt werden. Manche dieser Eigenschaften werden allerdings nicht automatisch angezeigt. Wollen Sie zusätzliche Eigenschaften der Schlüssel sichtbar machen, wählen Sie den Menüpunkt KEYS – SELECT COLUMNS an.

- Das Schlüsselsymbol am linken Bildrand zeigt, wie die Spalte DESCRIPTION auf der rechten Seite, die *Art des Schlüssels* an. Blaue, etwas altertümlich aussehende Schlüssel stehen für RSA-, gelbe, moderne dagegen für DH/DSS-Schlüssel.
- Daneben stehen der zum Schlüssel gehörige *Name* und die *E-Mail-Adresse*.
- In der Spalte VALIDITY wird die *Gültigkeit* eines Schlüssels angezeigt. Ein Schlüssel ist nur gültig, nachdem Sie ihn unterschrieben haben. Gültige Schlüssel werden durch einen grünen Kreis (der eigene durch eine grüne Raute) dargestellt, ungültige dagegen durch einen grauen Kreis.
- Das Feld TRUST zeigt die *Vertrauenswürdigkeit* eines Schlüsselbesitzers an. Ist der Besitzer nicht vertrauenswürdig (*untrusted*), ist das Feld hellgrau, bei teilweisem Vertrauen (*marginal trust*) erscheint ein halber dunkelgrauer Balken, bei vollem Vertrauen ein vollständiger dunkelgrauer Balken. Eigene Schlüssel werden durch einen grau-weiß schraffierten Balken gekennzeichnet. Mehr zu den Themen Trust und Validity finden Sie im Abschnitt *Web of Trust – Schlüssel unterschreiben und zertifizieren*.
- In der Spalte SIZE finden Sie die *Länge des Schlüssels* in Bit.
- Unter ADK wird angezeigt, ob ein *Additional Decryption Key* existiert.
- Die Spalte CREATION beinhaltet das Entstehungsdatum des Schlüssels.
- Sollte es ein Datum geben, an dem der Schlüssel ungültig wird, wird dieses im Feld EXPIRATION angezeigt.
- Schließlich finden Sie in der Spalte KEYID die *ID-Nummer* des Schlüssels, die für jeden Schlüssel einzigartig ist. Sie ist sehr nützlich, um Schlüssel zu unterscheiden, die den gleichen Namen und die gleiche E-Mail-Adresse besitzen, und um auf Key-Servern nach Schlüsseln zu suchen.

Um sämtliche Eigenschaften eines Schlüssels betrachten zu können, markieren Sie lediglich den Schlüssel und wählen den Menüpunkt KEYS – KEY PROPERTIES an. Neben den bereits beschriebenen Eigenschaften wird hier angezeigt, welches Verfahren für die Secret-Key-Verschlüsselung gewählt wird und wie der *Fingerabdruck* (*Fingerprint*) des Schlüssels lautet. Der Fingerabdruck ist eine eindeutige Kennummer, die bei der Schlüsselerzeugung erstellt wird. Mit ihm kann die Echtheit eines Schlüssels überprüft werden – am besten, indem Sie den Fingerprint am Telefon (oder bei einem Treffen) mit dem Besitzer überprüfen. Die Kennformel kann in diesem Dialogfenster ebenfalls verändert werden.

Ein Schlüssel ist in fetter Schrift dargestellt. Hierbei handelt es sich um den Default Key, den PGP standardmäßig zum Entschlüsseln an Sie adressierter Nachrichten sowie zum Unterschreiben ausgehender E-Mails verwendet. Anfangs ist Ihr erster Schlüssel der Default Key. Sollten Sie weitere erzeugen, können Sie einen der neuen Schlüssel über KEYS – SET AS DEFAULT KEY zum Hauptschlüssel erklären.

Normalerweise sollte das Schlüsselpaar ausreichen, das Sie während der Installation von PGP erzeugt haben. Wenn Sie aber mit Ihrer Wahl des Verschlüsselungsalgorithmus nicht mehr zufrieden sind oder aus einem anderen Grund einen weiteren Schlüssel erzeugen möchten, können Sie dies über KEYS – NEW KEY tun. Sollten Sie mehr als einen E-Mail-Account benutzen, brauchen Sie dafür allerdings keinen neuen Schlüssel zu erzeugen. Über KEYS – ADD NAME können Sie statt dessen einfach weitere Namen und E-Mail-Adressen eintragen. Diese erscheinen dann mit einem Briefumschlag- Symbol unter dem Schlüssel.

Schlüssel, die Sie vorübergehend nicht benötigen, können über KEYS – DISABLE ausgeblendet werden. Sie werden dann in kursiver Schrift angezeigt und stehen – je nach Sortierrichtung – ganz oben oder ganz unten im Schlüsselbund. Ausgeblendete Schlüssel werden außerdem im Dialogfenster zur Auswahl von Schlüsseln für die Kodierung nicht angezeigt. Rückgängig machen können Sie das Ausblenden über KEYS – ENABLE. Schlüssel, die Sie sicher nicht mehr benötigen, können Sie jederzeit mit EDIT – DELETE löschen.

Ver- und Entschlüsseln über die Zwischenablage

Sollten Sie ein E-Mail-Programm verwenden, für das kein PGP-Plug-In existiert, werden Sie um die Verschlüsselung Ihres E-Mail-Textes per Hand nicht herumkommen. Aber keine Sorge, auch das ist sehr einfach.

Markieren Sie den Text, den Sie verschlüsseln möchten, kopieren Sie ihn in die Zwischenablage, und wählen Sie aus dem *PGPtray*-Menü den Punkt ENCRYPT CLIPBOARD. In dem daraufhin erscheinenden Fenster können Sie die Schlüssel der Empfänger der E-Mail auswählen, indem Sie die Schlüssel markieren und mit Drag-and-drop in das Empfänger-Fenster ziehen. Nach der Bestätigung befindet sich der kodierte Text in der Zwischenablage und kann einfach anstelle des normalen Textes im E-Mail-Client eingefügt werden.

Ebenso einfach läßt sich eine Nachricht unterschreiben (SIGN CLIPBOARD), verschlüsseln und unterschreiben (ENCRYPT & SIGN CLIPBOARD) oder entschlüsseln und verifizieren (DECRYPT/VERIFY CLIPBOARD).

Ver- und Entschlüsseln von Dateien

Mit PGP können nicht nur Textnachrichten, sondern auch alle anderen Dateien verschlüsselt werden. Dafür stehen Ihnen zwei Wege offen. Im Windows Explorer können Sie über die rechte Maustaste ein Kontextmenü aufrufen, über das Sie die markierte Datei verschlüsseln und/oder unterschreiben können – das funktioniert genauso wie beim Verschlüsseln über die Zwischenablage. Natürlich können auch mehrere Dateien markiert und gemeinsam verschlüsselt werden. Die verschlüsselten Dateien werden im selben Verzeichnis abgelegt. Um verschlüsselte Dateien zu dekodieren, wählen Sie einfach DECRYPT/VERIFY aus dem Explorer-Kontextmenü.

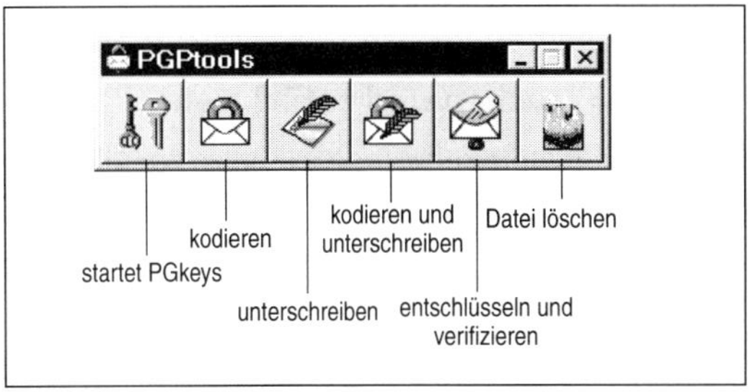

Abbildung 7-6: Die Werkzeugleiste PGPtools

Die andere Möglichkeit ist die Ver- bzw. Entschlüsselung über das Programm *PGPtools*, das die gleichen Funktionen wie das Explorer-Kontextmenü bietet und außerdem ein Symbol für den Aufruf von *PGPkeys* besitzt. Sie können entweder eines der Symbole und im anschließenden Dialogfenster eine Datei auswählen oder aber die Datei aus dem Explorer-Fenster auf das Symbol in der Werkzeugleiste ziehen.

Dateien löschen mit Wipe

Sie fragen sich, wozu Sie eine weitere Funktion brauchen, die Dateien löscht? Das ist etwas kompliziert und hat damit zu tun, wie Dateien von manchen Betriebssystemen gelöscht werden. Unter Windows beispielsweise wird zwar der

Dateiname aus dem entsprechenden Verzeichnis gelöscht, mit bestimmten Programmen lassen sich aber auch gelöschte Dateien noch reproduzieren. Das normale Löschen ist also kein wirklich sicheres Mittel, um vertrauliche Informationen zu beseitigen. Dagegen vernichtet die Funktion WIPE, die aus *PGPkeys*, *PGPtools* oder dem Explorer-Kontextmenü aufgerufen werden kann, alle Spuren der zu löschenden Datei, so daß sie nicht mehr rekonstruiert werden kann.

Vorsicht! Sollten Sie unter Windows einen Shortcut zu einem Programm mit Wipe löschen, wird auch die dazugehörige Anwendung gelöscht.

Auch bei Betriebssystemen, die mit sogenanntem *virtuellen Speicherplatz* arbeiten, wie z.B. Windows 95/98 oder Macintosh OS, werden jegliche Spuren der Datei vernichtet. Es kann aber sein, daß sich in sogenannten Swap-Files (Auslagerungsdateien) noch Fragmente der Datei befinden, die nicht mehr als Teile der Datei betrachtet und deshalb nicht gelöscht werden. Deshalb sollten Sie, um wirklich sicher zu gehen, ein anderes Werkzeug verwenden, um Swap-Files zu löschen. Mit PGP ist das bisher nicht möglich.

Key-Server – Schlüssel veröffentlichen, suchen und zurückziehen

Inzwischen wissen Sie zwar, wie Sie verschlüsselte Nachrichten verschicken und im Prinzip auch, wie Sie E-Mails entschlüsseln können. Leider können Sie aber keine kodierten Nachrichten bekommen, solange Ihre Freunde und Geschäftspartner Ihren öffentlichen Schlüssel nicht kennen. Es gibt zwei Methoden, um diesen Schlüssel wirklich öffentlich zu machen: Sie können ihn allen Ihre Bekannten per E-Mail zuschicken und ihn zusätzlich auf einem sogenannten *Key-Server* veröffentlichen. Auf diese Weise können auch Personen, die Sie gar nicht kennen, an Ihren öffentlichen Schlüssel gelangen und Ihnen verschlüsselte Nachrichten schicken.

Es ist sehr einfach, den öffentlichen Schlüssel an Bekannte zu verschicken. Kopieren Sie ihn in PGPkeys mit EDIT – COPY, und fügen Sie ihn dann in die E-Mail ein. Sie können ihn auch als Textdatei speichern. Das hat den Vorteil, daß der Schlüssel stets zur Verfügung steht und jederzeit als Attachment an neue Bekannte verschickt werden kann. Das Speichern als Textdatei funktioniert über die Funktion KEYS – EXPORT in PGPkeys, oder indem Sie das Schlüsselsymbol mit der Maus auf das Programmfenster des Windows Explorer ziehen. Ebenso einfach kann ein Schlüssel, den Sie von einem Freund per E-Mail erhalten haben, in Ihren Schlüsselbund aufgenommen werden. Wenn Sie ein E-Mail-Programm verwenden, für das ein PGP-Plug-In existiert, können Sie den Schlüssel einfach über ein Symbol übernehmen. Sie können den Schlüssel auch übernehmen, indem Sie den Textblock kopieren, der den Schlüssel beinhaltet, und ihn in PGPkeys über EDIT – PASTE in ihren Schlüsselbund einfügen. Schlüssel, die Sie als Datei erhalten haben, können Sie über die Menüoption KEYS – IMPORT importieren.

Tatsächlich öffentlich und damit sinnvoll wird der öffentliche Schlüssel allerdings erst dann, wenn er über einen Key-Server zugänglich ist. Es gibt eine Reihe solcher Schlüssel-Server, die regelmäßig neu eingegangene Schlüssel untereinander austauschen. Es ist also gleichgültig, an welchen dieser Server Sie Ihren öffentlichen Schlüssel schicken. Am einfachsten können Sie das über KEYS – SEND KEY TO SERVER tun. Eine andere Möglichkeit ist, den Schlüssel per E-Mail an einen Key-Server zu schicken, z.B. an *pgp-public-keys@informatik.uni-hamburg.de* oder *pgp-public-keys@uni-paderborn.de*. Geben Sie `ADD` als Betreff an, und fügen Sie den Schlüssel in den Hauptteil der Nachricht ein. Sobald Sie Ihren öffentlichen Schlüssel bekanntgegeben haben, können Sie in Ihrer E-Mail-Signatur darauf hinweisen, unter welcher Schlüssel-ID der Schlüssel zu finden ist. Das erleichtert es allen, die mit Ihnen sicher kommunizieren möchten, an Ihren Schlüssel zu gelangen. Vermeiden Sie aber möglichst, den Schlüssel als Text in ihre Signatur einzufügen. Damit handeln Sie sich mit Sicherheit Ärger ein. Nicht jeder möchte schließlich in jeder Nachricht Ihren Schlüssel vorfinden.

An die öffentlichen Schlüssel anderer zu gelangen ist ebenfalls einfach. Wenn Sie von Ihrem Gegenüber den Schlüssel nicht per E-Mail zugeschickt bekommen haben, ist die Suche über die Menüoption KEYS – SEARCH in PGPkeys der einfachste Weg. In einem Dialogfenster können Sie unter anderem nach Bestandteilen der ID-Nummer, der E-Mail-Adresse oder dem Erzeugungsdatum suchen und Suchkriterien auch kombinieren. Am schnellsten geht die Suche, wenn Sie die genaue E-Mail-Adresse wissen oder, noch besser, die ID-Nummer des Schlüssels. Sie können aber auch hier eine E-Mail an einen der oben genannten Server schicken. Diesmal muß das Subject `GET` (wenn Sie die genauen Daten kennen) oder `MGET` (für Bestandteile der Daten) heißen, gefolgt von User-ID, E-Mail-Adresse oder Schlüssel-ID.

Schlüssel können auch wieder zurückgezogen (engl. revoke) werden. Dafür kann es mehrere Gründe geben: Die Datei mit Ihrem privaten Schlüssel wurde versehentlich gelöscht, Sie haben die Kennformel vergessen, oder der private Schlüssel ist Ihnen gestohlen worden. Da sowohl die Datei `secring.skr` als auch die Kennformel für das Zurückziehen gebraucht werden, sollten Sie direkt nach jeder Schlüsselerzeugung eine Revoke-Datei erstellen, mit der der Schlüssel zurückgezogen werden kann. Kopieren Sie dafür zunächst die beiden Dateien `secring.skr` und `pubring.pkr` auf eine Diskette oder in ein anderes Verzeichnis. Markieren Sie anschließend im Programm PGPkeys den Schlüssel und wählen Sie die Schaltfläche KEYS – REVOKE. Danach wird der Schlüssel mit einem roten Balken angezeigt. Exportieren Sie nun den Schlüssel, und speichern Sie ihn z.B. als `revoke.asc`. Danach können Sie die ursprünglichen Dateien zurückkopieren – Ihr Schlüssel sollte dann wieder als »nicht zurückgezogen« angezeigt werden. Falls Sie den Schlüssel einmal wirklich zurückziehen wollen oder müssen, senden Sie die Revoke-Datei einfach an einen der Key-Server.

Web of Trust – Schlüssel unterschreiben und zertifizieren

Eine große Gefahr besteht bei PGP durch sogenannte »Man-in-the-middle«-Angriffe. Dabei handelt es sich um jemanden, der sich zwischen Sie und den Empfänger einer Nachricht schaltet. Dieser Angreifer ersetzt den öffentlichen Schlüssel des Empfängers durch einen eigenen, fängt die Nachricht ab, dekodiert sie mit seinem privaten Schlüssel, verschlüsselt sie anschließend mit dem echten öffentlichen Schlüssel des Empfängers, und die E-Mail kommt bei diesem so an, als sei nichts geschehen.

Um einen solchen Angriff auszuschließen, müssen Sie sich von der Echtheit der öffentlichen Schlüssel überzeugen, die Sie verwenden. Der sicherste Weg ist, den Schlüssel persönlich vom Eigentümer ausgehändigt zu bekommen, z.B. auf einer Diskette. Da aber ein persönliches Treffen in den allermeisten Fällen nicht möglich ist, gibt es noch eine andere Möglichkeit, die Echtheit eines Schlüssels zu überprüfen: den sogenannten *digitalen Fingerabdruck* des Schlüssels. Dies ist eine Reihe aus Zahlen und Buchstaben, die bei der Schlüsselerzeugung generiert wurde. Sie ist ein eindeutiger Beweis für die Echtheit eines Schlüssels. Am besten überprüfen Sie, ob der Fingerabdruck des öffentlichen Schlüssels, den Sie erhalten haben, mit dem Original übereinstimmt, indem Sie sich die Zahlenreihe vom Besitzer am Telefon vorlesen lassen. Der Besitzer kann Ihnen den Fingerabdruck auch per Brief mitteilen.

Wenn Sie nun überzeugt sind, daß der Schlüssel tatsächlich echt ist, können Sie ihn unterschreiben und damit aktivieren. Sie können beim Unterschreiben festlegen, daß Ihre Unterschrift exportiert wird, das heißt, daß sich auch andere auf Ihr Urteil verlassen können. Wenn Sie sich nicht absolut sicher sind, daß der

Schlüssel echt ist, sollten Sie Ihre Unterschrift allerdings nicht exportieren. Nachdem Sie einen Schlüssel unterschrieben haben, wird der Schlüssel gültig (im Feld VALIDITY erscheint ein grauer Balken), und Ihre Unterschrift wird unter dem Schlüssel angegeben.

Man muß aber nicht jeden Schlüssel persönlich auf seine Echtheit überprüfen. Das kann auch über vertrauenswürdige Dritte geschehen. Dieses Prinzip nennt man das *Web of Trust*. Jede Person, von der Sie einen öffentlichen Schlüssel besitzen, hat bei PGP einen bestimmten Vertrauensgrad. Dieser kann einfach über die Menüoption KEYS – KEY PROPERTIES verändert werden. Anfangs sind alle Personen in Ihrem Schlüsselbund »nicht vertrauenswürdig« (*untrusted*). Seien Sie aber vorsichtig, wem Sie Ihr Vertrauen aussprechen. Während Unterschriften von nicht vertrauenswürdigen Personen keinen Einfluß auf die Gültigkeit eines Schlüssels haben, wird ein Schlüssel nämlich automatisch gültig, wenn er von einer Person Ihres Vertrauens (*completely trusted*) unterschrieben wurde. Das Web of Trust kann nur funktionieren, wenn nur Benutzern das Vertrauen ausgesprochen wird, die die oben beschriebenen Sicherheitsvorkehrungen bei der Schlüsselüberprüfung beachten. Auch Sie können Ihren Schlüssel durch eine von anderen als vertrauenswürdig angesehene Person unterschreiben lassen, bevor Sie ihn an einen Schlüssel-Server schicken. Dann können alle, die dieser Person vertrauen, Ihren Schlüssel als echt betrachten, ohne vorher mit Ihnen Kontakt aufgenommen zu haben.

Eine Variante des Web of Trust sind sogenannte *Zertifizierungsstellen* (engl. Certification Authorities, CA). Dabei fungieren allgemein anerkannte Organisationen als Vertrauenspersonen, die Schlüssel auf deren Echtheit überprüfen und dann mit ihrer Unterschrift versehen. Damit entfällt die aufwendige Überprüfung beim Besitzer selbst bzw. der Umweg über vertrauenswürdige Freunde oder Bekannte. Auch bei Zertifizierungsstellen sollte man sich allerdings über deren Vertrauenswürdigkeit und die Methoden, mit der die Identität von Schlüsselbesitzern überprüft wird, informieren. Drei vertrauenswürdige deutsche Zertifizierungsstellen sind das Deutsche Forschungsnetz (DFN), das Trustcenter und die CA der Computerzeitschrift c't.

- Das DFN (*http://www.pca.dfn.de/dfnpca/*) betreibt eine Meta-CA, das bedeutet, sie bescheinigt anderen Zertifizierungs(zweig)stellen die Vertrauenswürdigkeit. Eine zunehmende Zahl von DFN-CAs befindet sich an Universitäten in ganz Deutschland.

- Das Trustcenter (*http://www.trustcenter.de/*) bietet eine kostenlose Zertifizierung für Privatpersonen an. Man kann seine Identität per verschlüsselter E-Mail oder mit Hilfe eines Geheimcodes, der per Einschreiben zugeschickt wird, bestätigen.
- Die CA der c't (*http://www.heise.de/ct/*) bestätigt öffentliche Schlüssel bei Messen und ähnlichen Veranstaltungen. Dazu muß man den Schlüssel zuvor einschicken und persönlich mit Personalausweis auf der Messe erscheinen.

PGP und Eudora

Wenn Sie Eudora Light verwenden und das PGP-Plug-In installiert haben, wird das Verschicken und Empfangen für Sie bald ein Kinderspiel sein. Durch die Installation von PGP hat sich das Aussehen von Eudora ein wenig verändert.

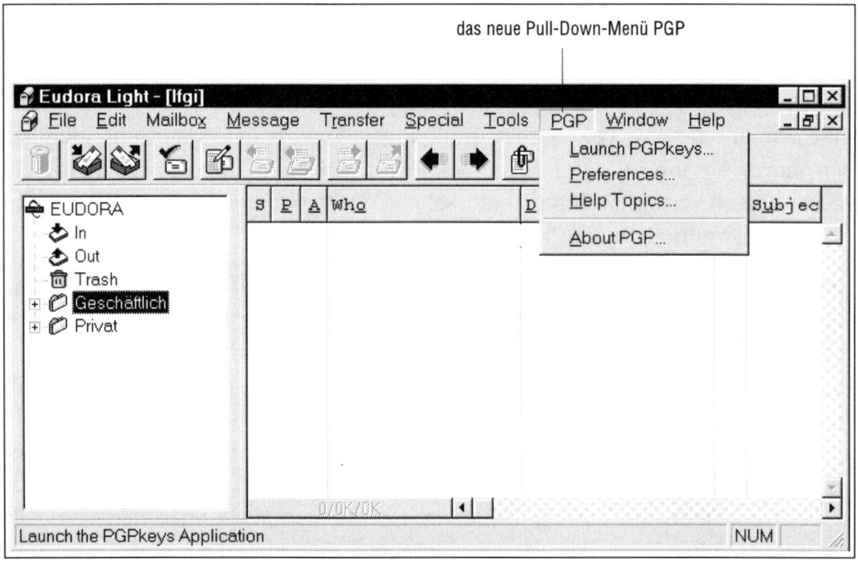

Abbildung 7-7: Das neue Eudora-Menü PGP

Es gibt jetzt den zusätzlichen Menüpunkt PGP, über den Sie das Programm PGPkeys aufrufen, die Einstellungen ändern und das PGP-Hilfesystem aufrufen können. In den Fenstern für das Empfangen und Senden von Nachrichten sind einige Symbole hinzugekommen, die das Ver- und Entschlüsseln und Signieren von Nachrichten sowie den Aufruf von PGPkeys ermöglichen. Außerdem kann PGP/MIME verwendet werden.

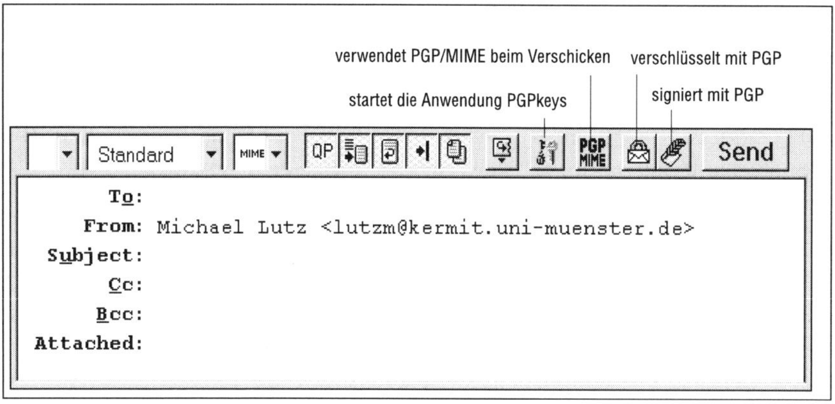

Abbildung 7-8: Neue Symbole beim Verfassen von Nachrichten in Eudora

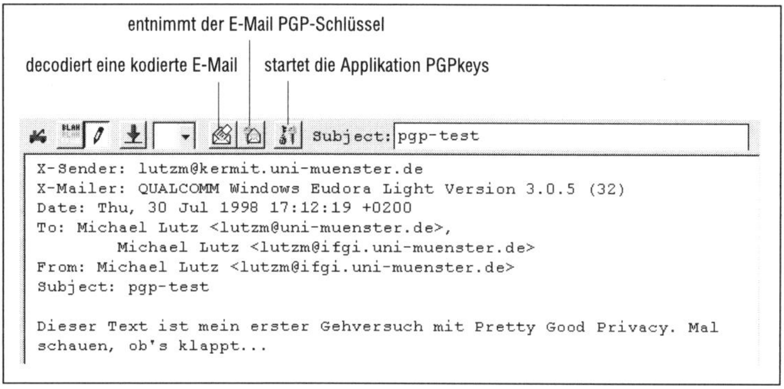

Abbildung 7-9: Neue Symbole beim Empfangen von Nachrichten in Eudora

Wichtig ist vor allem der Unterpunkt E-MAIL der Menüoption PGP – PREFERENCES. Wenn Sie hier die Optionsfelder ENCRYPT/SIGN NEW MESSAGES BY DEFAULT und AUTOMATICALLY DECRYPT/VERIFY WHEN OPENING MESSAGES aktivieren, läuft die Verschlüsselung mit PGP fast von selbst. Natürlich können nur Nachrichten kodiert werden, die an Personen gerichtet sind, deren öffentlicher Schlüssel im Schlüsselbund vorhanden ist.

7.4 S/MIME – Sicherheit bei Outlook Express und Netscape Messenger

S/MIME ist eine Entwicklung der Firma RSA und wird sowohl von Netscape Messenger als auch von Outlook Express unterstützt. Prinzipiell funktioniert S/MIME so ähnlich wie PGP – Unterschiede gibt es nur in der Wahl der Verschlüsselungsalgorithmen, der Schlüsselerzeugung und beim Umgang mit MIME. Leider ist S/MIME im Gegensatz zu PGP sehr schlecht dokumentiert. Die Hauptinformationen befinden sich auf der offiziellen WWW-Seite von RSA (*http://www.rsa.com/smime/*) und sind entsprechend einseitig.

Daß wir uns bis hierhin ausführlich mit PGP beschäftigt haben, ohne S/MIME zu erwähnen, hängt wieder mit dem US-amerikanischen Waffenausfuhr-Gesetz zusammen. Während in den USA die von S/MIME verwendeten Schlüssel 128 Bit lang sind, dürfen nur Schlüssel bis zu einer Länge von maximal 56 Bit exportiert werden. Deshalb arbeiten z.B. internationale (d.h. nicht-amerikanische) Versionen von Netscape mit solchen verkürzten Schlüsseln, die von einem Pentium-PC innerhalb weniger Wochen allein durch Ausprobieren aller Möglichkeiten geknackt werden können. Bei weiter rasant steigender Rechnerleistung ist die damit gebotene Sicherheit nicht ausreichend. Außerdem verwendet die momentane Version 2 noch RSA-Schlüssel, was ein weiteres Sicherheitsrisiko darstellt. In der nächsten Version soll allerdings auf den auch von PGP verwendeten Diffie-Hellmann/DSS-Algorithmus umgestellt werden.

Auch bei der Schlüsselerzeugung unterscheidet sich S/MIME deutlich von PGP. Schlüssel heißen bei S/MIME Zertifikate und können nicht vom Benutzer selbst erstellt werden, sondern müssen bei Zertifizierungsstellen (CA) angefordert werden. Die Zertifikate basieren auf dem offiziellen Internet-Standard X.509 und können im Gegensatz zu PGP-Schlüsseln nur einmal (von der CA) unterschrieben werden. S/MIME-Zertifikate eignen sich daher besser für hierarchische Strukturen, und ihre Echtheit ist, ähnlich wie bei der PGP-Zertifizierung, leichter überprüfbar. Das *Web of Trust* ist somit bei S/MIME überflüssig. Obwohl dieser hierarchische Ansatz für Firmen sicher Vorteile hat, gefällt uns der von der Basis ausgehende Ansatz von PGP besser, da er mit dem Web of Trust Abläufe in der Gesellschaft nachahmt (man stellt Freunde anderen Freunden vor, diese lernen sich kennen und vertrauen einander usw.) und alle Personen innerhalb dieses Netzes gleichberechtigt sind. Außerdem fällt der Einstieg in PGP viel leichter, da die Schlüssel selbst erzeugt und nicht von einer CA beantragt werden müssen.

S/MIME-Zertifizierungsstellen finden Sie z. B. unter folgenden Adressen:

- VeriSign (*http://www.verisign.com*) ist laut Netscape die weltweit führende CA. Ein Zertifikat für Privatpersonen kostet 9,95 US-Dollar jährlich und kann 60 Tage lang kostenlos getestet werden. Die Erzeugung ist einfach, und man erhält das Zertifikat sofort per E-Mail.
- BelSign (*http://www.belsign.be*) unterhält Filialen in vielen Ländern Europas und bietet Zertifikate für ca. 40 bzw. 120 DM an. Man kann diese 30 Tage lang kostenlos testen. Die Erzeugung ist komplizierter und etwas unübersichtlich. Außerdem wird das Zertifikat erst nach ca. 24 Stunden zugeschickt.
- Bei Thawte Consulting (*http://www.thawte.com*) kann über das Programm Freemail ein kostenloses Zertifikat beantragt werden. Andere Zertifikate kosten zwischen 20 und 100 US-Dollar. Thawte ist die weltweit einzige CA, die auch PGP-Schlüssel zertifiziert.

Ein Vorteil von S/MIME ist sein Umgang mit MIME-Nachrichten und seine Integration in gängige E-Mail-Programme. Wie PGP/MIME wird das MIME-Format *multipart/signed* verwendet, so daß beim Versenden von MIME-Nachrichten keine Probleme entstehen sollten. Unter Netscape können die Sicherheitseinstellungen über COMMUNICATOR – SICHERHEITSINFORMATIONEN vorgenommen werden. Der Unterpunkt ZERTIFIKATE, in dem Zertifikate beantragt und verwaltet werden können, entspricht in etwa den PGPkeys. Bei Outlook Express sind die Einstellungen unter EXTRAS – OPTIONEN – SICHERHEIT zu finden. Hier kann man über DIGITALE ID ANFORDERN ein Zertifikat beantragen.

Weder S/MIME noch PGP/MIME sind offizielle Internet-Standards – aber beide wollen es werden. Deshalb gibt es seit kurzem bei der *Internet Engineering Task Force* (*IETF*) zwei Arbeitsgruppen, die sich damit beschäftigen, wie die bisherigen Versionen beider Standards verändert werden können, um eine Zulassung als offizieller Standard zu erreichen. Probleme bei S/MIME sind dabei die schwache 40-Bit-Verschlüsselung und der verwendete Algorithmus RC2, für den RSA ein Patent besitzt. Bei PGP/MIME steht dagegen das Web of Trust und ein Wechsel zum Zertifizierungsstandard X.509 zur Diskussion. Zum jetzigen Zeitpunkt sieht es so aus, als sollten beide Konkurrenten zum offiziellen Standard erhoben werden und zumindest eine Zeitlang nebeneinander existieren. Bis auf diesem Gebiet eine Einigung erreicht wird, bleibt dem Benutzer nichts anderes übrig, als sich den für die eigenen Bedürfnisse am besten geeigneten Standard auszusuchen. Vielleicht werden PGP und S/MIME in der nicht allzu fernen Zukunft auch kompatibel sein, so daß es für den Anwender gleichgültig ist, welchen der beiden Standards er verwendet.

WWW-Adressen und Newsgruppen zum Thema

URL	Beschreibung
http://www.pgpi.com/download/	Download von PGPi
http://members.xoom.com/Corvuscorax/pgpanltg.htm	Deutsche Anleitung zu PGP 5.5x
http://www.pgp.net/pgpnet/pgp-faq/	Sehr ausführliche (englische) FAQ-Liste
http://www.iks-jena.de/mitarb/lutz/security/pgpfaq.html	Deutsche Übersetzung dieser Liste
http://www.online.de/home/C.Helmbold/	Infoseite mit gutem Unterpunkt. »Schnelleinstieg"
http://www.uni-mannheim.de/studorg/gahg/PGP/	Viele Links zu interessanten Seiten
http://www.stack.nl/~galactus/remailers/bg2pgp.txt	Englische PGP-Anleitung
http://www.stack.nl/~galactus/remailers/passphrase-faq.html	FAQ-Liste zum Thema Passphrase (Mantra)
http://www.stack.nl/~galactus/remailers/attack-faq.html	FAQ-Liste zu den Themen Sicherheit und mögliche Angriffsszenarien

Newsgruppe	Thema
comp.security.pgp.announce	Ankündigungen
comp.security.pgp.discuss	Allgemeine Diskussion
comp.security.pgp.resources	Quellen
comp.security.pgp.tech	Technische Details
comp.security.pgp.announce	Ankündigungen
alt.security.pgp	Allgemeine Diskussion

Newsgruppe	**Thema**
alt.security	Allgemeine Diskussion über Sicherheitsfragen
sci.crypt	Kryptographie allgemein
sci.crypt.research	Kryptographie-Forschung (moderiert)
alt.privacy	Schutz der Privatsphäre

8 Freemail – kostenlose E-Mail-Adressen

Haben Sie sich schon immer einen E-Mail-Account gewünscht, auf den Sie von jedem Ort der Welt problemlos zugreifen können – und das auch noch, ohne einen Pfennig dafür zu bezahlen? Dann ist Freemail die Lösung für Sie. In den letzten Jahren sind Anbieter WWW-basierter E-Mail-Adressen wie Pilze aus dem Boden geschossen. In diesem Kapitel erfahren Sie, was es mit Freemail auf sich hat, wo die Vor- und Nachteile liegen und wie Sie eine solche Adresse bekommen können. Außerdem werden wir Ihnen fünf bekannte Freemail-Dienste vorstellen und deren Leistungen vergleichen.

8.1 Was ist Freemail?

Der Begriff setzt sich aus den Wörtern »free« (engl. für kostenlos) und »E-mail« zusammen, womit eigentlich schon erklärt wäre, worum es sich bei Freemail handelt. Während sich normale E-Mail-Accounts bei Ihrem Internet-Anbieter auf einem Mail-Server befinden, liegen die Nachrichten bei Freemail-Diensten auf einem WWW-Server. Der Zugriff erfolgt also nicht über ein E-Mail-Programm wie Eudora, sondern über einen Web-Browser wie z.B. den Netscape Navigator. Das ermöglicht den einfachen Zugriff von jedem beliebigen Terminal, das über einen Zugang zum Internet und einen solchen Browser verfügt. Diese Browser stehen, wie in Kapitel 3 beschrieben, auf öffentlichen Terminals in der Regel zur Verfügung. E-Mail-Programme sind dagegen nur selten installiert.

Es gibt eine Reihe von Gründen, die für einen Freemail-Account sprechen. Ein Freemail-Account bietet sich an,

- wenn Sie momentan noch einen E-Mail-Account mit anderen teilen müssen und sich einen persönlichen Account wünschen,

- wenn Sie sich einen weiteren Account (zusätzlich zu dem in der Firma oder an der Uni) für private E-Mails wünschen,
- wenn Ihre E-Mail-Adresse *026asd57x473@rbg1.hrz5.uni-musterstadt.de* lautet und Sie lieber *Rollergirl@cybergal.com* heißen möchten,
- wenn Sie Ihre richtige E-Mail-Adresse verschweigen möchten, um Ihre Anonymität zu wahren,
- wenn Sie oft auf Reisen sind und für einige Zeit nicht auf Ihren normalen Account zugreifen können, aber trotzdem über E-Mail erreichbar sein möchten,
- wenn Sie keinen eigenen Computer besitzen, aber kostenlosen Zugang zu einem Terminal mit Web-Browser haben, oder
- wenn Sie einfach die Kosten für einen normalen Internet-Anbieter sparen möchten.

8.2 Warum Freemail kostenlos ist

Ähnlich wie private Fernsehsender finanzieren sich Freemail-Dienste über Werbung.[1] Wie bei vielen anderen WWW-Seiten tauchen auch hier Werbebanner auf, die mehr oder weniger aufdringlich plaziert sind. Um auf sich und seine Werbepartner aufmerksam zu machen, befindet sich am Ende der meisten Freemail-Nachrichten eine kurze Werbefußzeile. Bei Yahoo! sieht diese beispielsweise so aus:

```
DO YOU YAHOO!?
Get your free @yahoo.com address at http://mail.yahoo.com
```

Die meisten Dienste stehen in Verbindung mit einem kommerziellen Anbieter von Software oder Internet-Serviceleistungen. So bieten fast alle WWW-Suchmaschinen und die Firma Microsoft einen Freemail-Dienst an. Allerdings sind nicht alle Leistungen der Anbieter kostenlos. AltaVista-Mail zum Beispiel erhebt für bestimmte Sonderleistungen oder -wünsche jährliche Gebühren.

1 Manche Freemail-Anbieter finanzieren sich auch über den Verkauf von Benutzerprofilen – also den persönlichen Daten ihrer Kunden.

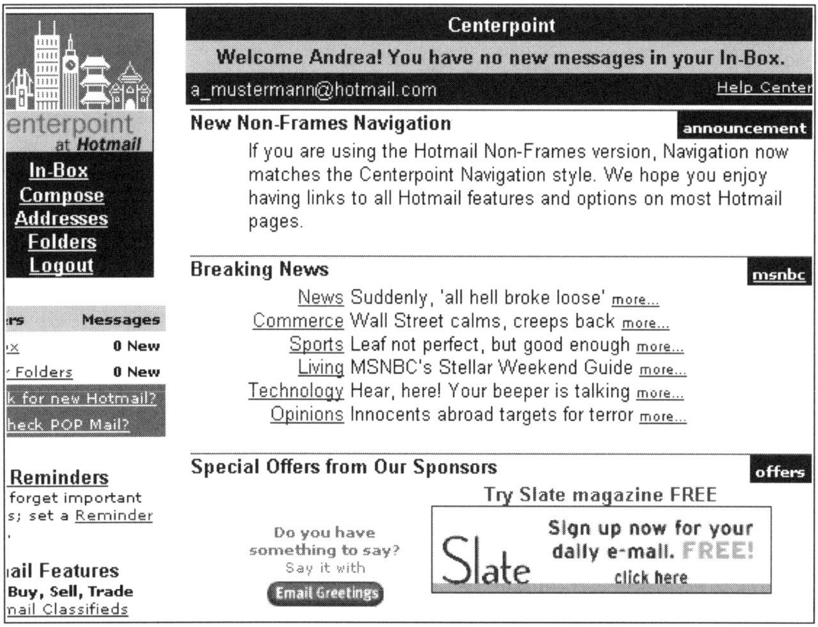

Abbildung 8-1: Die Eingangsseite von Hotmail mit jeder Menge Werbung

8.3 Vor- und Nachteile von Freemail

Die Vorteile von Freemail-Diensten liegen auf der Hand: Sie können von jedem beliebigen Internet-Terminal Ihre E-Mail abrufen und brauchen sich kein E-Mail-Programm anzuschaffen und dieses umständlich zu konfigurieren. Außerdem ist Freemail für Sie völlig kostenlos, falls Sie (über die Firma, die Uni oder ein öffentliches Terminal) einen kostenlosen Zugang zum Internet haben. Da Freemail WWW-basiert ist, gibt es zudem keine Probleme, HTML-Nachrichten, Bilder oder andere multimediale Inhalte darzustellen. Die Grenzen werden hierbei einzig von Ihrem Web-Browser gesetzt.

Wir wollen aber auch die Nachteile nicht verschweigen. Freemail-Dienste bieten nicht alle Funktionen an, die Sie von herkömmlichen E-Mail-Clients kennen, oder nur im begrenzten Umfang. So gibt es zwar beispielsweise bei den meisten Diensten inzwischen Filterwerkzeuge, deren Möglichkeiten sind aber bislang sehr begrenzt.

Folgende Funktionen werden von den meisten Freemail-Diensten angeboten:

- Nachrichten verfassen, lesen und in Ordnern verwalten,
- eingehende Nachrichten mit Filtern in Ordner vorsortieren,
- eine oder mehrere Signaturdateien erstellen,
- Nachrichten innerhalb der vorhandenen Ordner suchen,
- E-Mail-Adressen in einem Adreßbuch verwalten,
- E-Mail-Adressen im WWW suchen,
- Grußkarten versenden, und
- (englische) Rechtschreibeprüfung durchführen.

Darüber hinaus gibt es bei einigen Anbietern auch speziellere Funktionen, z.B.

- kann man sich an Termine erinnern lassen (Reminder),
- über das normale E-Mail-Programm auf die Freemail-Nachrichten zugreifen,
- seine Freemail-Nachrichten automatisch zu einer anderen Adresse weiterleiten oder (während eines Urlaubs) automatisch beantworten lassen,
- Mitteilungen anderer (POP-)Accounts können automatisch an den Freemail-Dienst umgeleitet werden, und
- durch sogenannte Spam-Blocker ist man vor unerwünschten Nachrichten sicher.

Zusätzliche Sonderfunktionen der verschiedenen Anbieter werden im Abschnitt *Einige Freemail-Dienste im Vergleich* besprochen.

Ein weiterer Nachteil von Freemail-Diensten ist, daß sie sehr viel langsamer arbeiten als normale E-Mail-Clients, da sich immer eine neue Seite aufbauen muß, wenn ein Menüpunkt angewählt wird. Wenn viele Personen gleichzeitig auf den Server eines Anbieters zugreifen, können lange Wartezeiten entstehen. Deshalb ist Freemail für Personen, die E-Mail professionell verwenden möchten, nicht geeignet.

Sehr störend können außerdem die Werbebanner wirken. Um Aufmerksamkeit zu erregen, handelt es sich hierbei oft um animierte Grafiken. Wer E-Mail häufig verwendet, dem werden die blinkenden und sich drehenden Bildchen bald sehr auf die Nerven gehen.

Generell sollte man die Vor- und Nachteile abwägen und sich dabei überlegen, welchen Zweck der Freemail-Account erfüllen soll. Er bietet sich für Menschen an, die E-Mail ausprobieren möchten, E-Mail nur ab und zu verwenden oder öfter auf Reisen sind und auch von unterwegs nicht auf E-Mail verzichten möchten.

Für die berufliche Nutzung ist Freemail allerdings keine Lösung. Um E-Mail effektiv zu nutzen, sollten Sie sich statt dessen eine Adresse bei einem normalen Internet-Anbieter besorgen und einen herkömmlichen E-Mail-Client verwenden. Es besteht aber die Möglichkeit, Freemail-Account und herkömmliche Adresse zu verbinden, und so private und dienstliche Mitteilungen zu trennen. Mitunter können Sie sich dann auch einen netten und leicht zu merkenden Benutzernamen aussuchen.

8.4 Anmeldung bei einem Freemail-Anbieter

Die Anmeldung ist kein Problem und läuft bei den meisten Freemail-Diensten sehr ähnlich ab. Nachdem Sie Ihr Einverständnis mit den Bedingungen des Anbieters erklärt haben, werden persönliche Angaben abgefragt. Dabei kann die gewünschte E-Mail-Adresse angegeben werden. Diese ist zugleich die Benutzerkennung, die Sie bei weiteren Logins verwenden werden. Sie ist mit einem Kennwort geschützt, für das Sie eine Erinnerungsfrage, z.B. nach Ihrem Geburtsort oder dem Mädchennamen Ihrer Mutter, auswählen können. Sollten Sie Ihr Kennwort vergessen, wird Ihnen der Freemail-Dienst diese Frage stellen und Ihnen bei richtiger Antwort Ihr Kennwort mitteilen. Oft wird auf dieser Seite auch nach sehr persönlichen Daten gefragt, wie z.B. Familienstand, Hobbies oder dem jährlichen Einkommen. Die Beantwortung solcher Fragen ist aber in aller Regel freigestellt. Oft wird außerdem gefragt, ob Sie in das E-Mail-Verzeichnis des Anbieters oder in ein allgemein zugängliches eingetragen werden möchten. Wie beim Eintrag ins Telefonbuch sollte man hier Vor- und Nachteile abwägen.

Wenn keine Probleme auftauchen (z.B. kann der gewünschte Benutzername schon vergeben sein), ist hiermit die Einschreibung meist schon abgeschlossen, und Ihr Eintrag wird bestätigt. Oft werden an dieser Stelle noch elektronische Magazine oder ähnliche WWW-Serviceleistungen angeboten. Diese können Sie aber auch später noch abonnieren.

8.5 Einige Freemail-Dienste im Vergleich

Es gibt inzwischen zahllose Freemail-Anbieter, von denen wir hier nur fünf vorstellen können. Es ist nicht leicht, in diesem Überangebot den für sich am besten geeigneten Anbieter zu finden. Einen Überblick über die verschiedenen Dienste gibt eine Liste von Yahoo!:

http://www.yahoo.com/Business_and_Economy/Companies/Internet_Services/Email_Providers/Free_Email/

Wenn Sie keine Lust haben, alle diese Dienste auszuprobieren und ihre Leistungen zu überprüfen, finden Sie auf den folgenden Seiten einige Kommentare zu verschiedenen Anbietern:

http://www.fortunecity.com/skyscraper/skylon/125/webbased.html
http://emailaddresses.com/email_web.htm

Hotmail

Der Microsoft-Dienst Hotmail (*http://www.hotmail.com*) ist nach eigenen Angaben mit über acht Millionen Kunden der weltweit führende Freemail-Anbieter. Die vielen anderen Benutzer des Dienstes beanspruchen allerdings jede Menge Ressourcen. Bemerkbar macht sich dies z.B. beim bereitgestellten Speicherplatz, der mit 2 MByte im Vergleich zu anderen Anbietern relativ gering ist. Auch können mitunter lange Wartezeiten auftreten, wenn zu viele andere Menschen gleichzeitig versuchen, auf den Hotmail-Server zuzugreifen.

Nach dem Anmelden gelangt man zunächst auf die in Abbildung 8-2 dargestellte Werbeseite, auf der man seine Mail-Ordner erst mühsam suchen muß. Ist erst einmal ein Ordner angewählt, erscheint die Hotmail-Oberfläche. Diese ist wie bei fast allen anderen Freemail-Anbietern in eine Steuerleiste, ein Werbebanner und die Arbeitsfläche unterteilt.

Hotmail bietet alle gängigen E-Mail-Funktionen, aber wenig Außergewöhnliches. Erwähnenswert sind allerdings sein (englisches) Wörterbuch und der Thesaurus, auf die man beim Verfassen einer Nachricht zurückgreifen kann. Außerdem können Grußnachrichten verschickt und Hotmail-Mitteilungen mit dem normalen E-Mail-Client abgerufen werden.

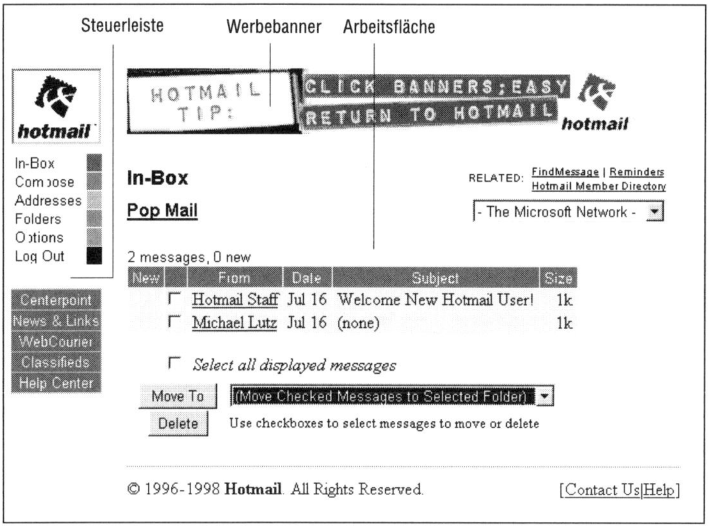

Abbildung 8-2: Die Hotmail-Oberfläche

AltaVistaMail

Nach der Anmeldung (*http://altavista.iname.com/member/login.page*) gelangt man sofort zur AltaVistaMail-Oberfläche, bei der die Steuerleiste oberhalb der Arbeitsfläche liegt. Die Handhabung ist im Gegensatz zu anderen Angeboten etwas gewöhnungsbedürftig.

AltaVistaMail bietet nur die allernötigsten E-Mail-Funktionen an, besitzt dafür aber einige einzigartige Möglichkeiten. Die interessanteste ist, daß man bei AltaVista im Gegensatz zu allen anderen Anbietern die Wahl zwischen verschiedenen Domänen hat, darunter so witzige Alternativen wie *@cyberdude.com, @earthling.net, @writeme.com* oder *@unforgettable.com*. Für besonders Wählerische gibt es außerdem die sogenannten *Speciality Choices*, für die Sie allerdings mit 14,95 US-Dollar pro Jahr zur Kasse gebeten werden.

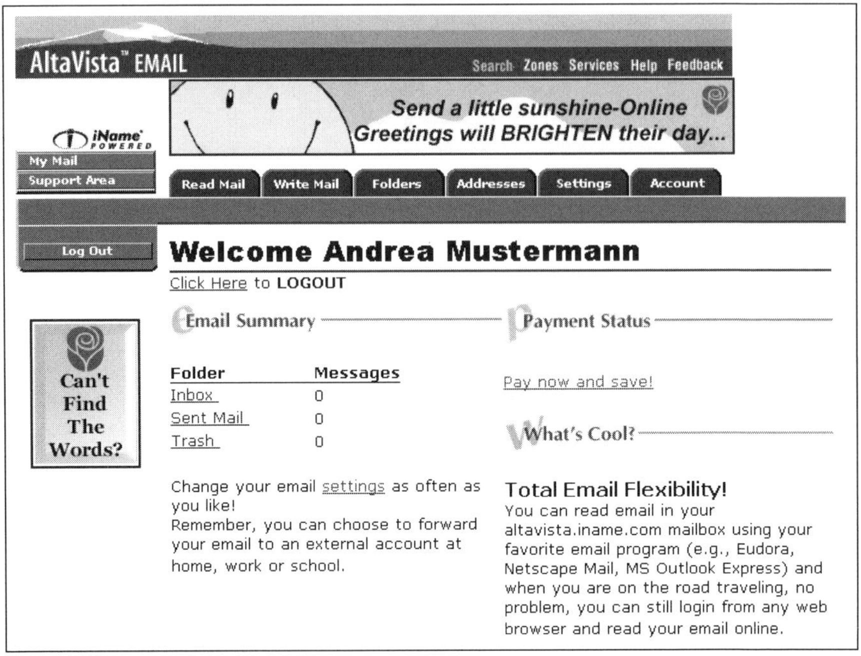

Abbildung 8-3: Die AltaVistaMail-Oberfläche

Außerdem besteht die Möglichkeit, sich seine E-Mails automatisch an einen anderen Account weiterleiten zu lassen, eine Funktion, die sonst nur von Net@ddress angeboten wird. Mit 3 MByte ist der verfügbare Speicherplatz durchschnittlich, er kann allerdings durch ein Upgrade auf 10 MByte erweitert werden. Dieses Update ermöglicht außerdem den Zugriff auf Ihre AltaVista-Nachrichten über Ihr normales E-Mail-Programm. Sie können das Upgrade 30 Tage lang kostenlos ausprobieren, danach kostet es 23,95 US-Dollar pro Jahr.

Net@ddress

Net@ddress (*http://mail.netaddress.com/*) ist unser Favorit unter den vorgestellten Anbietern. Er bietet eine Fülle nützlicher Funktionen und mit 5 MByte den größten verfügbaren Speicherplatz. Nach der Anmeldung und einer Werbeseite gelangt man auf die eigentliche E-Mail-Seite.

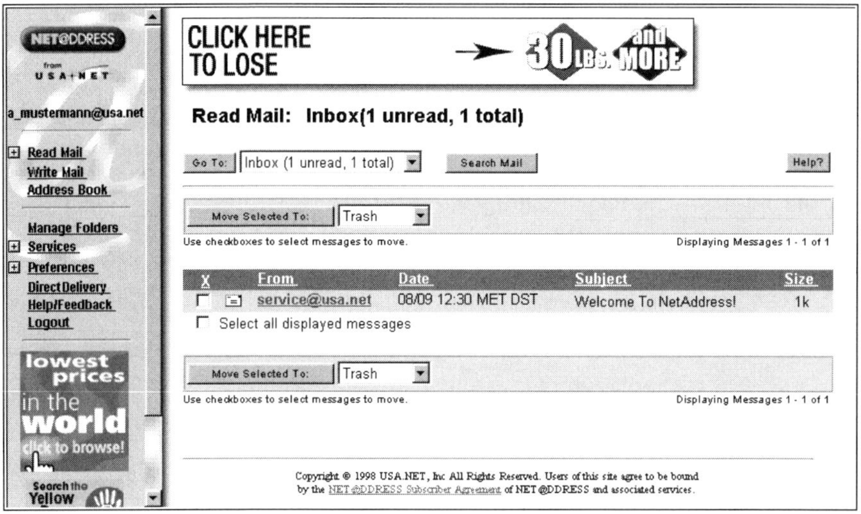

Abbildung 8-4: Die Net@ddress-Oberfläche

Neben den normalen Freemail-Funktionen bestehen bei Net@ddress folgende einzigartigen Möglichkeiten:

- Ein Adreßbuch mit Möglichkeit zum Import und Export,
- die automatische Weiterleitung von Nachrichten, die über Filteranweisungen ausgewählt werden können,
- ein hervorragendes Filterwerkzeug mit zusätzlichen Filterbedingungen (wie z.B. das Mail-Format oder die Uhrzeit des Eingangs) und
- die sogenannte *History-Funktion*, mit der über ein- und ausgehende Nachrichten Buch geführt wird.

Außerdem kann man mit dem normalen E-Mail-Client auf seine Net@ddress-Nachrichten zugreifen, mehrere Signaturdateien einrichten, sich an wichtige Termine erinnern und Nachrichten automatisch beantworten lassen.

YahooMail

Auch bei Yahoo!Mail (*http://mail.yahoo.com*) empfängt Sie erst einmal eine Werbeseite, bevor Sie zur eigentlichen E-Mail-Seite gelangen. Mit 3 MByte ist der Speicherplatz durchschnittlich, aber auch Yahoo! bietet viel Nützliches über die Standardfunktionen hinaus, so z.B.

- die automatische Beantwortung von Nachrichten (während des Urlaubs),
- eine Reminder-Funktion,
- die Möglichkeit, aus dem normalen E-Mail-Programm auf die Yahoo!-Mitteilungen zuzugreifen,[2]
- eine ordentliche Filterfunktion mit Spam-Blocker und
- eine Suchfunktion.

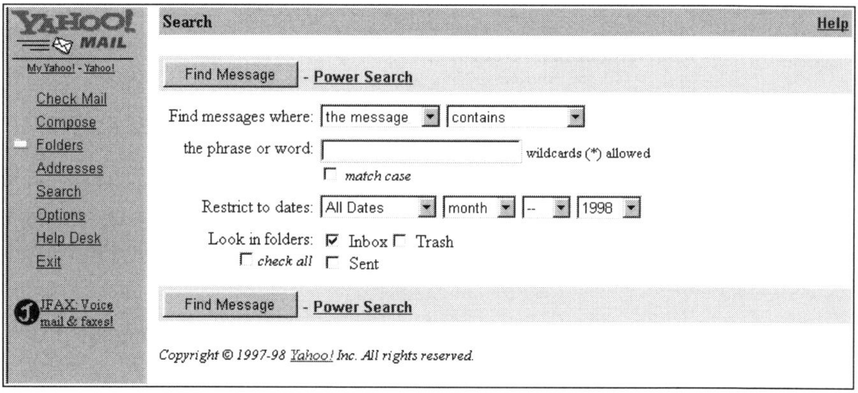

Abbildung 8-5: Die Oberfläche von Yahoo!Mail

2 Diese Funktion ist allerdings kostenpflichtig.

MailExcite

Ohne Umweg über eine Werbeseite gelangt man bei MailExcite (*http://mailexcite.com*) zur eigentlichen Mail-Seite. Wie bei Hotmail und AltaVista beschränkt sich der Funktionsumfang allerdings auf das Nötigste. Als einzige Besonderheiten fallen die automatische (Urlaubs-)Beantwortung und elektronische Grußsendungen auf.

MailExcite besitzt kein Filterwerkzeug, aber eine sogenannte Address-Block-Funktion, mit der Spam ausgeschlossen werden soll. Der bereitgestellte Speicherplatz ist mit 4 MByte überdurchschnittlich.

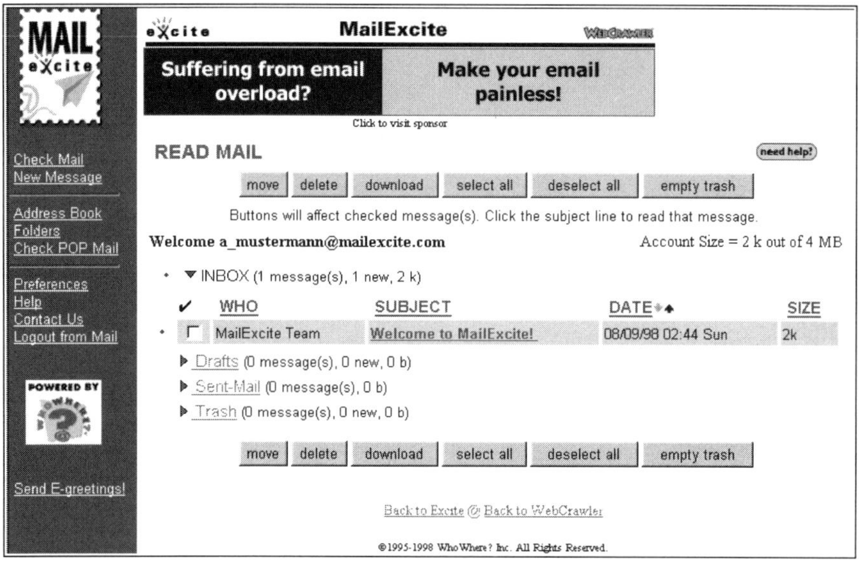

Abbildung 8-6: Die Oberfläche von MailExcite

Freemail-Dienste im Überblick

	Hotmail	**AltaVista**	**Net@ddress**	**Yahoo!**	**MailExcite**
Max. Speicherplatz	2 MByte	3 (10) MByte	5 MByte	3 Mbyte	4 MByte
Adreßbuch	✓	✓	✓	✓	✓
Signatur *	✓	✓✓	✓✓	✓	✓
Filter **	✓	✓	✓✓	✓	
Spam-Block			✓	✓	✓
Automatische Mail-Umleitung	✓	✓	✓	✓	✓
Automatische Beantwortung			✓	✓	✓
Automatisches Mail-Forward		✓	✓		
Zugriff über E-Mail-Programm	✓		✓	✓	
Elektronische Grüße	✓				✓
Nachrichten suchen	✓		✓	✓	
E-Mail-Adressen suchen	✓		✓	✓	✓
Rechtschreibprüfung ***	✓✓		✓	✓	✓
Reminder			✓	✓	
History-Funktion			✓		
Domäne wählbar		✓			

*✓✓= mehrere Signaturen
**✓✓= hervorragende Filterfunktion
***✓✓= zusätzlich Wörterbuch und Thesaurus

9 Mailing-Listen

Anders als bei der herkömmlichen Kommunikation per E-Mail gehen Ihre Mitteilungen bei Mailing-Listen nicht an eine bestimmte Person, sondern an einen Personenkreis mit einem gemeinsamen Interessengebiet. Mailing-Listen sind daher weniger ein Medium zur persönlichen Kommunikation, sondern eher zur öffentlichen Information und Diskussion. Um eine sinnvolle Diskussion zu ermöglichen, muß ein gewisser thematischer Rahmen abgesteckt sein. Mailing-Listen widmen sich daher jeweils einem bestimmten Thema, das sehr allgemein gefaßt sein kann (beispielsweise »Interessante Web-Sites«) oder aber scharf abgegrenzt ist (z.B. »Paarungsverhalten patagonischer Wildenten«). Es gibt weltweit schätzungsweise über 85.000 verschiedene Mailing-Listen, die eine Vielzahl aller vorstellbaren und unvorstellbaren Themen abdecken.

Zunächst möchten wir Ihnen in diesem Kapitel eine Vorstellung davon geben, was es mit Mailing-Listen auf sich hat und zu welchen Zwecken sie verwendet werden. Anschließend werden die üblichen Vorgänge zum Abonnieren und Abbestellen von Mailing-Listen und verschiedene Listensysteme erläutert. Wie überall in der Kommunikation mit anderen Menschen gibt es auch bei Mailing-Listen einige Gepflogenheiten, an die man sich halten sollte und die den Zugang zu einer Diskussion erleichtern – auch darauf gehen wir ein. Da Ihnen aber alle diese Anregungen recht wenig bringen, wenn Sie keine interessante Liste entdecken, erfahren Sie am Schluß dieses Kapitels, wo Sie nach Mailing-Listen suchen können.

9.1 Diskussionsforen via E-Mail

Das Prinzip von Mailing-Listen ist einfach. Eine Mailing-Liste ist nichts weiter als eine Sammlung vieler E-Mail-Adressen. Jede Liste hat ihre eigene Adresse, z.B. *wuehlmaus@tierfreund.de*. Wenn Sie eine E-Mail an die Mailing-Liste schicken, wird Ihre Mitteilung automatisch an alle E-Mail-Adressen weitergeleitet, die in der Liste verzeichnet sind. Falls Sie diese Mailing-Liste selbst abonniert haben, bekommen Sie natürlich ebenso jede Mitteilung, die an die Adresse der Liste geschickt wird. Auf diese Weise erhalten jeweils alle Mitglieder der Liste die gleichen Mails und sind daher auf dem gleichen Kenntnisstand.

Nehmen wir einmal an, Sie entwickeln einen plötzlichen Heißhunger auf Kekse und möchten unbedingt diese leckeren amerikanischen Chocolate-Chip-Cookies backen. Es fehlt Ihnen einzig und allein ein gutes Rezept. Um schnell Abhilfe zu schaffen, abonnieren Sie die (imaginäre) Mailing-Liste *cookies@foodstuff.com*. Anschließend schicken Sie eine Mail an die Adresse dieser Liste, in der Sie Ihre dramatische Situation schildern und um ein gutes Rezept für Chocolate-Chip-Cookies bitten. In kürzester Zeit geht Ihre Mail an alle Mitglieder der Liste. Fünf Minuten später schaut Linda aus San Francisco, die die Mailing-Liste ebenfalls abonniert hat, in Ihrer Mailbox nach neuer Mail und findet Ihre Bitte um ein Rezept. Lindas Cookies sind unschlagbar. Sie verfaßt deshalb schnell eine Mail mit den Zutaten und den Backanleitungen und schickt diese wieder an die Adresse der Mailing-Liste. Lindas Mail flattert daraufhin in Ihre Mailbox, und Sie können loslegen. Kurze Zeit später erhalten Sie noch eine Mail von José aus Madrid, der ebenfalls auf der Mailing-Liste steht. Er hat sowohl Ihre Bitte als auch Lindas schnelle Antwort mitverfolgt und schlägt Ihnen aus eigener Erfahrung vor, anstatt der Zartbitter-Schokolade in Lindas Rezept lieber Vollmilch-Schokolade zu verwenden. Nachdem Sie die leckeren Cookies gebacken und probiert haben, möchten Sie sich bei beiden bedanken. Sie schicken diesmal keine E-Mail an die ganze Liste, sondern privat an Linda und José – schließlich geht Ihr Dank nur die beiden etwas an.

Drei Kategorien von Mailing-Listen lassen sich unterscheiden:

- *Diskussion*: In Diskussionslisten kann jeder Abonnent der Liste seine eigenen Diskussionsbeiträge beisteuern, ohne das irgend jemand Einfluß darauf nimmt. In solchen Listen werden oft lebhafte Diskussionen geführt – die manchmal allerdings auch über die Stränge schlagen können. Zudem kommt es häufig vor, daß die Diskussion vom eigentlichen Thema der Liste abschweift.

- *Moderierte Diskussion*: Moderierte Listen erinnern an die Leserbriefseite Ihrer Tageszeitung. Hier wird jede Mitteilung an die Liste zunächst von einem Moderator gelesen, bevor sie an die Abonnenten weitergeleitet wird.

Auf diese Weise kann der Moderator redundante, thematisch unangebrachte oder beleidigende Mitteilungen ausfiltern, bevor die ganze Liste mit unerwünschten Mails belästigt wird. Auf den ersten Blick mag das wie Zensur erscheinen. In der Praxis bieten moderierte Listen jedoch mindestens ebenso lebhafte Diskussionen wie Listen ohne Moderation – mit dem Vorteil, eng am Thema zu bleiben und Ihre Mailbox nicht mit sinnlosen Mails zu füllen.

- *Rundschreiben*: An solche Listen kann nur der Moderator der Liste Mitteilungen schicken, die dann an alle Abonnenten verteilt werden. Mitteilungen von Abonnenten werden nicht akzeptiert. Diese Art der Mailing-Liste bietet sich zur Verteilung von Nachrichten und Ankündigungen an. Zahlreiche Online-Newsletter machen von diesem Typ Mailing-Liste Gebrauch.

Neben diesen unterschiedlichen Kategorien gibt es zwei weitere Möglichkeiten, die Mitteilungen einer Mailing-Liste zu beziehen. Der normale Weg ist, alle Mitteilungen, die an die Mailing-Liste gerichtet werden, direkt und einzeln zugeschickt zu bekommen. Nach diesem Prinzip verfahren die meisten Mailing-Listen. Einige Listen bieten jedoch alternativ eine zweite Bezugsform an: die *Digest-Liste*. Wählen Sie die Bezugsform der Digest-Liste, so bekommen Sie nicht täglich zwanzig einzelne Mails aus dieser Mailing-Liste, sondern eine einzige Mail, in der alle zwanzig Mails zusammengefaßt sind. Das bedeutet einerseits ein Plus an Übersichtlichkeit in Ihrer Mailbox, andererseits dauert es natürlich länger, bis die Mitteilungen Sie tatsächlich erreichen. Die Digest-Bezugsform wird oft von moderierten Listen angeboten.

Mailing-Listen kommen in den verschiedensten Bereichen zum Einsatz. Eine große Anzahl von Mailing-Listen beschäftigt sich mit Freizeit und Unterhaltung. Zu jedem Popstar oder Schauspieler von mehr oder minder großer Bedeutung gibt es eine Mailing-Liste, die den Fans Raum für wilde Diskussionen und Spekulationen bietet. Viele Menschen mit einer Krankheit oder Behinderung finden in Mailing-Listen wertvolle Anregungen und erfahren solidarische Unterstützung von anderen Betroffenen. Mediziner und andere Forscher aus aller Welt tauschen neueste Ergebnisse aus und bilden über die Kommunikation durch Mailing-Listen Arbeitsgruppen, die quer über den Globus vernetzt sind. Hilflose Computeranwender, die sich mit scheinbar unlösbaren Hard- oder Softwareproblemen plagen, können über Mailing-Listen vom Wissen erfahrener Computer-Spezialisten profitieren. Wenn Sie auf der Mailing-Liste Ihres Abschlußjahrganges stehen, erhalten Sie die nächste Einladung zum Klassentreffen per E-Mail.

Zahlreiche Unternehmen nutzen Mailing-Listen zur Ankündigung neuer Produkte oder besonderer Angebote.

Die oben genannten Einsatzbereiche von Mailing-Listen sind sämtlich im Internet angesiedelt. Inzwischen nutzen jedoch auch viele Unternehmen und andere Gruppen interne Mailing-Listen ohne Verbindung zum Internet. Unternehmensinterne Netzwerke, sogenannte *Intranets*, erlauben eine Kommunikation per E-Mail innerhalb des eigenen Netzwerkes. Mailing-Listen sind ideale Hilfsmittel zur Kommunikation innerhalb einer Organisation. Die Einladungen zu Sitzungen von Arbeitsgruppen oder zur nächsten Betriebsfeier lassen sich ebenso per Mailing-Liste organisieren wie Diskussionen über neue Produkte oder die Arbeit an gemeinsamen Projekten.

Bevor Sie sich für die Teilnahme an einer Mailing-Liste entscheiden, sollte Ihnen bewußt sein, daß dadurch unter Umständen täglich mehrere Dutzend Mails in Ihrem Briefkasten landen. Gerade für Mailing-Listen bietet sich der Einsatz von Mail-Filtern an, die die Mails direkt nach ihrem Eingang automatisch in den passenden Ordnern ablegen. Ein potentielles Risiko stellen Mailing-Listen hinsichtlich Spam und Junk-Mail dar. Für die Versender dieser nutzlosen und unerwünschten Mails sind Mailing-Listen ein äußerst bequemer Weg, um mit geringem Aufwand einen sehr großen Personenkreis zu erreichen. Zahlreiche Mailing-Listen filtern inzwischen Spam einigermaßen erfolgreich aus, doch ganz davon verschont bleiben Sie wahrscheinlich nicht.

Falls Sie keine Mailing-Liste zu dem Thema finden, das Sie interessiert, starten Sie am besten eine eigene Liste. Fragen Sie Ihren Systemadministrator oder Internet-Provider nach Möglichkeiten, auf dem Mail-Server eine Mailing-Liste zu Ihrem Thema einzurichten. Oft ist dies gegen einen geringen Kostenbeitrag möglich.

9.2 Wie man mit Mailing-Listen arbeitet

Um auf eine Mailing-Liste zu kommen, bedarf es Ihrer eigenen Initiative. Es kann zwar vorkommen, daß Sie von jemand anderem auf eine Mailing-Liste gesetzt werden, z.B. Ihrem Vorgesetzten, der eine Mailing-Liste für die gesamte Abteilung eingerichtet hat. In den meisten Fällen müssen Sie eine Mailing-Liste jedoch ausdrücklich abonnieren, um Mitteilungen der Liste zugeschickt zu bekommen. Das Abonnieren ist recht simpel: Sie schicken eine E-Mail an eine bestimmte Adresse der Liste. Wie diese Adresse im einzelnen lautet, hängt davon ab, wie die Liste verwaltet wird.

Allerdings stehen nicht alle Mailing-Listen jedermann offen. Es gibt auch einige private Listen, die an einen geschlossenen Teilnehmerkreis gerichtet sind. Die Mailing-Liste Ihres Abschlußjahrgangs ist schließlich nur für Ihre ehemaligen Jahrgangskollegen interessant. Ebensowenig würde Ihnen der Vorstand von Sun Microsystems gestatten, seine Mailing-Liste zu abonnieren, in der die zukünftige Firmenpolitik diskutiert wird. Oft möchte der Betreiber der Liste einfach ein paar Informationen von Ihnen, bevor er entscheidet, ob Sie für die Liste geeignet sind. Wenn Sie, ohne es zu wissen, eine private Liste abonnieren, wird Ihnen in der Regel eine Mitteilung geschickt, in der Sie um die Angabe einiger zusätzlicher Informationen gebeten werden, oder es wird Ihnen mitgeteilt, daß Sie die Liste nicht abonnieren können.

Jede Mailing-Liste hat mindestens zwei Adressen. Über die eine Adresse, die *Verteileradresse*, wird die Verteilung sämtlicher Diskussionsbeiträge an die Liste abgewickelt. Die andere Adresse ist die *administrative Adresse*, die für Sie von Bedeutung ist, wenn Sie eine Liste abonnieren (wird als *subscribe* bezeichnet) oder verlassen (*unsubscribe*) möchten.

In das erste große Fettnäpfchen können Sie schon direkt beim Einstieg in die Mailing-Liste tappen. Viele Neulinge machen sich in der Liste äußerst unbeliebt, indem sie ihre Bitte um Aufnahme an die falsche Adresse schicken. Ihre erste Mail an eine Mailing-Liste, in der Sie um die Aufnahme bitten, muß immer an die administrative Adresse gerichtet sein. Ebenso müssen Sie beim Verlassen einer Liste eine entsprechende Mail an die administrative Adresse der Liste senden. Vor allem unmoderierte Mailing-Listen leiden immer wieder unter Teilnehmern, die die ganze Liste mit falsch adressierten Anfragen nerven. Ihre Anfragen zum Abonnieren oder Verlassen einer Liste können nur dann bearbeitet werden, wenn sie an die richtige, die administrative Adresse, gerichtet sind.

Hinter der administrativen Adresse verbirgt sich entweder ein Mensch oder ein Computer. Im ersten Fall, wenn die Liste also *manuell* verwaltet wird, schicken Sie eine formlose persönliche Mitteilung an den Betreiber der Liste und bitten ihn, Ihre E-Mail-Adresse auf die Liste zu setzen. Wie dies genau funktioniert, erfahren Sie im folgenden Abschnitt.

Heutzutage werden Listen in aller Regel automatisch durch ein Computerprogramm verwaltet. In diesem Fall muß Ihre E-Mail mit der Bitte um Aufnahme einem exakt festgelegten Format entsprechen, sonst kann das Verwaltungsprogramm Ihre Anfrage nicht verarbeiten. Als automatische Mailing-Listen-Manager werden meist die Programme LISTSERV, Majordomo oder Listproc verwendet. Die administrative Adresse einer automatisch verwalteten Liste lautet meist *LISTSERV@server.com*, *majordomo@server.com* oder *listproc@server.com*. In den folgenden Abschnitten erläutern wir, worauf Sie bei der manuellen und der automatischen Anmeldung achten sollten.

Manuelle Listen

In den Urzeiten des Internet, als man fast sämtliche Leute mit E-Mail-Adresse noch persönlich kannte, wurden alle Mailing-Listen manuell verwaltet. Bei überschaubaren Listen mit nur einigen Dutzend Teilnehmern ist die manuelle Listenorganisation auch heute noch verbreitet. Manuell verwaltete Listen haben den Vorteil, daß wirklich noch ein echter Mensch hinter einer Liste steht, der Sie von Hand auf eine Liste setzt, wieder herunternimmt und bei Problemen mit der Liste zur Verfügung steht. Dieser Mensch hat jedoch in den meisten Fällen neben der Verwaltung der Mailing-Liste noch einiges anderes zu tun. Erwarten Sie deshalb nicht, daß Ihre Bitte um Aufnahme sofort bearbeitet wird. Oft dauert es nur wenige Stunden, bis Sie die ersten Mails der Liste erhalten, doch manchmal müssen Sie sich auch einige Tage gedulden. Gleiches gilt, wenn Sie die Liste wieder verlassen möchten – Sie werden noch ein paar Mitteilungen erhalten, bevor der Nachrichtenstrom aus der Mailing-Liste versiegt.

Sie können der Verteileradresse einer Mailing-Liste nicht immer entnehmen, ob sie manuell oder automatisch verwaltet wird. Daher sollten Sie am besten versuchen, mit dem Namen der Liste auch die administrative Adresse in Erfahrung zu bringen oder zumindest herauszubekommen, ob die Liste manuell oder automatisch betrieben wird. Falls Sie wirklich nur die Verteileradresse einer Liste zur Hand haben, bleibt nichts anderes übrig, als nacheinander ein paar Möglichkeiten durchzuprobieren. Mitunter erhalten Sie dann die ein oder andere Fehlermeldung – mehr kann dabei aber nicht schiefgehen, solange Sie keine Nachrichten an die Verteileradresse schicken.

Um z.B. die *railroads*-Liste zu abonnieren, schicken Sie eine formlose, höfliche E-Mail an die administrative Adresse *railroads-request@southern-pacific.com*. Schreiben Sie im Textteil etwa: `Bitte setzen Sie mich auf die Mailing-Liste railroads` bzw., da die Mailing-Liste wahrscheinlich in den USA verwaltet wird, auf englisch: `Please add me to the list railroads.`

Um eine eigene Mitteilung an die Liste zu schicken, adressieren Sie die E-Mail mit *railroads@southern-pacific.com*. Bevor Sie jedoch Ihre ersten Beiträge schicken, möchten wir Ihnen unsere Anregungen zum erfolgreichen Einstieg in Mailing-Listen ans Herz legen, die Sie im Abschnitt *Ein sanfter Einstieg ins Leben mit Listen* finden.

Sie können die Mailing-Liste wieder verlassen, indem Sie an *railroads-request@southern-pacific.com* eine E-Mail mit folgendem Text schicken: `Bitte entfernen Sie mich von der Mailing-Liste railroads` bzw. `Please remove me from the list railroads`.

LISTSERV

Mailing-Listen, deren Teilnehmerzahl einige Dutzend übersteigt, sind für die manuelle Verwaltung zu groß und unübersichtlich. Das wohl am weitesten verbreitete Programm zur automatischen Mailing-Listen-Verwaltung ist LISTSERV. Das Programm verfügt über zahlreiche Funktionen und erweist sich als äußerst leistungsfähig beim Versand großer Mitteilungsmengen. Besonders große Mailing-Listen benutzen daher LISTSERV als zuverlässigen Mail-Versender.

Wenn Sie eine LISTSERV-Liste abonnieren möchten, benötigen Sie den Namen der Liste (z.B. *X_FILES-L*) und den Namen des Servers, auf dem die Liste verwaltet wird (z.B. *scully.com*). Sind beide Informationen zur Hand, so schicken Sie eine E-Mail an *LISTSERV@scully.com*. Im Unterschied zu manuell verwalteten Listen kommt es hier darauf an, Ihre Mitteilung exakt so zu verfassen, daß das Computerprogramm, das Ihre Mitteilung erhält, diese richtig interpretieren kann. Wenn Sie die Mailing-Liste *X_FILES-L@scully.com* abonnieren möchten, sollte im Textteil Ihrer E-Mail folgendes stehen:

```
SUB X_FILES-L Ihr Name
```

`SUB` steht hier für *subscribe*, zu deutsch abonnieren, und ist der Befehl, mit dem LISTSERV mitgeteilt wird, daß Sie auf eine Liste gesetzt werden möchten. *X_FILES-L* ist der Name der Liste, die Sie abonnieren möchten. Da LISTSERV gleichzeitig mehrere Mailing-Listen auf einem Server verwalten kann, ist die Angabe des Listennamens nötig, um dem Programm mitzuteilen, auf welcher der vielen Listen es Sie eintragen soll. *Ihr Name* sollte tatsächlich Ihr eigener Name sein bzw. der Name, unter dem Sie in der Liste geführt werden möchten.

Das sind alle Angaben, die LISTSERV benötigt, um Sie auf einer Mailing-Liste einzutragen. Die *Betreff*-Zeile Ihrer Mail sollte besser leer bleiben, damit LIST-

SERV nicht unnötig verwirrt wird – man weiß ja nie, was so alles passieren kann. Auch Ihre E-Mail-Adresse müssen Sie nirgendwo gesondert angeben, denn die sucht sich LISTSERV aus den Kopfzeilen Ihrer E-Mail selbständig heraus.

Als Reaktion auf Ihre Mail an LISTSERV erhalten Sie umgehend eine umfangreiche Standardbegrüßung zur Mailing-Liste. Heben Sie sich diese Mail auf jeden Fall gut auf, denn Sie enthält einen Hinweis, was Sie tun müssen, um die Liste wieder zu verlassen. Wir speichern alle Begrüßungs-Mails unserer abonnierten Mailing-Listen in einem eigenen Ordner, so daß sie nicht verlorengehen. Die Mail enthält außerdem eine kurze Übersicht über einige LISTSERV-Befehle, die wir weiter unten erläutern. Um sicherzugehen, daß Sie sich wirklich selbst auf die Liste gesetzt haben und nicht jemand anderes Unfug mit Ihrer E-Mail-Adresse angestellt hat, bitten manche Mailing-Listen mit der Begrüßungs-Mail um die Bestätigung Ihrer Eintragung. Wenn Sie die Liste tatsächlich abonnieren möchten, antworten Sie auf die Begrüßungs-Mail (mit REPLY oder ANTWORTEN), und setzen Sie in den Texteil der Antwort das Wort *OK*. Falls Sie nicht antworten, werden Sie nicht auf die Liste gesetzt.

Nachdem Sie nun auf der Mailing-Liste eingetragen sind, steht Ihrer ersten Mail technisch nichts mehr im Wege - im folgenden Abschnitt finden Sie allerdings noch ein paar Hinweise, die Sie vor Ihrer aktiven Teilnahme an der Mailing-Liste beherzigen sollten. Mitteilungen an die Liste schicken Sie an die Verteileradresse, in diesem Fall also an *X_FILES-L@scully.com*.

Irgendwann sind vielleicht alle ungelösten Fälle des FBI doch gelöst worden, und der Punkt, an dem Sie die Liste wieder verlassen möchten, ist erreicht. Um Ihre Mailbox zukünftig mit UFO- und Alien-Geschichten zu verschonen, schikken Sie eine Mail an die administrative Adresse der Liste, also *LISTSERV@scully.com*. Im Textteil der Mail schreiben Sie folgendes:

```
SIGNOFF X_FILES-L
```

Die automatische Listenverwaltung funktioniert normalerweise recht zuverlässig. Ab und zu kommt es jedoch vor, daß z.B. Ihr Name falsch übernommen wurde oder daß Sie Ihre E-Mail-Adresse wechseln mußten und die Liste Sie nicht mehr erkennt. In solchen Fällen können Sie sich an den Betreiber der Liste wenden – ja, auch bei automatischen Listen steckt immer noch ein Mensch dahinter. Die Adresse des Listenbetreibers ergibt sich aus dem Namen der Liste, dem ein OWNER- vorangestellt ist (z.B. *OWNER-X_FILES-L@scully.com*).

Neben den Befehlen zum Abonnieren und Verlassen kennen LISTSERV-Listen noch eine Reihe weiterer Befehle:

Befehl	Erklärung
`SET X_FILES-L NOMAIL`	Vorübergehender Mail-Stop, z. B. bei Abwesenheit.
`SET X_FILES-L MAIL`	Aktivierung der Mail-Zustellung nach vorübergehendem Mail-Stop durch `NOMAIL`.
`REVIEW X_FILES-L`	Übersicht über sämtliche auf der Liste eingetragenen Personen. Vorsicht, diese Listen können manchmal sehr umfangreich sein und mehrere tausend Einträge umfassen.
`SET X_FILES-L DIGEST`	Umstellen von Einzelbezug aller Mails auf Digest-Bezug, d. h. alle Mails eines bestimmten Zeitraums werden in einer einzigen Mail zusammengefaßt, und nur diese wird an Sie geschickt. Nicht alle Listen bieten den Digest-Bezug an.
`SET X_FILES-L NODIGEST`	Umstellen von Digest-Bezug auf Einzelbezug.
`SET X_FILES-L ACK`	Diese Option bewirkt, daß Sie nach Eintreffen Ihrer Mail bei LISTSERV eine Eingangsbestätigung erhalten.
`SET X_FILES-L NOACK`	Abstellen der Eingangsbestätigung.
`SET X_FILES-L REPRO`	Mit dieser Option erhalten Sie eine Kopie von jeder Mitteilung, die Sie an die Mailing-Liste schicken. Dies kann in einigen Fällen redundant sein, da Ihr Mail-Client möglicherweise ohnehin eine Kopie aller ausgehenden Mitteilungen anfertigt.
`SET X_FILES NOREPRO`	Mit dieser Option erhalten Sie *keine* Kopien Ihrer Mails an die Mailing-Liste.
`LIST`	Auf diesen Befehl hin wird Ihnen eine Übersicht über sämtliche Listen zugesandt, die auf dem Listen-Server verwaltet werden.
`INDEX X_FILES-L`	Viele Mailing-Listen unterhalten Archive mit verfügbaren Dateien. Dieser Befehl liefert Ihnen eine Übersicht aller vorhandenen Dateien.

Tabelle 9-1: Einige Befehle für LISTSERV

Befehl	Erklärung
`GET Dateiname Dateityp X_FILES-L f=mail`	Fordert eine Datei aus dem Archiv an.
`HELP`	Damit erhalten Sie eine Übersicht zu sämtlichen Befehlen, die Ihnen für LISTSERV zur Verfügung stehen.

Tabelle 9-1: Einige Befehle für LISTSERV (Fortsetzung)

Majordomo

Für Majordomo-Listen lautet die administrative Adresse *majordomo@listenserver.com*. Um eine Majordomo-Liste zu abonnieren, schicken Sie eine Mail an die administrative Adresse. Die Betreff-Zeile bleibt leer und im Textteil steht folgendes:

```
subscribe listenname
```

Für Ihren persönlichen Namen interessieren sich Majordomo-Server weniger, deshalb tragen Sie diesen im Gegensatz zu LISTSERV hier nicht ein. Eigene Mitteilungen an die Mailing-Liste richten Sie an die Listen-Adresse *listenname@listenserver.com*. Um die Liste zu verlassen, schicken Sie eine Mail an die administrative Adresse der Liste. Im Textteil muß folgender Befehl stehen:

```
unsubscribe listenname
```

Natürlich kennt auch Majordomo eine Menge weiterer Befehle, aus denen wir einige wichtige herausgesucht haben:

Befehl	Erklärung
`who` *listenname*	Übersicht über sämtliche auf der Liste eingetragenen Personen.
`which` *listenname*	Übersicht über sämtliche Listen auf dem Server, auf denen Sie eingetragen sind.
`subscribe` *listenname* `digest`	Umstellen von Einzelbezug aller Mails auf Digest-Bezug, d.h. alle Mails eines bestimmten Zeitraums werden in einer einzigen Mail zusammengefaßt, und nur diese wird an Sie geschickt. Nicht alle Listen bieten den Digest-Bezug an.

Tabelle 9-2: Die wichtigsten Majordomo-Befehle

Befehl	Erklärung
`unsubscribe` *`listenname`* `digest`	Umstellen von Digest-Bezug auf Einzelbezug.
`lists` *`listenname`*	Übersicht über sämtliche Listen, die auf dem Listen-Server verwaltet werden.
`index` *`listenname`*	Übersicht über alle im Mailing-Listen-Archiv vorhandenen Dateien.
`get` *`listenname dateiname`*	Fordert eine Datei aus dem Archiv an.
`Help`	Damit erhalten Sie eine Übersicht über sämtliche Majordomo-Befehle.

Tabelle 9-2: Die wichtigsten Majordomo-Befehle (Fortsetzung)

Auf die von LISTSERV bekannte Eingangsbestätigung und den vorübergehenden Mail-Stop bei Abwesenheit müssen Sie bei Majordomo-Listen leider verzichten. Nicht alle Majordomo-Listen bieten die Digest-Funktion innerhalb der Liste an. Oft werden parallel zur eigentlichen Liste eigene Digest-Listen eingerichtet, in denen die Beiträge der normalen Liste zusammengefaßt werden. Die Digest-Listen heißen meist *listenname-digest@listenserver.com*. Um die Digest-Bezugsform einer Liste zu wählen, müssen Sie die normale Liste abbestellen und statt dessen die Digest-Liste abonnieren.

Listproc

Der letzte Listenverwalter in unserer Programmparade ist Listproc – zwar nicht ganz so weit verbreitet wie die anderen beiden, aber einfacher zu installieren und daher schwer im Kommen. Ihre Anfrage für ein Listproc-Abonnement schicken Sie an die administrative Adresse *listproc@listenserver.de*. Auch hier bleibt die Betreff-Zeile leer, und im Textteil steht:

```
subscribe listenname Ihr Name
```

Um die Liste wieder zu verlassen, tragen Sie im Textteil der Mail folgendes ein:

```
unsubscribe listenname
```

Ihren Namen müssen Sie diesmal nicht angeben. Diskussionsbeiträge an die Liste gehen wie üblich an die Verteileradresse, nämlich *listenname@listenserver.de*.

Und zu guter Letzt noch ein paar Listproc-Befehle:

Befehl	**Erklärung**
`recipients` *`listenname`*	Übersicht über sämtliche auf der Liste eingetragenen Personen.
`set` *`listenname`* `mail postpone`	Vorübergehende Unterbrechung der Mail-Zustellung.
`set` *`listenname`* `mail ack`	Aktivierung der Mail-Zustellung nach vorübergehendem Mail-Stop.
`set` *`listenname`* `mail digest`	Umstellen von Einzelbezug aller Mails auf Digest-Bezug.
`set` *`listenname`* `mail ack`	Umstellen von Digest-Bezug auf Einzelbezug.
`index` *`listenname`*	Übersicht über alle im Mailing-Listen-Archiv vorhandenen Dateien.
`get` *`listenname dateiname`*	Fordert eine Datei aus dem Archiv an.
`help`	Damit erhalten Sie eine Übersicht über sämtliche Listproc-Befehle.

Tabelle 9-3: Befehle für Listproc

9.3 Ein sanfter Einstieg ins Leben mit Listen

Wenn Sie die technische Seite gemeistert und sich erfolgreich bei einer Mailing-Liste angemeldet haben, können Sie als nächstes Ihren Einstieg in die dort laufende Diskussion in Angriff nehmen. Bedenken Sie hierbei jedoch, daß Mailing-Listen Online-Gemeinschaften sind. Als »Neuling« können Sie hierbei von der Beachtung einiger grundsätzlicher Regeln profitieren.

Erstmal zuhören

Nachdem Sie sich erfolgreich durch den nötigen Organisationsaufwand durchgekämpft und eine Liste abonniert haben, trudeln bald die ersten Mails der Liste in Ihrer Mailbox ein. Da jede Liste ihren eigenen Charakter und ihr eigenes Themengebiet hat, empfehlen wir Ihnen, mit Ihrer ersten Mitteilung an die Liste eine Weile zu warten. Lesen Sie eine Woche lang die Mails, die von der Liste kommen, und lernen Sie die Gepflogenheiten der Diskussion kennen. Manche

Listen sind sehr formal und betreiben ernste Diskussionen mit ausgefeilten Argumenten, andere zeichnen sich durch recht lockere Umgangsformen aus und bleiben selten bei einem Thema. Wieder andere Listen erinnern an Chat-Rooms aus dem Internet, und der einzige Zweck der Liste ist, Spaß an der Unterhaltung zu haben. Versuchen Sie, den Stil der Liste zu akzeptieren, wie er ist, und versuchen Sie nicht, die anderen Listenteilnehmer zu erziehen. Falls Sie sich in einer Liste nicht wohlfühlen, sollten Sie nicht lange warten und die Liste abbestellen. Bei der Vielzahl der Listen finden Sie sicher eine andere, die Ihnen besser liegt.

Viele Listen bieten ein *FAQ-Dokument* an. Gibt es ein solches Dokument, so wird meist in der Begrüßungs-Mail der Liste erwähnt, wie Sie es bekommen können. In diesem Dokument erfahren Sie das Wichtigste über die Inhalte und Gepflogenheiten der Liste. Falls Sie während Ihrer Einstiegswoche auf eine interessante Diskussion stoßen, aber leider den Anfang verpaßt haben, hilft Ihnen das Listenarchiv weiter. Hier werden alle Beiträge an die Liste aufbewahrt, so daß Sie sie auch im Nachhinein lesen können. Mit dem Befehl `help` erhalten Sie Anweisungen, wie Sie an das Listenarchiv gelangen.

Sollten Sie auch ein oder zwei Wochen nach dem Abschicken Ihrer Abo-Anfrage noch keine Mitteilungen von der Liste erhalten haben, so handelt es sich entweder um eine Liste mit äußerst wenig Verkehr oder etwas ist mit Ihrem Abo schiefgegangen. In diesem Fall können Sie eine Mail an den Listenbetreiber schicken und höflich nachfragen, ob Ihr Abo-Wunsch angekommen ist.

Der erste Beitrag

Nach einer Woche haben Sie wahrscheinlich bereits ein gewisses Gefühl für die Liste entwickelt und könnten die anderen Teilnehmer der Liste an Ihren Gedanken teilhaben lassen. Oftmals ist es so, daß Sie eine laufende Diskussion verfolgen und auf einen bestimmten Beitrag antworten möchten. Bevor Sie das tun, sollten Sie überlegen, an wen Ihre Antwort gehen soll. Sie können Ihre Antwort entweder an die ganze Liste schicken, so daß sie alle Teilnehmer lesen können, oder nur an den Verfasser des Beitrags, auf den Sie antworten. Letzteres bietet sich an, wenn Sie dem Verfasser eine persönliche Frage stellen möchten, auf die Sie nur die Antwort des Verfassers bekommen möchten und nicht die anderer Personen auf der Liste. Generell sollten Sie alle Mails, die nicht für die ganze Liste interessant sind, nur an die Personen schicken, die sie betreffen. Die Adressen der Einzelpersonen finden Sie entweder in der *From*-Zeile unter den Kopfzeilen der Mail oder in der Signatur am Fuß des Textteils.

Ihre Absenderadresse bleibt nicht immer im Kopf der Mitteilung, sondern wird manchmal mit der Adresse der Liste überschrieben. Entsprechend sollten Sie auch in Ihren Beiträgen an die Liste sicherstellen, daß Ihre E-Mail-Adresse irgendwo im Textteil Ihrer Mitteilung enthalten ist. So haben die anderen Listenteilnehmer in jedem Fall die Möglichkeit, Ihnen persönlich zu antworten.

Um neue Argumente in eine Diskussion einzubringen oder die Liste um eine Meinung zu bitten, sollte Ihre Mitteilung an die Verteileradresse der Liste gehen, so daß sie sämtliche Listenmitglieder lesen können. Achten Sie in diesem Fall beim Verfassen Ihrer Mitteilung an die Liste darauf, daß im Feld *An*: oder *To:* Ihrer Mail wirklich die Listen-Adresse und nicht die einer Einzelperson eingetragen ist. Außerdem empfiehlt sich ein Blick in die *Betreff*-Zeile. Stimmt der Eintrag in dieser Zeile noch mit dem Thema Ihrer Mail überein? Nachdem Fragen und Antworten ein paarmal hin- und hergegangen sind, ist man oft bei einem ganz anderen Thema angelangt. Damit der Übergang klar wird, geben Sie am besten sowohl die alte wie auch die neue Betreff-Zeile an, z.B.

```
Betreff: Leben auf dem Mars, war: Genug von dieser Welt
```

Denken Sie daran, daß möglicherweise mehrere tausend Personen in aller Welt Ihre Mail lesen können, und das nicht nur innerhalb der Listengemeinschaft selbst, sondern unter Umständen auch im World Wide Web und im Usenet. Achten Sie daher auf Ihre Sprache und Wortwahl, und versuchen Sie, wenigstens halbwegs den Regeln der Rechtschreibung zu entsprechen – Ihre Mail gewinnt dadurch an Gewicht, und andere Listenmitglieder werden es Ihnen danken. Dieser Hinweis mag Ihnen überflüssig erscheinen, doch nachdem Sie die ersten fast unverständlichen Mails erhalten haben, wissen Sie, wovon wir sprechen. Bei internationalen Listen ist Englisch die geläufige Sprache.

Nachdem Sie eine Mail an die Liste geschickt haben, möchten Sie sicher wissen, ob Ihr Beitrag auch wirklich angekommen ist. Doch nicht in jedem Fall erhalten Sie automatisch eine Kopie Ihrer Mail von der Liste zurück. Bei zahlreichen Listen können Sie mit einem Befehl an die administrative Adresse der Liste einstellen, ob Ihnen eine Empfangsbestätigung oder eine Kopie Ihrer Beiträge zurückgeschickt wird. Oft dauert es einige Stunden, bis Ihr Beitrag an eine Mailing-Liste verteilt wird. Viele Listen sammeln die Listenbeiträge und schicken sie erst zu Zeiten, in denen im Internet weniger los ist (z.B. nachts), an die Listenteilnehmer weiter.

Wie bereits erwähnt, gibt es auch einige Listen, die moderiert werden. Falls Ihr Beitrag in einer solchen moderierten Liste nicht erscheint, sollten Sie das nicht persönlich nehmen. Möglicherweise haben Sie nicht ganz den Ton der Liste getroffen oder ein bereits längst abgehandeltes Thema angesprochen, so daß der Moderator der Liste Ihren Beitrag herausgefiltert hat.

Besonders schnell unbeliebt machen Sie sich, wenn Sie Ihren Beiträgen Dateien anhängen. Sie sollten grundsätzlich nie Attachments an die Liste verschicken. Ihre Beiträge werden dadurch aufgeblasen wie ein Heißluftballon, und nicht alle Teilnehmer der Liste können sich glücklich schätzen, eine schnelle Verbindung zum Mail-Server zu haben. Auch Sie hätten wahrscheinlich wenig Freude daran, zwei Minuten lang einen Listenbeitrag auf Ihren Computer herunterzuladen, um darin eine Datei vorzufinden, mit der Sie nichts anfangen können. Wenn Sie den Listenteilnehmern eine Datei zur Verfügung stellen möchten, legen Sie sie im Archiv der Liste ab. So können alle, die wirklich Interesse an der Datei haben, diese bei Bedarf herunterladen.

Nicht alle Neulinge in Sachen Mailing-Listen lesen wie Sie vorher ein Buch, in dem sie auf das Wichtigste vorbereitet werden. Deshalb werden Sie in Mailing-Listen immer wieder Mails mit Inhalten wie *get me off this list* oder vollkommen wirren Gedanken finden. Auch wenn es Ihnen nach einiger Zeit auf die Nerven gehen mag, sollten Sie Ihrem Ärger nicht mit einer Mail an die Liste Luft machen – damit verschwenden Sie nur die Zeit aller anderen Teilnehmer und bewirken gar nichts. Wenn Sie wirklich den Drang verspüren, auf eine unpassende Mitteilung zu antworten, sollten Sie dem Störenfried eine persönliche Mitteilung zukommen lassen oder in schwerwiegenden Fällen den Listenverwalter um Beistand bitten.

Wenn sich Ihre E-Mail-Adresse ändert

Knifflig wird es, wenn sich während der Teilnahme an einer Mailing-Liste plötzlich Ihre E-Mail-Adresse ändert. Systemadministratoren oder Internet-Provider sollten Sie eigentlich vorher von einer Adressenänderung in Kenntnis setzen, doch wie das Leben so spielt, geschehen oft die seltsamsten Dinge. Das Problem dabei ist, daß viele Listen nur Mitteilungen von Personen verarbeiten, deren E-Mail-Adresse auf der Liste steht (abgesehen vom Befehl `subscribe`).

Angenommen, der Internet-Provider, bei dem Sie einen E-Mail-Account haben, entschließt sich, die Zugangsgebühren kräftig zu erhöhen, so daß Sie zu einem anderen Provider wechseln möchten. Ihre bisherige E-Mail-Adresse war *fred@feuerstein.de*, und Ihre neue Adresse lautet *fred@wilma.de*. Nachdem Sie gut bei Ihrem neuen Provider Wilma angekommen sind, schicken Sie eine Mitteilung an Ihre Mailing-Liste, um von Ihrem Wechsel zu berichten. Ihre Mitteilung kommt jedoch postwendend mit dem Vermerk zurück, daß Sie nicht auf der Liste stehen und daher keine Mitteilungen von Ihnen akzeptiert werden. Das Listenverwaltungsprogramm kennt Sie einzig und allein unter der Adresse *fred@feuerstein.de*, mit der Sie sich irgendwann einmal bei der Liste angemeldet haben.

Die einzige Möglichkeit, im Nachhinein Ihre Adresse auf der Liste zu ändern, ist eine Mail an den menschlichen Listenbetreiber. Dieser kann Ihre Adresse dann per Hand in *fred@wilma.de* ändern. Wenn Sie wissen, daß demnächst ein Wechsel Ihrer E-Mail-Adresse ansteht, sollten Sie noch unter Ihrer alten Adresse die Liste mit `unsubscribe` verlassen und sie später mit der neuen Adresse wieder abonnieren. Falls Sie Ihre alte Adresse weiterhin auf der Liste lassen, obwohl Sie in Wirklichkeit nicht mehr existiert, versucht das Listenverwaltungsprogramm weiterhin, alle Listenbeiträge auch Ihrer alten Adresse zuzustellen. Da dies natürlich nicht klappt, wird jedesmal eine Fehlermeldung erzeugt, die meist an den ursprünglichen Verfasser des Beitrags geht – ziemlich nervtötend. Auch wenn Sie einen Beitrag an die Liste schicken, werden Sie oft einige Fehlermeldungen zurückbekommen. Viele Listenverwaltungsprogramme versuchen, diese Meldungen abzufangen, aber das gelingt nicht immer. Seien Sie deshalb so fair, und löschen Sie Ihre alte E-Mail-Adresse auf der Liste, wenn Sie zu einer neuen Adresse wechseln.

9.4 Einige URLs mit Verzeichnissen von Mailing-Listen

Das Internet wimmelt nur so von Mailing-Listen zu allen möglichen Themen – und wir wissen natürlich nicht, wofür Sie sich im einzelnen interessieren. Deshalb geben wir Ihnen nur eine konkrete Mailing-Liste zum Einstieg und zeigen Ihnen ansonsten, wie Sie die passende Liste für Ihren Geschmack finden.

Einen netten Einstieg ins Internet bietet Ihnen die *Tourbus*-Mailing-Liste, die Sie an verschiedene interessante Plätze im Internet führt. Steigen Sie in den Tourbus ein, indem Sie Ihre Abo-Anfrage mit dem Text `subscribe tourbus` an die administrative Adresse der Liste *majordomo@colossus.net* schicken.

Ein guter Startpunkt für die Suche nach Ihrer persönlichen Lieblingsliste ist das *Liszt*-Verzeichnis. Als größtes der Mailing-Listen-Verzeichnisse bietet Liszt über 85.000 verschiedene Mailing-Listen. Die meisten der Einträge sind englischsprachige Listen, doch es finden sich auch einige deutschsprachige darunter. Liszt ist mit Ihrem Web-Browser im Internet unter folgender Adresse zu finden:

http://www.liszt.com

Ein anderes Verzeichnis, *Tile.Net*, hat sich auf LISTSERV-Listen spezialisiert. Auch hier finden Sie eine Vielzahl verschiedener Listen, die auch nach Ländern sortiert sind. Die Web-Adresse lautet:

http://tile.net/lists

Ein umfassendes Verzeichnis deutschsprachiger Mailing-Listen finden Sie unter *ftp://rtfm.mit.edu/pub/faqs/de-mailinglisten*. Außerdem können Sie mit den herkömmlichen Suchmaschinen des Internet wie Fireball (*http://www.fireball.de*) oder Yahoo! (*http://www.yahoo.de*) nach weiteren deutschen Listen suchen. Geben Sie als Suchbegriffe *Mailing-Liste* und *Ihr gewünschtes Thema* ein.

Glossar

Account heißt soviel wie »Konto« und ist in der E-Mail-Welt die Bezeichnung für Ihren Briefkasten auf dem Mail-Server. Auch der eigentliche Zugang bei einem Internet-Provider wird gelegentlich als Account bezeichnet.

Akronym Akronyme sind Buchstabenkürzel, die in der E-Mail-Kommunikation häufig gebrauchte Floskeln ersetzen, z.B. ASAP für »As soon as possible.«

Algorithmus Ein Algorithmus beschreibt die schrittweise Anleitung zur Lösung einer Aufgabe. Verschlüsselungsalgorithmen bestehen z.B. aus vielen verschachtelten elementaren Rechenschritten wie Divisionen und Rundungen.

Aliasname siehe Spitzname.

AOL ist die Abkürzung für *America Online*, einem der größten Internet-Dienstanbieter, der auch E-Mail-Accounts anbietet.

Archiv (ZIP) Ein ZIP-Archiv beinhaltet eine oder mehrere Dateien in komprimierter Form.

ASCII steht für *American Standard Code for Information Interchange*, ist weltweit gültig und weist jedem Zeichen einen festen Zahlenwert zu (z.B. »f« = »102«).

Asymmetrische Verschlüsselung siehe Secret-Key-Verschlüsselung.

Attachment Dateien, die an eine E-Mail angehängt werden, bezeichnet man als Attachment. So können auch Binärdateien per E-Mail verschickt werden.

Base64 ist ein Verfahren zur Umwandlung von Binärdateien in ASCII-Zeichen, das auf dem Standard MIME aufbaut.

BCC steht für *Blind Carbon Copy* und bezeichnet eine Kopie, die für den eigentlichen Empfänger einer Mitteilung unsichtbar ist. Siehe auch CC.

Binärdateien sind Dateien, die andere Informationen als nur ASCII-Code enthalten. Beispiele für Binärdateien sind Archive, Bilder, Klänge, Tabellen oder Dokumente aus einer Textverarbeitung (die neben Text aus Formatierungscodes bestehen).

BinHex ist ein Verfahren zur Umwandlung beliebiger Dateien in ASCII-Zeichen auf Apple/Macintosh-Rechnern (Gegenstück zu UUcode).

Bit Ein Bit ist die kleinste Einheit, in der Computerdaten gezählt werden. Bits können die Zustände *ein* oder *aus* (dargestellt mit 1 und 0) repräsentieren, ihre verschiedenen Kombinationen stellen verschiedene Informationen dar.

Byte Eine Gruppe von acht Bits bezeichnet man als Byte. Zeichensätze, die auch Sonderzeichen enthalten, benötigen für die Darstellung eines Zeichens ein Byte.

CA steht für Certification Authority, siehe Zertifizierungsstellen.

CAST ist ein symmetrischer Verschlüsselungsalgorithmus mit einer Schlüssellänge von 128 Bit. Sein Name setzt sich aus den Initialen seiner Entwickler Carlisle Adams und Stafford Tavares zusammen.

CC steht für *Carbon Copy* und bezeichnet eine Kopie, die nicht nur an den Empfänger, sondern zur Information auch an verschiedene andere Personen verschickt wird. Im Gegensatz zu BCC sind diese Adressaten für den eigentlichen Empfänger sichtbar.

Client Ein Client ist ein Computer oder ein Programm, mit dem auf die Dienste oder Programme eines anderen Computers – des sogenannten Servers – zugegriffen wird. Ihr

E-Mail-Programm ist ein Client, der mit dem Mail-Server in Kontakt tritt, um E-Mails zu empfangen und zu verschicken. Siehe auch E-Mail-Client und Server.

CompuServe ist einer der größten Internet-Provider in Deutschland, der auch E-Mail-Dienste anbietet.

Computervirus Computerviren sind meist bösartige Programme, die durch Dateien, in denen sie sich verstecken, übertragen werden. Sie können mitunter schweren Schaden anrichten.

Diffie-Hellmann ist ein asymmetrischer Verschlüsselungsalgorithmus, der nach den Erfindern der Public-Key-Verschlüsselung benannt ist.

Digest-Bezugsform Dies ist eine besondere Bezugsform von Mailing-Listen, bei der die Beiträge nicht einzeln, sondern als Zusammenfassung in regelmäßigen Zeitabständen verschickt werden.

Disconnected ist eine Variante der Client-Server-Verbindung, die vor allem unter IMAP verwendet wird. Dabei laden Sie eine Kopie zu bearbeitender Mitteilungen vom Server auf den Client herunter. Nach der Bearbeitung werden die Daten auf dem Server aktualisiert.

Domäne Die wichtigste Organisationseinheit im Internet. Der Domänenname ist die für Menschen besser lesbare Form der numerischen IP-Adresse, die anstelle des Domänennamens im Hintergrund verwaltet wird.

E-Mail Was das ist, wird Ihnen nach der Lektüre dieses Buches hoffentlich klar sein ;).

E-Mail-Adresse Eine E-Mail-Adresse ist vergleichbar mit Ihrer Postanschrift. Sie setzt sich aus Ihrem Benutzernamen und einem Domänennamen zusammen und wird Ihnen von Ihrem Provider zugewiesen. Eine E-Mail-Adresse gibt es im Internet jeweils nur ein einziges Mal.

E-Mail-Client Dies ist das Programm, mit dem Sie Ihre E-Mail verschikken, empfangen und verwalten.

Emoticons werden nach ihrem bekanntesten Vertreter :-) auch Smileys genannt. Der Begriff »Emoticon« setzt sich aus den Wörtern »emotion« (engl. für Gefühl) und »icon« (engl., bedeutet hier soviel wie »bildliche Darstellung«) zusammen. Es sind meist Gesichter, die aus wenigen ASCII-Zeichen bestehen. In E-Mails werden sie zur Darstellung von Gefühlen und zur Auflockerung verwendet.

Eudora ist ein E-Mail-Client von Qualcomm, dessen Light-Version kostenlos unter der Adresse *http://www.eudora.com* erhältlich ist.

FAQ steht für *Frequently Asked Questions.* Das sind die am häufigsten gestellten Fragen zu einem bestimmten Thema. Bevor man die Mitglieder einer Mailing-Liste mit einer Frage belästigt, sollte man zuvor einen Blick in die betreffende FAQ-Liste werfen.

Flame Mit Flames werden bitterböse Mitteilungen bezeichnet, die meist aus Rache oder schlicht aus Böswilligkeit per E-Mail verschickt werden. Die schlechteste Reaktion auf eine Flame ist die Antwort mit einer Gegenflame.

Forward heißt zu deutsch »Weiterleiten«. Wenn Sie eine E-Mail an eine andere Person weiterschicken, bezeichnet man das auch als *forwarden.*

Freemail setzt sich aus den Begriffen »Free« und »E-Mail« zusammen. Unter Freemail versteht man das Angebot WWW-basierter, kostenloser E-Mail.

FTP steht für *File-Transfer-Protocol.* Das ist ein Datenübertragungsprotokoll, mit dem z.B. über das Internet mehrere Dateien von einem Computer zu einem anderen übertragen werden können.

Gateway Als Gateway bezeichnet man einen Computer, der zwei Netzwerke miteinander verbindet, die auf jeweils unterschiedlichen Protokollen basieren.

Header siehe Kopfzeilen.

Host Der Rechner in einem Netz bzw. im Internet, auf dem Sie sich mit Ihrem Client einloggen, um etwa Mails zu empfangen oder WWW-Seiten abzufragen.

HTML Die sogenannte *Hypertext Markup Language (HTML)* ist die Sprache, mit der WWW-Seiten entwickelt werden. Inzwischen kann man mit HTML auch formatierten Text oder sogar Grafiken in E-Mails einbauen.

IDEA *(International Data Encryption Algorithm)* ist ein symmetrischer Verschlüsselungsalgorithmus mit einer Schlüssellänge von 128 Bit.

IETF ist die Abkürzung für *Internet Engineering Task Force*, der Name einer Gruppe von Spezialisten für Internet-Technik. Diese Gruppe entwickelt technische Standards für das Internet.

IMAP steht für *Internet Message Access Protocol*. Dieses ist ein Protokoll zur Kommunikation zwischen Mail-Client und -Server. Es eignet sich vor allem zur Verwaltung Ihrer E-Mail auf dem Server und damit für den Zugriff von verschiedenen Clients aus.

Internet Das Internet ist ein global verbundenes Netzwerk. Über die Datenleitungen des Internet werden E-Mails, Web-Seiten, Dateien und sonstige Daten übertragen.

Internet-Provider Dies ist der Dienstanbieter, der Ihnen den Zugang zu verschiedenen Internet-Diensten wie WWW, E-Mail oder FTP ermöglicht.

Intranet Ein Netzwerk, über das Leute innerhalb eines Unternehmens mittels populärer Internet-Werkzeuge wie Browsern Daten austauschen können. Auch unternehmensinterne Kommunikation per E-Mail ist damit möglich.

IP siehe TCP/IP.

IP-Adresse Um Daten an einen bestimmten Computer im Internet zu verschicken, benötigt man dessen IP-Adresse. Mit dieser Adresse werden die Datenpakete adressiert und weitergereicht. Eine IP-Adresse kann z.B. so aussehen: *127.06.89.255*.

IP-Paket Bei der Übertragung von Daten im Internet werden Daten in IP-Pakete aufgeteilt. Diese werden mit der IP-Adresse adressiert und über TCP/IP verschickt.

Kennformel Kennformeln, auch Mantras genannt, schützen Schlüssel oder Zertifikate vor unbefugtem Zugriff. Sie sollten länger als herkömmliche Kennwörter sein, um höhere Sicherheit zu gewährleisten.

Kennwort Kennwörter schützen z.B. Ihren E-Mail-Account vor unbefugtem Zugriff.

Kopfzeilen In den Kopfzeilen einer E-Mail finden sich Empfänger- und Absenderadresse sowie zahlreiche weitere Informationen über die betreffende Mitteilung.

Kryptographie ist die Wissenschaft, die sich mit der Verschlüsselung von Daten beschäftigt.

ListProc ist ein Programm zur automatischen Verwaltung von Mailing-Listen.

LISTSERV ist ein weiteres Programm zur automatischen Verwaltung von Mailing-Listen.

Mail ist eine Kurzform für E-Mail.

Mailbox Das Verzeichnis, in dem der Mail-Server Ihre Mails zwischenspeichert, nennt man Mailbox. In Eudora werden auch Ordner zur Mail-Organisation als Mailbox bezeichnet.

Mail-Filter Mit Filtern lassen sich in vielen E-Mail-Programmen Nachrichten automatisch in den richtigen Ordner einsortieren und auch andere Aktionen wie z.B. das Löschen von Nachrichten veranlassen.

Mailing-Listen	sind Diskussionsforen im Internet. Jede Mailing-Liste behandelt ein bestimmtes Thema. Nachrichten, die an die Liste geschickt werden, werden an all ihre Abonnenten weitergeleitet.
Mail-Server	siehe Server.
Majordomo	ist ein Programm zur automatischen Verwaltung von Mailing-Listen.
Mantra	siehe Kennformel.
MIME	steht für *Multipurpose Internet Mail Extension* und ist ein Protokollzusatz zu STMP. Mit MIME können neben herkömmlichen Textmitteilungen auch Sonderzeichen und multimediale Daten per E-Mail verschickt werden.
Modem	ist ein Kunstwort aus den Begriffen *Mo*dulator und *Demo*dulator. Modems ermöglichen die Übertragung von Daten über die Telefonleitung, z. B. vom Server auf Ihren Computer zu Hause.
Moderator	Der Moderator einer Mailing-Liste schaut sich die eingehenden Mitteilungen an und entscheidet, welche davon an die Mitglieder der Liste weitergeleitet werden. Er kann so beleidigende, redundante oder am Thema der Mailing-Liste vorbeigehende Beiträge löschen.
Netiquette	setzt sich aus den Begriffen »Net« und »Etiquette« zusammen und bezeichnet einen Kodex allgemein anerkannter Verhaltensregeln im Internet.
Netscape Messenger	ist der E-Mail-Client des Programmpakets Netscape Communicator, das zum Download unter *http://www.netscape.com* bereitsteht.
Newsgruppen	sind so etwas wie Schwarze Bretter im Usenet (einem über das Internet zugänglichen selbständigen Datennetz). Ähnlich wie Mailing-Listen beschäftigen sich Newsgruppen jeweils mit einem Themengebiet. Die Mitteilungen werden dabei aber auf einem News-Server abgelegt und bei Bedarf vom Interessenten abgerufen.

Nicht-Proportionalschrift	Bei einer Nicht-Proportionalschrift, z.B. Courier, haben alle Zeichen die gleiche Breite. Sie wird häufig für E-Mails verwendet, weil sich mit ihr einfache Tabellen darstellen lassen.
Nickname	siehe Spitzname.
Offline	bedeutet, daß keine Verbindung zum Internet besteht. Unter Offline-Zugriff versteht man im Zusammenhang mit E-Mail, daß eingegangene Nachrichten vom Server heruntergeladen werden und anschließend die Verbindung getrennt wird. Die E-Mail-Bearbeitung findet dabei ausschließlich auf dem Client statt.
Online	bedeutet, daß eine ständige Verbindung zum Internet besteht. Unter Online-Zugriff versteht man im Zusammenhang mit E-Mail, daß sich nur das E-Mail-Programm auf dem Client befindet, die vollständige Verwaltung der Mitteilungen aber auf dem Server stattfindet.
Ordner	sind Sammelmappen innerhalb Ihres E-Mail-Programms, in denen Mitteilungen abgelegt werden können.
Outlook Express	ist der E-Mail-Client des Programmpakets Microsoft Internet Explorer, das unter *http://www.microsoft.com* erhältlich ist.
Paßphrase	siehe Kennformel.
Paßwort	siehe Kennwort.
PGP	Pretty Good Privacy ist ein Programm zum Verschlüsseln und digitalen Signieren von Textnachrichten und Dateien.
Pine	ist ein zeichenbasierter Unix-E-Mail-Client.
POP	steht für *Post Office Protocol*. Dieses Protokoll sorgt dafür, daß an Sie geschickte Mitteilungen vom Mail-Server auf Ihren Client übertragen werden.
Posting	Mit Posting bezeichnet man einen Beitrag an Newsgruppen.

Protokoll Unter Protokollen versteht man formale Beschreibungen der Formate von Mitteilungen und der Regeln, die zwei oder mehrere Computer befolgen müssen, um diese Mitteilungen austauschen zu können.

Public-Key-Verschlüsselung Die Public-Key-Verschlüsselung verwendet zwei Schlüssel: den öffentlichen Schlüssel (public key) und den privaten Schlüssel (secret key). Nachrichten werden mit dem öffentlichen Schlüssel kodiert und mit dem privaten Schlüssel dekodiert.

Quoted Printable Encoding ist ein Verfahren zur Umwandlung von Sonderzeichen (z.B. von deutschen Umlauten) in 7-Bit-ASCII-Zeichen, das auf dem Standard MIME aufbaut.

RC2 ist ein symmetrischer Verschlüsselungsalgorithmus mit einer Schlüssellänge von 40 Bit.

RFC Ein *Request for Comment* ist ein Dokument zur Beschreibung von das Internet betreffenden Standardisierungsentwürfen. Die Bezeichnung ist als Aufforderung an die Internet-Gemeinde zu verstehen, diese Entwürfe kompetent zu kommentieren, um so zu einem allseits akzeptierten Standard zu gelangen.

Router Ein Router ist ein Computer, der zwei oder mehrere Netzwerke verbindet.

RSA ist ein asymmetrischer Verschlüsselungsalgorithmus, der nach seinen Entwicklern Rivest, Shamir und Adleman benannt ist. Außerdem wird auch die Firma RSA Data Security Inc., die von den drei Entwicklern gegründet wurde und die Patentrechte an RSA und RC2 besitzt, mit RSA bezeichnet.

S/MIME ist ein Standard zur Verschlüsselung von Textnachrichten, der aufgrund seiner Beschränkung auf 40-Bit-Schlüssel bisher nur geringe Sicherheit bietet. S/MIME wird von Netscape Messenger und Outlook Express unterstützt.

Schlüssel Ein Schlüssel (bei S/MIME-Zertifikat) besteht aus einer langen Folge aus Nullen und Einsen und wird von einem Verschlüsselungsalgorithmus benutzt, um Daten zu kodieren bzw. zu dekodieren.

Secret-Key-Verschlüsselung Bei der Secret-Key-Verschlüsselung wird ein und derselbe geheime Schlüssel sowohl für das Kodieren als auch für das Dekodieren verwendet. Dabei entsteht das Problem der Schlüsselübergabe über einen sicheren Kanal.

Server sind Computer, die innerhalb eines Netzwerks anderen Computern (Clients) Dienste wie E-Mail, WWW, News oder FTP zur Verfügung stellen. Siehe auch Client.

Signatur (PGP) Eine digitale Signatur bestätigt, daß eine E-Mail tatsächlich vom angegebenen Absender stammt.

Signaturdatei Signaturdateien enthalten Informationen über den Absender, die an den eigentlichen Nachrichtentext angefügt werden.

Smiley siehe Emoticons.

SMTP Das *Simple Mail Transport Protocol* sorgt für den Transport einer E-Mail durch das Internet.

Spam Unter Spam versteht man das wiederholte Verschicken (oder in Newsgruppen: Posten) von E-Mail-Werbesendungen.

Spitzname An jede Person im Adreßbuch eines E-Mail-Clients kann ein Spitzname vergeben werden. Dieser kann dann statt der vollständigen E-Mail-Adresse in der *To:*-Zeile angegeben werden.

Symmetrische Verschlüsselung siehe Public-Key-Verschlüsselung.

TCP/IP ist der Protokollsatz, mit dem die Übertragung von Daten im Internet abgewickelt wird. TCP (Transmission Control Protocol) teilt die Daten in kleine Datenpakete auf, die anschließend von IP (Internet Protocol) über das Internet verschickt werden.

Telnet ist ein Protokoll, das die Nutzung eines anderen Rechners z.B. über das Internet ermöglicht.

Triple-DES ist ein symmetrischer Verschlüsselungsalgorithmus mit einer Schlüssellänge von 168 Bit, der auf dem von IBM entwickelten DES-Verfahren aufbaut.

Unicode ist eine Erweiterung von ASCII, in der sämtliche Zeichen aller gegenwärtig geschriebenen Sprachen der Welt enthalten sind.

Unix ist ein Betriebssystem, das vor allem auf Workstations und Servern installiert ist.

UUcode (auch Uuencode genannt) ist ein Verfahren zur Umwandlung beliebiger Dateien in ASCII-Zeichen.

Virus siehe Computervirus.

Web-Browser sind Programme, mit denen man Web-Seiten aus dem World Wide Web holen und darstellen kann.

Web-Seiten sind WWW-Dokumente, die mit einem Web-Browser dargestellt werden können.

Werkzeugleiste In der Werkzeugleiste eines Programmes finden Sie eine Reihe von Symbolen, die jeweils einem Menübefehl entsprechen und die Bearbeitung von Daten erleichtern sollen.

Wipe ist eine Funktion von PGP, mit der sich Dateien so vollständig löschen lassen, daß sie auch mit Spezialsoftware nicht mehr hergestellt werden können.

WWW Das *World Wide Web* ist ein Netz aus Multimedia-Dokumenten, die über das Internet miteinander verbunden sind.

X.509	ist ein offizieller Internet-Standard für die Erstellung von Zertifikaten.
Zertifikat	siehe Schlüssel.
Zertifizierungsstellen	haben bei PGP und S/MIME unterschiedliche Aufgaben. Bei PGP bestätigen sie die Echtheit eines vom Anwender selbst erstellten Schlüssels. Bei S/MIME stellen dagegen die Zertifizierungsstellen selbst die Schlüssel (Zertifikate) aus und bestätigen damit deren Echtheit.
ZIP-Datei	siehe Archiv.

Stichwortverzeichnis

.forward 63
@-Zeichen 74, 75, 113
  Tastenkombination 12
7-Bit-Kodierung 32, 38, 119
8-Bit-Kodierung 119

A

Abkürzungen 41
abonnieren 187
Absender 12
  Sortierschlüssel 54
Account 10, 15, 62, 72, 78, 122, 201
  Benutzername 114
  kein eigener 171
  Kennwort 16
  kostenlos 171
  Schlüssel 158
  unterschiedliche Adressen 122
  verschiedene mit Netscape Messenger 81
  verschiedene mit Outlook Express 86
  Zugangsinformationen 73
  Zugriff von mehreren Computern 125
  zusätzlicher 172
administrative Adresse 187
Adreßbuch 59, 60, 99, 106, 128, 174, 182
  Eintrag aus E-Mail 61
  importieren 61
  Net@ddress 179
  von unterwegs 128
Adresse 59, 99, 106, 203
  auf Echtheit prüfen 69
  aus Nachrichten übernehmen 77
  eigene Adresse veröffentlichen 49
  erlaubte Zeichen 114
  Freemail 172
  Gruppe von Empfängern 60, 114, 115
  Identität 115
  Kommentar 114
  Ländercode 115
  Mailing-Listen 187
  mit Freemail 175
  Sammler 68
  Spam 68, 69
  suchen im World Wide Web 46, 47
  suchen mit Messenger 81
  suchen mit Outlook Express 85
  Wahl bei AltaVistaMail 177
  Wpoison 70
  Zonencode 115
  Zusammensetzung 113
Adreßverzeichnis 47
  Risiken 50
  Schutz gegen Spam 68
Akronyme 41, 201
  Online-Quellen 42
Algorithmus 167, 201
  MD5 151
  Online-Quellen 150
  Secure Hash Algorithm 151
Aliasnamen, Spitzname 59, 105
AltaVista 49, 182
AltaVistaMail 177
An-Zeile 12
AOL 59, 115, 201
Application Configuration Protocol (ACAP) 128
Archiv 137, 192, 193, 194, 201
ASCII 32, 33, 38, 45, 118, 119, 201
  7-Bit-Kodierung 38
  Kunstwerke 45
  Newsgruppen 45
  Online-Quellen 45
  Zeichen verschlüsseln 130
  Zeichentabelle 32
AtoB 133
Attached-Zeile 14

Attachment 129, 201
- anzeigen 138
- BinHex 135
- Dateiformat 135
- Funktionsweise 130
- Gebühren 136
- Größe 136
- Ladezeit 136
- Mac 135
- Mailing-Listen 197
- Schlüssel verschicken 160
- Sicherheit 139
- speichern 139
- Typen 132
- verschicken 130
- Virus 139

Auslagerungsdatei 160

B

Base64 131, 132, 201
BCC-Zeile 14, 202
BelSign 167
Benutzername 59, 66, 73, 75, 84, 113, 114, 123, 175
Betreff-Zeile 13, 57
- Gestaltung 29
- Mailing-Listen 189, 196
- Sortierschlüssel 54
- Spam 69
- verändern 30, 58

Betriebssystem 137
Bibliotheken 64
Bigfoot 48, 68, 86
Bild-Datei 136
Binär-Datei 129, 130, 131, 202
- BinHex 135

BinHex 76, 131, 133, 135, 202
- BinHex 5.0 135
- Version 4.0 135

Bit 202
BMP 136, 137
Bouncing 21
Buchstabendreher 31
Byte 202

C

c't 163
CA 163, 202
CAST 202
Cc-Zeile 13, 202
Chat-Rooms 195
Client 125, 202
com 115, 122
CompuServe 59, 203
Computer-Terminals 64
Corel WordPerfect 135
Cyber-Bar 65
Cyberspace 27

D

Datei
- kodieren 119
- Komprimierung 136
- löschen mit Wipe 159
- unaufgefordert erhaltene 140

Dateierweiterung 63
Dateiformat 135
- Konvertierung 135

Datenpakete 121
de 115, 122
dekomprimieren 137
DFN 48, 163
Diffie-Hellman/DSS-Schlüssel 149, 166
Diffie-Hellmann 203
Digest-Bezugsform 203
digitaler Fingerabdruck 157, 162
Disconnected-Ansatz 125, 127, 203
Diskussion 183
- Gepflogenheiten 194

Domäne 59, 69, 75, 115, 121, 182, 203
- Auswahl bei AltaVista 177
- Name 113, 115, 122
- Spam 69
- Top-Level-Domain 115

DSS 151

E

edu 115
elm 67

E-Mail
ablegen 23
abrufen 16
absenden 14
adressieren 59
allen antworten 19
Aussehen überprüfen 36
automatisch beantworten 64, 174
automatisch löschen 58
beantworten 18, 59
Briefkopf 44
die erste Mail 11
drucken 23
durchsuchen 55
Emotionen 42
empfangen 15
formatieren 35
gesprochene Mail verschicken 77
Kopien ausgehender Mails 14
löschen 21, 58, 100
Löschen rückgängig machen 22
Maximalgröße 136
Nachsendeantrag 62
neue Mail lesen 16
nicht zustellbar 122
offline schreiben 76
Originalnachricht anführen 20
Redirect 21
schützen 144
Sicherheit 143
sortieren 22, 54
Status 127
Textdatei speichern 24
verfassen 12
Voraussetzung 9
weiterleiten 20, 64, 174, 204
weiterleiten mit AltaVistaMail 178
wiederherstellen 22
zitieren 28
Zustellung 120
E-Mail von unterwegs 61, 65, 128
automatische Beantwortung 64
Freemail 172, 175
gelesene Mail vom Server löschen 66
IMAP 127
Laptop 127
Nachsendeantrag 63
POP3 127
Zugangsmöglichkeiten 64
E-Mail-Account-> s. Account
E-Mail-Adresse -> s. Adresse
E-Mail-Adresse suchen 46
E-Mail-Client -> s. E-Mail-Programm
E-Mail-Programm 9, 27, 33, 71, 80, 176, 204
E-Mail suchen 55
Freemail 174
HTML-Mails 38
im Überblick 111
IMAP-fähig 128
Kopfzeilen 116
Mail-Filter 56
MIME-fähig 33, 119, 131
nicht korrekt eingerichtet 15
ohne PGP-Plug-In 158
PGP/MIME 154
S/MIME 167
starten 11
unterwegs konfigurieren 65
wechseln 61
Windows-basiert 124
Zugriff auf AltaVistaMail 178
Zugriff auf Net@ddress 179
Zugriff auf YahooMail 180
E-Mail-Verzeichnis des DFN 48
Emoticons 43, 204
Übersicht 43
Empfänger, mehrere 115
Englisch 31
Eudora 57, 71, 77, 111, 204
Adreßbuch 59, 72, 77
Adresse angeben 73
Arbeitsbereich 12
Attachment anzeigen 138
Attachment speichern 139
Attachment verschicken 130
Beurteilung 78
Bilddatei anzeigen 78
Bildschirmaufbau 12, 71
BinHex 135

drucken 23
E-Mail durchsuchen 55
Erläuterung von Schaltflächen 12
Folder 53
  und Mailbox 23
Hilfe 77
HTML-Mails 39, 77
In-Mailbox 16
Konfiguration 72
Kopfzeilen 116
Kopien ausgehender Mails behalten 76
Light 9, 10, 11
Mailbox 14, 53
Mail-Filter 57, 77
mehrere Accounts 78
Menü
  Attachments 76
  Checking Mail 75
  Fonts & Display 76
  Getting Started 73
  Hosts 73
  Personal Info 73
  Replying 76
  Sending Mail 75
Menüleiste 12
MIME 131
Options-Fenster 72
Outbox-Nachrichten senden 75
Out-Mailbox 14
PGP-Plug-In 151
Pretty Good Privacy (PGP) 164
Pro 9
Reply-Funktion 76
Schriftart einstellen 76
Signaturen 44
Speicherplatz 76
Status Q 14
Status S 14
Statusleiste 12
Titelleiste 12
Titelzeilen 17
Trash-Mailbox 22, 58
Verbindung herstellen 73
Vor- und Nachteile 76
Web-Adresse 9
Web-Seite anzeigen 78
Werkzeugleiste 12
Zeilenumbruch 76
zur nächsten Mail springen 18
Excessive Cross Posting (ECP) 68
Excessive Multi Posting (EMP) 67

F

Fastcode
  Datei-Erweiterung 134
  Online-Quelle 133
Fehlermeldung 122
  E-Mail verschicken 15
  Host unknown 122
  Mail-Server abgeschaltet 123
  User unknown 122
File Transfer Protocol (FTP) 121, 204
Finger-Server 74
Fireball 49, 199
Flame 204
Folder 14, 76, 94, 95
  Definition 22, 53
forwarden 20, 204
Four11 47, 50, 68
Freemail 64, 65, 171, 204
  AltaVistaMail 177
  Anmeldung 175
  Bedeutung 171
  Benutzerkennung 175
  berufliche Nutzung 175
  Einsatzbereich 171
  Funktionsumfang 174
  Gebühren 172
  Geschwindigkeit 174
  Hotmail 176
  MailExcite 181
  Nachteile 173
  Net@ddress 178
  Überblick 182
  Vorteile 173
  Werbung 172
  YahooMail 180

Frequently Asked Questions (FAQ) 41, 42, 204
From-Zeile 12, 116, 195

G

Gateway 205
Gebühren 136, 172
GIF 136, 137
Good Times-Virus 140
Grafiken 38
  Dateiformat 136
Groß- und Kleinschreibung 55, 77, 130
Großbuchstaben 36
Gruppe von Empfängern 60
Grußkarten 174
gzip 137

H

Hacker 144
Harvester 68
Hervorhebungen 36
Hilfe 118, 164
  kontext-sensitiv 77
Hoax 141
Hochschule 48
Host 205
Host unknown 18, 122
Hotmail 173, 176, 182
Hyperlinks 38, 68, 70, 139
Hypertext Markup Language (HTML) 38, 119, 205
  E-Mail 38, 173
Hypertext Transfer Protocol (HTTP) 121

I

IDEA 150, 205
Identität des Absenders 115
Informationen
  herausfiltern 143
InfoSpace 86
In-Mailbox 16
Internet 9, 47, 74, 76, 205
  Angabe der Adresse 69
  Cafés 65, 127
  E-Mail von unterwegs 61
  E-Mail-Verzeichnis 47
  kostenloser Zugang 173
  Mailing-Listen 186
  persönliche Informationen preisgeben 50
  Protokolle 120
  Sicherheit 143
  Spam 67
  Sprache 31
  TCP/IP 120
  Terminal 171
  Umgangsformen 30
  Verbindung zum 10
  Verhaltenskodex 27
  Zugang 64
Internet @dress-Finder 48
Internet Engineering Task Force (IETF) 167, 205
Internet Explorer 9, 65
Internet Message Access Protocol (IMAP) 66, 97, 109, 127, 205
  Funktionen 127
  Nachteil 128
Internet-Provider 15, 62, 64, 73, 74, 201, 205
  Adreßänderung 197
  Benutzernamen 114
  Domänenname 115
  IMAP 128
  Kosten sparen 172
  Mailing-Listen einrichten 186
  Speicherplatz 136
Intranet 186, 205
IP-Adresse 121, 122, 206
IP-Paket 206
IP-Protokoll 121

J

JPG 136, 137
Jugendherbergen 64
Junk-Mail 50, 68
  Mailing-Listen 186

K

Kennformel 151, 153, 158, 161, 206
 Auswahl 152
Kennwort 16, 175, 206
Kettenbrief 140
Key-Server 160, 161
Kilobyte 136
Kinder, Gefährdungen 50
Klammeraffe 114
Knotenpunkt 143
Kodierung
 AtoB 133
 Base64 131
 BinHex 133, 135
 Fastcode 133
 UUcode 132
 Xxcode 133
kommerzielle Organisationen 115
Kommunikation 42
 öffentlich 183
Komprimierung 136
 Grafikdatei 137
 Programme 137
 WinZip 137
Konfiguration 104
 Eudora 72
Konto -> s. Account
Konvertierung 135
Kopfzeilen 24, 56, 69, 100, 102, 104, 116, 118, 119, 127, 190, 195, 205, 206
 CC 117
 Content-Transfer-Encoding 117
 Content-Type 117
 Message-ID 117
 MIME-Version 117
 Organisation 116
 Präfix Resent- 118
 Received 69, 117
 References 117
 Return-path 117
 Übersicht 116
Kryptographie 169, 206

L

Ländercode 115, 122
Leave Mail on Server 75
Leerzeichen 32
Lesezeichen-Datei 128
Listproc 193, 206
 abonnieren 193
 administrative Adresse 193
 Befehle 194
 verlassen 193
LISTSERV 189, 206
 abonnieren 189
 administrative Adresse 189
 Befehle 191
 Verteiler-Adresse 190
Liszt-Verzeichnis 199
Lycos 49

M

Mail 206
mail 67
Mailbox 76, 206
 anlegen 23, 53
 Definition 22, 53
 verschieben 53
Mailer-Daemon 114, 122
MailExcite 181, 182
Mail-Filter 56, 206
 Aktionen 57
 Bedingung 57
 Eudora 77
 Freemail 173
 IMAP 128
 Spam 69
 von unterwegs 128
Mailing-Listen 27, 114, 207
 abbestellen 187
 abonnieren 187
 administrative Adresse 187
 Änderung der eigenen Adresse 197
 Archiv 197
 Attachments 197
 Aufnahmekriterien 187

Begrüßung 190
Beiträge an Liste senden 190
Beitrag an Verfasser 195
Bestätigung 190
deutschsprachige 199
Digest-Bezugsform 192, 194
Diskussion 184
eigene Beiträge 195
Einsatzbereiche 185
Empfangsbestätigung 196
erfolgreicher Einstieg 194
FAQ 195
Fettnäpfchen 187
Kategorien 184
Kopien eigener Beiträge 196
Listproc 193
manuelle, abonnieren 188
manuelle, verlassen 189
manuelle, Verwaltung 188
Moderator 184, 197, 207
private 187
Rundschreiben 185
Signaturen 46
Spam 67
Stil 195
thematischer Rahmen 183
Umfang an E-Mail 186
Unternehmen 186
Verteiler-Adresse 187
Verzeichnisse 199
Mail-Server
abgeschaltet 123
Anti-Spam-Software 69
gelesene Mail vom Server löschen 66
mit Telnet anmelden 66
Verbindung unterbrochen 15
Mail-Verwaltung
auf Server 125
Disconnected-Ansatz 125, 203
lokal 125
offline 124, 208
online 125, 208
Majordomo 207
abonnieren 192
administrative Adresse 192
Befehle 192
Beiträge an Liste schicken 192
verlassen 192
Mantra 151, 168
McAfee, Online-Quelle 140
MD5 151
Meta-Suchmaschine 48
Microsoft Windows, PGP 152
Microsoft Word 135
Makro-Viren 140
Microsoft, Freemail 172
Mitteilungsfeld 14
Mitteilungskopf 113
Mobilität 128
Modem 10, 126, 136, 207
Moderator 184, 197, 207
Mülltonne 21
leeren 22
Multipurpose Internet Mail Extensions (MIME) 38, 39, 76, 118, 131, 133, 207
audio 132
Content-Transfer-Encoding 119
Content-Type 119
einzelne Teile herunterladen 127
image 132
message 132
multipart 132
multipart/signed 167
PGP 154
quoted printable encoding 131
Sonderzeichen 33
text 132
video 132

N

Nachsendeantrag 62, 63
net 115
Net@ddress 178, 182
Netiquette 27, 207
Netscape Messenger 9, 111, 128, 207
Adreßbuch 61, 81
Adreßbucheintrag vornehmen 61
Attachment 139
Benutzerprofile 81
Beurteilung 81

- Bilder anzeigen 81
- Bildschirmaufbau 78
- E-Mail durchsuchen 56
- E-Mail sortieren 54
- herunterladen 80
- Hilfe 81
- HTML-Mails 39
  - darstellen 81
- Konfiguration 79
- Kopfzeilen 116
- Mail-Filter 81
- Menü Mail und Foren 79
- MIME 119
- Profil-Manager 81
- Verbindung mit Web-Browser 81
- Zeilenumbruch 34
- Zertifikate beantragen 167

Netscape Navigator 81
Netzwerk 27, 28
- Fehlerursache 123

Newsgruppen 29, 42, 49, 99, 100, 207
- ASCII-Art 45
- IMAP 127
- Sicherheit 168
- Signaturen 46
- Spam 67, 68
- Sprache 31

Nicht-Proportionalschrift 37, 46, 76, 208

O

Offline-Ansatz 124
- Anwendungsbereich 125

Online-Ansatz 125, 127
Online-Newsletter 185
Ordner 14, 174, 208
- anlegen 23, 53
- Definition 22
- hierarchisch 52, 54, 76, 81
- IMAP 127
- Sammelordner 52, 53, 76, 95
- Thema zuweisen 52

Organisation
- Adressen 59
- E-Mail löschen 58, 100
- Mail-Filter 56, 128

Outlook Express 9, 82, 111, 128, 208
- Adreßbuch 61
  - importieren 61, 86
- Adreßbucheintrag
  - vornehmen 61
- Beurteilung 87
- Bildschirmaufbau 83
- E-Mail durchsuchen 56
- E-Mail sortieren 54
- Gestaltung der Menüpunkte 87
- Hilfe 86
- HTML-Mails 39
- Konfiguration 83
- Kopfzeilen 116
- Mail-Filter 87
- Menü Extras 83
- MIME 119
- Ordner erstellen 86
- Signatur 84
- Startseite 82
- umsteigen auf 86
- Verbindung mit Web-Browser 85
- Verschlüsselung 167
- Werkzeugleiste 82
- Windows 98 85

P

Papierkorb 22
Passphrase 151
Pfeiltasten 93
PGP/MIME 165, 167
Phil Zimmermann 145, 156
Ph-Server 74
Pico 100
Pine 9, 66, 71, 88, 94, 106, 111, 124, 128, 132, 208
- abbrechen 92
- Adreßbuch 94, 102, 104, 109
- Adressen übernehmen 106
- aktueller Ordner 94
- allgemeine Befehle 92
- Attachment anfügen 102
- Aufbau 89
- Aussehen 88
- beenden 92

Befehle erteilen 91
Befehlszeilen 89
Bildschirm 90
bounce 99
Cursor-Befehle 102
Datei-Befehle 104
Drucker einrichten 108
E-Mail verfassen 92
enable 92
Entstehung 88
FAQ-Liste 91
Folder-List-Bildschirm 95
Hauptmenü 92, 94
Hilfe 91, 92
Inbox 95
Kennwort 94, 108
konfigurieren 94, 107
Kopfzeilen 100
Mail
  ablegen 99
  abschicken 104
  ansehen 99
  beantworten 99
  drucken 99
  löschen 99
  sortieren 100
  speichern 99
  verfassen 100
  weiterleiten 99
Mail-Check-Interval 110
Message-Text-Bildschirm 100
nächste Mail 94
nächste Seite 94
Navigation 93
neuer Ordner 95
Nickname 105
Online-Quellen 91
Ordner löschen 95
PC-Version 89
postpone 104
Programm-Kopfzeile 89
Rechtschreibprüfung 104
Sammelordner 95, 109
  anlegen 97
saved-messages-Ordner 95
Screen 90
sent-mail-Ordner 95
Signatur 109
Signaturdatei 108
Status von Mail 98
Statuszeile 90
Textbearbeitungs-Befehle 103
Textdatei einfügen 103
Version 4.00 89
vorherige Mail 94
vorherige Seite 94
PkZip 137
Plug-in 77, 151
  Pure Voice 77
POP3 (Post Office Protocol) 126, 127, 128, 208
  Mails auf Server nicht löschen 126
  Nachteile 126
  Vorteile 126
Postausgangskorb 14
Posting 67, 208
Postkarte 143
Postmaster 69, 114, 123
Pretty Good Privacy (PGP) 145, 208
  Aufbewahrung der Schlüssel 154
  Autor 145
  FAQ 168
  Hilfe 152
  Installation 151
  Kennformel 151
  Komprimierung 150
  Konfiguration 153
  Online-Quelle 151
  PGPkeys 152, 156
  PGPtools 152
  PGPtray 152
  Plug-In 151
  Prüfsumme 151
  Schlüsselpaar erzeugen 151
  Versionen 146
  Web of Trust 155, 162, 163
  Wipe 152, 153, 159, 211
  Zufallsgenerator 148
Priorität 54, 57, 118

Privatsphäre 16, 28, 145, 169
  Informationen preisgeben 50
Protokolle 209
  ACAP 128
  FTP 121
  HTTP 121
  IMAP 66, 97, 127, 205
  POP3 126
  SMTP 120, 121, 131, 210
  TCP/IP 120, 121, 211
  Telnet 9, 66, 121, 211
Prüfsumme 151
Public-Key-Verschlüsselung 209
pubring.pkr 162
pubring.skr 154
Pure Voice 77

Q

Queued-Status 14
Quoted Printable Encoding 131, 209

R

randseed.bin 148, 154
RC2 167, 209
Re 18, 30
Received 69
Rechtschreibprüfungen 32, 174
Redirect 21
Remailing 21
Reply 18, 73, 116, 123
Request for comment (RFC) 28, 209
  Beschreibung 28
  Online-Quelle 28, 120
revoke.asc 162
Revoke-Datei 162
RFC-Dokumente
  1725 (POP3) 126
  1730 (IMAP4) 127
  1855 (Netiquette) 28
  2044 (ACAP) 128
  2045 – 2049 (MIME) 118
  791 (IP) 121
  793 (TCP) 121
  821 (SMTP) 121
  822 (Kopfzeilen) 116
Router 209
RSA 157, 166, 209
  Schlüssel 149

S

S/MIME 209
  Integration in E-Mail-Programme 167
  Online-Quelle 166
  Schlüsselerzeugung 166
  Schlüssellänge 166
  Zertifizierungsstellen 167
Sally Hambridge 28
Sammelordner 52, 53, 76, 95
Schlüssel 210
  Aufbewahrung 154
  DH/DSS 157
  Eigenschaften 156
  erzeugen 158
  Gültigkeit 157
  importieren 161
  Key-Server 160
  öffentliche suchen 161
  Revoke-Datei 162
  RSA 157
  suchen 155
  veröffentlichen 155
  verschicken 160
  zurückziehen 161
Schlüsselbund 156, 160
Schlüssel-ID 161
Schriftart 37, 76, 84
  ASCII-Kunstwerke 46
  mit fester Breite 37
Secret-Key-Verschlüsselung 146
secring.skr 154, 161
Segmente 121
Server 125, 210
  für ausgehende Mail 66
  für eingehende Mail 66
Shortcut 160
Sicherheit
  Attachment 139
  CAST 150, 202
  Datei 140
  digitaler Fingerabdruck 157, 162

Kennformel 151, 153, 158, 161, 206
Kinder 50
Man-in-the-middle-Attacken 162
Privatsphäre 169
Public-Key-Verschlüsselung 209
Signatur 144, 148, 151, 210
Trojanisches Pferd 139
virtueller Speicherplatz 160
Web of Trust 155, 162, 163
Wörterbuch-Attacke 151
Word-Makro-Viren 140
Zertifizierungsstellen 163
Zufallsgenerator 148
Signatur 123, 148, 161, 174, 182, 195, 210
enthaltene Informationen 45
Kunstwerke 45
von unterwegs 128
Signaturdatei 44
Signaturen 44, 46, 77, 111
Simple Mail Transport Protocol (SMTP) 120, 121, 126, 131, 210
Smileys 43, 210
Online-Quellen 44
SMTP-Server 73
Sonderzeichen 114, 118, 131, 152
Sortierschlüssel 54
Spam 50, 67, 180, 181, 182, 210
Adresse auf Echtheit prüfen 69
Adressen-Sammler 68
Amateure 69
Anti-Spam-Software 69
Excessive Cross Posting (ECP) 68
Excessive Multi Posting (EMP) 67
Freemail 174
Harvester 68
ignorieren 69
Mailing-Listen 186
Online-Quellen 70
per E-Mail 68
Schutz vor 69
Unsolicited Commercial E-Mail 68
Wortbedeutung 68
Wpoison 70
zurückverfolgen 69
Spitzname 59, 114, 210
Gruppe 60
Sprache 31
S-Status 14
Stale Schumacher 156
Statusflaggen 127
Steuerzeichen 32
Stil 30
StuffIt 137
Sub-Domäne 115
Subject-Zeile 13, 18, 116
suchen.de 48
Suchmaschine 47, 48, 123, 199
Meta-Suchmaschine 48, 49
symmetrischer Schlüssel 148
Systemadministrator 123

T

Tabellen 76
in E-Mail 37, 38
Telefongebühren 29, 136
Telnet 9, 65, 66, 121, 211
Textverarbeitungsprogramm 135
Thawte Consulting 167
Tile.Net 199
Tippfehler 31, 122
T-Online 48
Top-Level-Domain 115
Tourbus-Mailing-Liste 198
To-Zeile 18, 60, 75, 77, 104, 116, 196
Transport Control Protocol (TCP) 121
Trennstriche 35
Triple-DES 150, 211
Trojanisches Pferd 139
Trustcenter 163

U

Umlaute 32, 118, 122, 130
Unicode 211
Unix 9, 211
mkdir 97
UUcode 132
versteckte Dateien 63
Unsollicited Commercial Mail (UCE) 68
Unterschrift -> s. Sicherheit – Signatur

US-ASCII-Zeichensatz 118
User unknown 18, 122, 123
UUcode 131, 132, 133, 211

V

VeriSign 167
Verschlüsselung 144
  Algorithmus 145, 149, 150, 151, 155, 167, 201
  asymmetrisch 147
  Betriebssystem 145
  CAST 150, 202
  Datei 159
  Diffie-Hellman/DSS 149, 166, 203
  Gründe 144
  IDEA 150, 205
  öffentlicher Schlüssel 147
  privater Schlüssel 147
  Public-Key-Verschlüsselung 147, 209
  RC2 167, 209
  RSA 149, 209
  S/MIME 209
  Secret-Key-Verschlüsselung 146, 210
  Signatur über Zwischenablage 159
  Sitzungsschlüssel 148, 149
  symmetrisch 148
  Triple-DES 150, 211
  über Zwischenablage 158
  Windows Explorer 159
  Zufallsgenerator 148
Verteiler-Adresse 187, 188
Verzeichnis, E-Mail 47
Videoclip 128
virtueller Speicherplatz 160
Virus 139, 203, 211
  Good-Times-Virus 140
  Prüfprogramm 139

W

Web of Trust 155, 162, 163, 166, 167
Web-Browser 78, 173, 211
  Freemail 171
Web-Seiten 211
Werbe-Fußzeile 172
Werbung 172
Werkzeugleiste 77, 81, 211
Windows 98 9, 87
  virtueller Speicherplatz 160
Windows Explorer
  PGP 152
  Verschlüsselung 159
WinZip 137
  Online-Quelle 137
Wipe 152, 153, 159, 211
Workstation 124
World Wide Web (WWW) 65, 81, 174, 211
  E-Mail-Adressen suchen 47
Wpoison 70
WWW-Adressen, in E-Mail 81
WWW-Server 171

X

X.509 166, 167, 212
Xxcode 133

Y

Yahoo! 49, 199
  Freemail-Übersicht 176
  People Search 86
  YahooMail 180, 182

Z

Zeilenlänge 34, 35
Zeilenumbruch 34, 76
Zertifikat 167, 212
Zertifizierungsstellen 163, 166, 212
ZIP-Datei 212
Zitate 19, 28, 46
  als Anhang 21
  bearbeiten 20
  Mail-Client konfigurieren 29
  unnötige löschen 29
Zonencode 115, 122
Zufallsgenerator 148